法理与法理学研究

张文显　著

Studies on *Fali* and Jurisprudence

法律出版社
LAW PRESS · CHINA
北京

图书在版编目（CIP）数据

法理与法理学研究 / 张文显著. -- 北京 : 法律出版社, 2025. -- ISBN 978-7-5197-9588-7

Ⅰ. D90-53

中国国家版本馆 CIP 数据核字第 2024R3U167 号

法理与法理学研究
FALI YU FALIXUE YANJIU

张文显 著

责任编辑 陈 慧
装帧设计 汪奇峰

出版发行 法律出版社
编辑统筹 法律教育出版分社
责任校对 裴 黎
责任印制 刘晓伟
经　　销 新华书店

开本 710 毫米×1000 毫米 1/16
印张 18.25　**字数** 225 千
版本 2025 年 8 月第 1 版
印次 2025 年 8 月第 1 次印刷
印刷 北京盛通印刷股份有限公司

地址:北京市丰台区莲花池西里 7 号(100073)
网址:www.lawpress.com.cn
投稿邮箱:info@lawpress.com.cn
举报盗版邮箱:jbwq@lawpress.com.cn

销售电话:010-83938349
客服电话:010-83938350
咨询电话:010-63939796

书号:ISBN 978-7-5197-9588-7
定价:68.00 元

凡购买本社图书,如有印装错误,我社负责退换。电话:010-83938349

作者简介

张文显

吉林大学哲学社会科学资深教授。1951年农历8月28日出生于河南省南阳市镇平县。1970年参加工作，曾在工矿企业和党政机关工作；1974年就读吉林大学法律系政法专业，1977年毕业留校任教，1979年后先后攻读法学理论专业和马克思主义哲学专业，获得法学硕士和哲学博士学位。1983-1985年、1989-1990年先后访学于美国哥伦比亚大学法学院、美国华盛顿大学法学院。现兼任中央马克思主义理论研究和建设工程咨询委员会委员，国家教材委员会委员，国家“双一流”建设专家委员会委员，国务院学位委员会学科发展战略咨询委员会委员，教育部社会科学委员会委员、法学学部召集人，高校哲学社会科学自主知识体系建设战略咨询委员会委员，教育部习近平法治思想研究重大专项总召集人、教育部建构中国自主法学知识体系重大专项总召集人，中国法学会法学教育研究会会长、法学期刊研究会会长，中国人权研究会专家委员会首席专家等。曾任吉林大学法学院院长、吉林大学副校长、党委书记（副部长级），吉林省高级人民法院院长，二级大法官，国务院学位委员会委员、法学评议组召集人，中国法学会党组成员、副会长、学术委员会主任，教育部高等学校法学学科教学指导委员会主任委员，浙江大学光华法学院名誉院长、国家制度研究院院长、学术委员会主任等。

中国共产党第二十次全国代表大会代表、第十七次全国代表大会代表，第十一届全国人民代表大会代表。

主要研究领域为法理学、法政治学、中国特色社会主义法治。先后主持完成若干国家级重大项目和重点课题。发表学术理论文章500余篇，出版国家级、省部级统编教材和个人专著40余部，指导硕士和博士研究生200余人。

目　　录

马克思主义法学中国化的百年历程　/ 1
马克思主义法学中国化的三次历史性飞跃　/ 42
法理:法理学的中心主题和法学的共同关注　/ 49
新时代开展法理研究的十八个基本问题　/116
法理研究:新时代中国法学新图景　/124
寻找法理概念的科学共识　/128
法理概念的“青岛共识”　/132
法理思维是法学思维的深刻变革　/147
全面推进法理研究的若干问题　/154
法理研究的方法论问题　/161
法教义学的出路在法理　/170
笔尖上的法理神韵　/178
法律的生命和价值在于实施　/186
探究法理之“公”道　/188
现代公法的核心法理　/192
寻找法理之“私”芯　/195
法理学与民法典编纂　/202
商法学科与商事法治思维　/208
家事法的核心法理　/213

经济法治的核心法理 /221
对环境法学的法理追问 /228
“生命共同体”深处的法理 /231
百年未有之大变局背景下的国际法法理 /236
关于菲律宾提起的“南海仲裁案”的法理分析 /241
法治与科技关系的法理命题 /248
走进法理新时代 /257

马克思主义法学中国化的百年历程*

“马克思主义法学中国化”这一科学命题是“马克思主义中国化”在法治领域的生动实践和在法学领域的具体呈现，是中国共产党人攻坚克难推进法治建设和坚持不懈推动法学创新的历史素描和学理概括。

中国共产党成立之初，党的早期领导人李大钊等就曾经提出过把马克思主义应用于中国革命实践的想法，但是，由于主客观条件的局限，幼年时期的中国共产党尚不可能产生马克思主义中国化的理论思维。历经一系列严重挫折甚至亡党亡军的危险后，以毛泽东同志为主要代表的中国共产党人深刻认识到对马克思主义的教条主义、本本主义态度的严重危害性，旗帜鲜明地提出“马克思主义中国化”的科学命题，力挽狂澜地开启了马克思主义中国化的历史征程。经过延安整风和党的七大，马克思主义中国化的科学思想逐渐成为全党的共识。从此，我们党走上了马克思主义与中国革命、建设、改革实践密切相结合的光明正道。中国共产党一百年的历史，就是一部把马克思主义基本原理同中国具体实际相结合、不断推进马克思主义中国化的历史。在理论创新与实践创新的良性互动中发展马克思主义，是中国共产党的历史传统和成

---

* 本文发表于《吉林大学社会科学学报》2021 年第 4 期。

功经验，也为新时代发展当代中国马克思主义、21 世纪马克思主义积累了宝贵经验。

“马克思主义中国化”这一科学命题的核心要义是将马克思主义基本原理同中国具体实际相结合，既创造性地运用马克思主义，发挥马克思主义在指导中国革命、建设和改革实践中的强大真理力量，又创造性地发展马克思主义，把中国革命、建设和改革的实践经验和历史经验上升为马克思主义理论，形成具有中国特色、历史底蕴、时代精神和实践伟力的马克思主义。

马克思主义理论体系和知识体系博大精深，涉及自然界、人类社会、人类思维各个领域，涉及历史、经济、政治、法律、文化、社会、生态、科技、军事、党建、外交等各个方面。马克思主义中国化是一个不断探索、不断实践、全面推进的过程，具体体现在马克思主义各个组成部分和各个方面的中国化，其中，马克思主义法学中国化是马克思主义中国化最重要的方面之一。这是因为，作为马克思主义政党，打碎旧的国家机器、建设新型国家政权、有效治理国家、推进国家治理现代化，是中国共产党领导人民进行革命、建设和改革的首要任务，是领导人民建设社会主义现代化国家的核心课题。在新民主主义革命和社会主义革命时期，我们党致力于推翻由帝国主义、封建主义和官僚资本主义所掌控的国家政权，建立人民当家作主的国家政权，建立社会主义国家制度和法律制度，而在革命成功之后，则致力于科学有效地治理国家，保证党和国家长治久安，不断推进国家治理现代化。这就必然使以国家和法治理论为主要内容的马克思主义法学在马克思主义中国化进程中具有极其特殊的重大意义。

一、马克思主义法学中国化的历史起点

马克思主义中国化的历史起点是马克思主义传入中国，被中

国人民所接受。而马克思主义之所以能够传入中国并成为强大的社会思潮,其主要原因在于:

(一)中华民族救亡图存的艰苦斗争迫切需要马克思主义指引

“理论在一个国家的实现程度,决定于理论满足这个国家的需要的程度。”[1]毛泽东同志指出:“马克思列宁主义来到中国之所以发生这样大的作用,是因为中国的社会条件有了这种需要,是因为同中国人民革命的实践发生了联系。”[2]中华民族有5000多年的文明历史,创造了人类历史上无数辉煌成就,但是,1840年鸦片战争以后,在西方列强坚船利炮轰击下,中国危机四起、人民苦难深重,陷入半殖民地半封建社会的黑暗深渊。无数志士仁人前仆后继、不懈探索,寻找救国图存、民族独立、人民解放的道路,却在很长时间内都抱憾而终。太平天国运动、戊戌变法、义和团运动、辛亥革命接连而起,但农民起义、君主立宪、资产阶级共和制等种种救国方案都相继失败了。危机下的中国期待着新的社会力量寻找先进理论,以开辟救国救民的正确道路。

在这样的历史背景下,国外各种社会思潮被纷纷介绍到中国,诸如进化论、自由主义、无政府主义、实用主义、改良主义、民粹主义、工团主义、权威主义、民主社会主义,等等。但是,实践表明,这些理论都解决不了中华民族救亡图存的道路问题,更不可能从根本上解决民族独立、人民解放、国家兴旺问题。正在这时,1917年和1919年,相继发生了俄国的十月革命和中国的五四运动两件大事。十月革命送来了马克思列宁主义,五四运动推进了马克思主义与中国工人运动的结合,为中国共产党这一马克思主义政党的成立作出了理论准备,创造了实践条件。1921年,在马克思列宁主义同中国工人运动相结合的进程中,中国共产党应运而生。[3]中国共产党的诞生,是中国历史上开天辟地的大事变,是中华民族柳暗花明又一村的转折点。

（二）新文化运动为马克思主义在中国的传播打开了道路

革命的起步离不开思想的启蒙。新文化运动是由陈独秀、李大钊、鲁迅、胡适、蔡元培等一批先进知识分子发起的思想启蒙运动，五四运动是新文化运动的巅峰。习近平总书记在纪念五四运动一百周年大会上的讲话中指出："五四运动，以彻底反帝反封建的革命性、追求救国强国真理的进步性、各族各界群众积极参与的广泛性，推动了中国社会进步，促进了马克思主义在中国的传播，促进了马克思主义同中国工人运动的结合，为中国共产党成立做了思想上干部上的准备，为新的革命力量、革命文化、革命斗争登上历史舞台创造了条件，是中国旧民主主义革命走向新民主主义革命的转折点，在近代以来中华民族追求民族独立和发展进步的历史进程中具有里程碑意义。"[4]五四运动前后，我国一批先进知识分子和革命青年，高举民主和科学的旗帜，在追求真理中传播新思想新文化，勇于打破封建思想的桎梏，猛烈冲击了几千年来的封建旧礼教、旧道德、旧思想、旧文化，为马克思主义等新思想新理论在中国的传播打开了道路。经过五四运动洗礼，越来越多的中国先进分子集合在马克思主义旗帜下，产生了以李大钊、陈独秀、毛泽东、蔡和森、瞿秋白等为代表的第一批具有共产主义思想的知识分子。

（三）十月革命给中国送来了马克思列宁主义

马克思主义在20世纪初开始传入中国，但总体而言没有成为一种社会思潮，也没有同中国革命真正结合起来。马克思主义是通过十月革命的中介在中国得到广泛传播的，正如毛泽东同志所说，"十月革命一声炮响，给我们送来了马克思列宁主义"。[5]马克思主义国家和革命学说在俄国的成功实践，使破解救亡图存时代课题、探寻民族独立之路却屡遭挫败的中国先进分子受到极大的鼓舞和启迪,使中华儿女看到了中国革命的新希望,渴望这一理论能够在中国尽快实现。正是在这样的背景下,中国先进分子从各种社会思想中选择并接受了马克思主义,产生了以李大钊为代表的一批马克思主义者。他们尝试以马克思主义和十月革命经验探索中国革命规律和中国革命道路,站到了马克思主义与中国革命相结合的历史新起点上。在马克思主义中国化的历史起点上,中国共产党人的杰出代表陈独秀、李大钊、瞿秋白、毛泽东等发挥了先驱者作用。

陈独秀是新文化运动的旗手、在中国传播马克思主义的先行者,是中国共产党的主要创始人之一,对马克思主义在中国的传播和中国共产党的建立作出了重要贡献。毛泽东同志曾经指出:“对陈独秀应该承认他对中国共产党和中国人民是有功劳的,大体上如同俄国的普列汉诺夫”,[6]陈独秀“是五四运动时期的总司令,整个运动实际上是他领导的,他与周围的一群人,如李大钊同志等,是起了大作用的”。[7]陈独秀创办的《新青年》是新文化运动的主阵地,十月革命后亦作为宣传马克思主义的重要阵地。1920 年 5 月,陈独秀在上海成立马克思主义研究会,组织一大批具有共产主义思想的先进分子译介、研读、阐释和宣传马克思主义,为建党汇聚优秀分子。建党之前,他和李大钊创建了《每周评论》,号召广大知识分子走进工厂和农村,了解工人和农民。1921 年中国共产党第一次全国代表大会通过了党的第一个党纲,明确党的基本任务是坚持无产阶级革命与无产阶级专政,消灭私有制,最终实现社会主义和共产主义。这个党纲基本上是照搬马克思主义原理和十月革命经验。1922 年,在陈独秀的主持下,党的二大根据中国国情提出了革命的最低纲领和最高纲领,确立中国革命必须分“两步走”的战略方针。毛泽东同志形象地把“两步走”比喻为文章的上篇与下篇。把中国革命分为最低纲领和最高纲领,把新民主主义革命和社会主义革命看作文章上篇与下篇,是把马克思主义基本原理与中国革命实际相结合的伟大成果。党的二大取得的一系列重要成果为后来提出马克思主义中国化铺垫了思想基础。

李大钊是中国共产主义运动的先驱、伟大的马克思主义者、杰出的无产阶级革命家、中国共产党的主要创始人之一，是20世纪初我国思想文化界的一位杰出人物。[8]1913年，他东渡日本留学，开始接触社会主义思想和马克思主义学说。1916年回国后，他积极投身新文化运动，宣传民主、科学精神，抨击旧礼教、旧道德，向封建顽固势力展开猛烈斗争。1917年俄国十月革命胜利后，李大钊备受鼓舞，连续发表一系列文章和演讲，热情讴歌十月革命。他以敏锐的眼光，深刻认识到十月革命将对20世纪世界历史进程产生划时代的影响，也从中看到了中华民族争取独立和中国人民求得解放的希望之光。1919年，五四运动爆发，李大钊热情投入并参与领导了五四运动。在这场运动中，他更加致力于马克思主义的宣传并做了大量工作。他在《新青年》发表的《我的马克思主义观》，系统介绍了马克思主义理论，标志着马克思主义开始在中国得到比较系统的传播。1920年3月，李大钊在北京大学发起组织创立马克思学说研究会，并积极推动建立全国范围的共产党组织，为中国共产党的创建作出了至关重要的贡献。

李大钊是马克思主义与中国实际相结合的思想先驱。他较早地认识到马克思主义是科学而不是抽象的学理和不变的教条，研究马克思主义必须研究它"怎样应用于中国今日的政治经济情形"，并在这个过程中把这门科学推向前进。他强调，正确认识国情非常重要，考虑中国的问题，是不能置国情于不顾的。他十分重视马克思主义在中国具体情况下的实际运用，马克思主义"是一个时代的产物"，"不要忘了他的时代环境和我们的时代环境"。他强调，社会主义"用以为实际的运动"时，它会"因时、因所、因事的性质"发生"适应环境的变化"，[9]要在运用中加以发展。"社会主义的实现，离开人民本身，是万万作不到的。"[10]因此，在研究和传播马克思主义的过程中，他理论联系实际，不仅重视工人阶级在革命中的先锋作用，直接从事工人运动，而且重视农民在革命中的主力军作用，积极发动和组织农民斗争。

毛泽东是中国共产党、中国人民解放军、中华人民共和国的主要缔造者，是伟大的马克思主义者，是马克思主义中国化的伟大开拓者，是领导中国人民彻底改变自己命运和国家面貌的一代伟人。毛泽东在青年时期就立下拯救民族于危难的远大志向。十月革命后，毛泽东热情地宣传十月革命，宣传马克思主义，从纷然杂陈的各种观点和路径中，经过反复比较和鉴别，毅然选择了马克思主义。从大革命失败的教训中，毛泽东深刻认识到，面对中国的特殊国情，中国革命将是一个长期过程，不能以教条主义的观点对待马克思主义，必须从中国实际出发，实现马克思主义的中国化。毛泽东创造性地解决了马克思主义基本原理同中国具体实际相结合的一系列重大问题，使马克思主义在中国大地落地生根、开花结果。

瞿秋白是中国共产党早期领导人之一，他以马克思主义与俄国革命相结合的生动实践为范例，宣传十月革命的经验，推动马克思列宁主义与中国革命实际相结合。在大革命失败的历史危急关头，瞿秋白主持召开中共中央紧急会议（“八七会议”），坚决纠正和结束了陈独秀的右倾投降主义，确定了土地革命和武装反抗国民党反动派的总方针。这是马克思主义与中国实际相结合的重要标志性事件，是中国共产党历史上的一个重要转折点。

虽然党的早期领导人都曾经提出过要把马克思主义应用到中国的实践当中去的想法，也进行过一些探索，但在这个时期，党对于马克思主义必须与中国实际相结合这个根本问题还没有形成科学认识和广泛共识。党的中央领导集体真正深刻认识到这个问题的重要性是在20世纪30年代，就全党来讲，则是在延安时期。第一个明确提出“马克思主义中国化”命题的是毛泽东同志。1938年，中共中央在陕北召开了扩大的中央六届六中全会，在这次会议上，毛泽东同志第一次明确提出了“马克思主义的中国化”的理论命题，指出，所谓马克思主义的中国化，就是马克思主义的具体化，即是说，按照中国的特点去应用它，把马克思主义应用到中国具体环境的具体斗争中去。[11] 1939 年，在《〈共产党人〉发刊词》中，毛泽东同志更加完整准确地提出“将马克思列宁主义的理论和中国革命的实践相结合”[12]的著名论断。随后，毛泽东同志在一系列著作中对马克思主义中国化作了深刻的论证与阐释。

在马克思主义中国化历史进程中，马克思主义法学中国化是其最重要的一个方面，因为中国革命的中心问题是国家政权问题，是推翻三座大山、建立人民民主专政的新国家，让国家的一切权力属于人民，让人民成为国家、社会和自己命运的主人，让法治成为真正保障民权的良法善治，所以，马克思主义中国化最核心的是其国家和法治理论的中国化。由此，马克思主义法学的中国化是马克思主义中国化历史进程中的一条主线。

习近平总书记指出：“在人类思想史上，没有一种思想理论像马克思主义那样对人类产生了如此广泛而深刻的影响。”[13]这一科学判断完全可以用来叙说马克思主义法学的划时代意义。对马克思主义法学的划时代意义，可以用一句话集中概括，即马克思主义法学使法学成为一门真正的科学。在 19 世纪，马克思、恩格斯写下了《黑格尔法哲学批判》《神圣家族》《德意志意识形态》《路德维希·费尔巴哈和德国古典哲学的终结》《反杜林论》《家庭、私有制和国家的起源》《资本论》等一系列重要著述，发表了《共产党宣言》，深入揭示了法与统治阶级的内在联系，法与国家之间的必然联系，法与社会物质生活条件的因果联系，法在不同社会不同国家的不同目的、作用和价值。正是由于他们现实地深入到法的实践中，拨云见日般地揭示了法律现象内部的本质以及法律发展的客观规律，才实现了人类法学思想史上的伟大革命，使法学成为一门真正的科学，成为无产阶级革命的强大理论武器。马克思主义法学不仅为我们认识国家和法治现象提供了科学方法，而且成为中国共产党领导人民夺取国家政权、建立和完善社会主义国家制度和法律制度的坚实理论基础。在陈独秀、李大钊、毛泽东、董必武等中国共产党创始人的大量著作、文稿和译著中，以国家和法治理论为主要内容的法学著述位列第一位，且与中国革命相联系、与中华法治文明相融贯、与世界法治文明相融通，开辟马克思主义法学中国化之先河。

二、马克思主义法学中国化的第一次历史性飞跃

20 世纪以来，马克思主义在中国广泛传播和深入发展。中国共产党把马克思主义的普遍原理与中国实际相结合，在革命、建设、改革的伟大实践中，创立了毛泽东思想，创立了邓小平理论，形成了“三个代表”重要思想，形成了科学发展观，创立了习近平新时代中国特色社会主义思想，实现了马克思主义中国化三次历史性飞跃。在这一历史进程中，马克思主义法学中国化也相应地发生了三次历史性飞跃，产生了以毛泽东法律思想、中国特色社会主义法治理论、习近平法治思想为主要理论标志的重大成果。马克思主义法学中国化的三次历史性飞跃是马克思主义法学理论既一脉相承又与时俱进的生动体现。

（一）毛泽东法律思想的创立，开启了马克思主义法学中国化历史进程

在领导中国革命和建设的长期实践中，以毛泽东为主要代表的中国共产党人，把马克思主义的基本原理同中国革命的具体实际结合起来，创立了毛泽东思想。毛泽东思想蕴涵着丰富而深刻的国家和法治理论，学术界称之为“毛泽东法律思想”。在新民主主义革命、社会主义革命和社会主义建设的各个时期，毛泽东同志

发表了一系列有关国家和法治的论著、讲话，推动出台了一系列有关法治的重要文献，具有代表性的有：《新民主主义论》《论政策》《论联合政府》《论人民民主专政》《关于废除伪法统》《关于废除国民党的六法全书与确定解放区的司法原则的指示》等。在社会主义国家制度和法律制度建设实践中，毛泽东、周恩来、刘少奇、董必武等发表了一系列论著和讲话，如毛泽东同志的《关于中华人民共和国宪法草案》《关于正确处理人民内部矛盾的问题》，周恩来同志的《专政要继续，民主要扩大》，刘少奇同志的《关于中华人民共和国宪法草案的报告》，董必武同志的《关于党在政治法律方面的思想工作》《进一步加强人民民主法制，保障社会主义建设事业》等。这些论著和讲话集中体现了马克思主义法学中国化的理论成果——毛泽东法律思想，深刻论述了国家和法治的一般原理、社会主义国家制度和法律制度的基本理论、宪法理论等，为建设工人阶级领导的、以工农联盟为基础的人民民主专政的国体、人民代表大会制度的政体和国家各项基本制度确立了理论基础；深刻论述了社会主义法制，为推进有法可依、有法必依，构建社会主义法律秩序，提供了战略思想；深刻阐述了社会主义条件下的政法工作、刑事政策策略等思想，为保障人民民主和权利、维护国家安全和社会稳定，提供了根本遵循。正是在毛泽东法律思想的科学指引下，党领导人民开启了社会主义法治新纪元。

（二）毛泽东法律思想具有鲜明的革命性

毛泽东法律思想是在中国革命的伟大实践中应运而生的，并指引着人民打碎旧的国家机器、摧毁旧的法律制度，废除伪法统、建立新法制的实践。20 世纪 40 年代，在新民主主义革命和人民解放战争取得决定性胜利的历史条件下，毛泽东同志以马克思主义国家观和法律观告诫全党，新民主主义的、社会主义的法制和新中国的法律秩序绝对不能在国民党旧法统的基础上建立起来，而必须运用革命的暴力手段,彻底打碎国民党的国家机器,废除国民党旧法统,废除国民党反动政府的"六法全书"。1949 年元旦,面对彻底垮台的大势,蒋介石发表"救死求和"声明,提出"和议"的最低要求,其中之一就是"神圣的宪法不由我而违反,民主宪法不因此而破坏,中华民国的国体能够确保,中华民国的法统不致中断"。[14]对此,毛泽东同志亲自为新华社起草了《评战犯求和》的评论,驳斥了蒋介石的"法统不致中断"的谬论。紧接着,于 1949 年 1 月 14 日,发表了《中共中央毛泽东主席关于时局的声明》,提出了包括废除伪宪法、废除伪法统等在内的国共和平谈判的八项条件。随后,中共中央于 1949 年 2 月发出了《关于废除国民党的六法全书与确定解放区的司法原则的指示》。1949 年 9 月 29 日,中国人民政治协商会议第一届全体会议通过的《中国人民政治协商会议共同纲领》第 17 条明确规定:"废除国民党反动政府一切压迫人民的法律、法令和司法制度,制定保护人民的法律、法令,建立人民司法制度。"其后,作为国民党反动政府统治之法律基础的"六法全书"被彻底废除并丧失法律效力,而代之以人民民主的、社会主义的法律和司法机关。

(三)毛泽东法律思想具有鲜明的实践性

在新民主主义革命时期,毛泽东法律思想把马克思主义国家和法治理论同中国革命的具体实践结合起来,在中央苏区和革命根据地建立了新民主主义的政权组织,探索创建了新型法律制度,充分彰显出马克思主义法学中国化的实践伟力。中央苏区制定的《中华苏维埃共和国宪法大纲》,陕甘宁边区通过的《陕甘宁边区施政纲领》、创造的"马锡五审判方式",华北临时人民代表大会通过的《华北人民政府施政方针》等法制建设的历史性成就是这一时期马克思主义法学中国化的重要理论和制度成果。

新中国成立之初,我们党在废除旧法统的同时积极运用中央苏区和革命根据地法制建设的成功经验，制定具有临时宪法性质的《中国人民政治协商会议共同纲领》，抓紧开展立法工作和法律机构建设，很快就奠定了社会主义法治的基础。1954 年 9 月 20 日，第一届全国人民代表大会第一次会议通过了《中华人民共和国宪法》。这部宪法以国家根本大法的形式，确认了近代 100 多年来中国人民为反对内外敌人、争取民族独立和人民自由幸福进行的英勇斗争成果，确认了中国共产党领导中国人民夺取新民主主义革命胜利、进行社会主义革命的历史变革。这部宪法以人民民主和社会主义两大原则为统领，规定了我国的国体、政体、国家机构、公民基本权利和义务等，实现了人民民主和社会主义民主法律化制度化。《中国人民政治协商会议共同纲领》《中华人民共和国宪法》以大纲、根本法、总章程的形式集中体现了毛泽东法律思想。

（四）毛泽东法律思想具有鲜明的科学性

毛泽东法律思想是一个内容丰富、论述深刻的科学理论体系。其中，最具标志性的科学理论包括历史唯物主义的法律观、国体政体理论、宪法制度理论、社会主义法制理论、党内法规理论等。

关于国体政体的理论。在领导中国人民夺取政权、巩固人民民主专政国家政权和发展社会主义民主的革命和建设时期，国体和政体问题是革命和建设的根本问题，毛泽东法律思想自然也就聚焦于国体和政体问题。毛泽东同志在《新民主主义论》《论人民民主专政》《关于中华人民共和国宪法草案》等经典著作中，科学阐述了国体和政体理论。毛泽东同志精辟指出："这个国体问题，从前清末年起，闹了几十年还没有闹清楚。其实，它只是指的一个问题，就是社会各阶级在国家中的地位。"[15]"所谓'政体'问题，那是指的政权构成的形式问题，指的一定的社会阶级取何种形式去组织那反对敌人保护自己的政权机关。"[16]国体决定政体，政体表征国体。毛泽东同志强调指出，我国的国体是工人阶级领导（经过共产党）的以工农联盟为基础的人民民主专政，我国的政体是人民代表大会制度。毛泽东思想的国体政体理论是建立、发展和巩固人民民主专政的社会主义国家制度和法律制度的理论基石和根本指针。

关于宪法制度的理论。毛泽东等无产阶级革命家从投入革命斗争的那一天起，就致力于建设与专制独裁政权根本不同的新民主主义和社会主义的人民共和国，实行民主政治，建立宪法制度。在他们有关新民主主义和社会主义国家和法治的理论中，包含着丰富的宪法思想。毛泽东同志指出："世界上历来的宪政，不论是英国、法国、美国，或者是苏联，都是在革命成功有了民主事实之后，颁布一个根本大法，去承认它，这就是宪法。"[17]在制定中华人民共和国第一部宪法的时候，他指出："一个团体要有一个章程，一个国家也要有一个章程，宪法就是一个总章程，是根本大法。用宪法这样一个根本大法的形式，把人民民主和社会主义原则固定下来，使全国人民有一条清楚的轨道，使全国人民感到有一条清楚的明确的和正确的道路可走，就可以提高全国人民的积极性"。[18]毛泽东同志还用非常形象的比喻，称我国宪法是社会主义制度的"四梁八柱"。

毛泽东同志非常重视宪法的人民性、民主性和人权保障，指出，世界上有不同类型的宪法，"我们的宪法是新的社会主义类型，不同于资产阶级类型"，[19]"人民民主的原则贯串在我们整个宪法中"，[20]"我们的民主不是资产阶级的民主，而是人民民主"，[21]"我们的宪法，就是比他们革命时期的宪法也进步得多"。[22]早在20世纪20年代，毛泽东、周恩来等同志就发出"争人权""为自由和人权而战"的呼唤，号召人民群众向帝国主义、封建主义和官僚资本主义争人权，为全中国人民的自由和人权而战，并轰轰烈烈地开展了农民运动和工人运动，打土豪，分田地，闹工潮，争自由，建立红色政权和革命根据地。在抗日战争期间，中国共产党团结、动员一切爱国民主力量，反侵略，打日寇，救亡图存，保卫国家的独立和民族的生存。抗战胜利后，针对蒋介石发动的内战，中国共产党领导全国人民反内战、反饥饿、争民主、争自由，推翻了蒋家王朝，建立了以工人阶级为领导、以工农联盟为基础的人民民主专政的社会主义国家，彻底结束了中国人民一百多年来任人宰割、受尽欺凌的屈辱历史和长期战乱、民不聊生的悲惨局面，使中国人民有史以来第一次获得了普遍、平等的人权，获得了广泛的政治自由和经济社会权利。

毛泽东同志亲自主持了我国宪法文本的起草工作，他主张在宪法文本中安排一个内容丰富的序言。通过宪法序言，人们可以清楚地了解中华人民共和国过去从哪里来、现在是什么样、未来向何处去，可以极大地增强我们的历史自信、现实自信、未来自信。这是马克思主义宪法理论的重大创新，闪耀着马克思主义法学理论中国化的思想光芒。

关于社会主义法制的理论。在法制理论方面，毛泽东法律思想提出了一系列重要的法律思想、法律原则和法律制度，诸如：民主和社会主义相结合、纲领性和灵活性相结合、领导与群众相结合的立法思想；有法可依，不仅需要民法，也需要刑法，无法无天不行，没有法律不行，不仅要制定法律，还要编案例；有法必依，我们的法律是劳动人民自己制定的，它是维护革命秩序、保护劳动人民利益、保护社会主义经济基础、保护生产力的，所有的人都必须守法，特别是国家机关工作人员要带头实行，不得破坏革命的法制；对反革命分子和严重刑事犯罪，要注意打得稳打得准打得狠；提出一系列契合传统法律文化、符合现实国情的刑事政策，诸如，宽严相济，镇压和宽大相结合、惩罚与教育相结合，重证据、不搞刑讯逼供，设立“死缓”制度，等等。

关于党内法规的理论。1938 年，在扩大的党的六届六中全会上，针对王明不服从中央决定、公开发表同中央不一致意见，张国焘拒绝执行中央的北上方针、严重破坏党的纪律等严重危害党的行为，毛泽东同志在题为《论新阶段》的政治报告中提出："为使党内关系走上正轨，除了上述四项最重要的纪律外，还须制定一种较详细的党内法规，以统一各级领导机关的行动。"[23]党内法规概念的提出和一系列党内法规的制定和实施，特别是党的七大通过新党章，有力推进了党的规范化制度化建设，维护了党的团结统一，凝聚了党的伟大力量，保证了新民主主义革命的伟大胜利，也极大地丰富和发展了马克思主义法学理论和政党理论，为我们党在新时代明确提出"党内法规制度体系""依规治党"积累了丰硕的理论成果和实践经验。

在毛泽东法律思想的指引下，建立在废除国民党"六法全书"及其法学体系废墟上的社会主义新法学，以马克思主义国家和法治理论为根基，以马克思主义的立场、观点、方法为指南，批判封建主义和资产阶级反人民、反科学的政治法律观点，开展了一系列法学理论问题和法制实践问题的研讨活动。重要议题包括：我国社会主义阶段法的性质和作用、法学的研究对象、新法与旧法、国体与政体、民主与专政、政治与法律、国家与法制、法制与文明、政策与法律、党的领导与依法办事、守法与违法、法律与道德、社会主义司法制度、政法工作如何区分两类矛盾、资产阶级法权、镇压反动与保护人民、惩罚犯罪与保护善良、刑事政策、犯罪构成、特赦制度及其实施、死刑复核、诉讼证据、举证责任、"枫桥经验"、婚姻法和离婚裁判标准、合同制度、法律与和平、和平共处基本原则、主权与人权、国际法体系等，为马克思主义法学中国化作出了开拓性历史性贡献。

三、马克思主义法学中国化的第二次历史性飞跃

党的十一届三中全会以后，以邓小平同志为主要代表的中国

共产党人，团结带领全党全国各族人民，坚持解放思想、实事求是，深刻总结我国社会主义建设正反两方面经验，借鉴世界社会主义历史经验，实现全党工作中心向经济建设的转移，实行改革开放，开辟了社会主义事业发展的新时期，逐步形成了建设中国特色社会主义的路线、方针、政策，阐明了在中国建设社会主义、巩固和发展社会主义的基本问题，创立了邓小平理论，成功开创了中国特色社会主义。

党的十三届四中全会以后，以江泽民同志为主要代表的中国共产党人，团结带领全党全国各族人民，坚持党的基本理论、基本路线，加深了对什么是社会主义、怎样建设社会主义和建设什么样的党、怎样建设党的认识，积累了治党治国新的宝贵经验，形成了“三个代表”重要思想，成功把中国特色社会主义推向21世纪。

党的十六大以后，以胡锦涛同志为主要代表的中国共产党人，团结带领全党全国各族人民，坚持以邓小平理论和“三个代表”重要思想为指导，根据新的发展要求，深刻认识和回答了新形势下实现什么样的发展、怎样发展等重大问题，形成了科学发展观，成功在新的历史起点上坚持和发展了中国特色社会主义。

邓小平理论、“三个代表”重要思想、科学发展观开启了马克思主义中国化进程的第二次历史性飞跃。邓小平理论开辟了中国特色社会主义法治道路，创立了中国特色社会主义法治理论，“三个代表”重要思想和科学发展观拓展、深化和创新了中国特色社会主义法治理论，谱写了改革开放新时期马克思主义法学中国化新篇章。

（一）邓小平理论创立了中国特色社会主义法治理论，开启了马克思主义法学中国化新时期

作为伟大的马克思主义者，伟大的无产阶级革命家、政治家、战略家、改革开放的总设计师，邓小平同志总是从建设中国特色社

会主义的战略高度来思考法治问题,把法治建设放在什么是社会主义、怎样建设社会主义的总体布局内论述。这主要体现在:

第一,邓小平同志始终从社会主义本质、社会主义制度的必然要求、社会主义现代化建设的题中之义的战略高度来论述民主和法制问题,强调没有民主和法制,就没有社会主义,就没有社会主义的现代化。他指出:“我们要在大幅度提高社会生产力的同时,改革和完善社会主义的经济制度和政治制度,发展高度的社会主义民主和完备的社会主义法制。”[24]

第二,从防止出现颠覆性、根本性错误,特别是避免像“文化大革命”那样的悲剧重演的战略高度论述民主和法制问题,告诫党和人民“搞人治危险得很”,“搞法制靠得住些”。

第三,从保证社会稳定和经济发展的战略高度论述民主和法制问题,反复强调党和政府要学会运用法律办事,“这是现在和今后发展社会主义民主、健全社会主义法制的过程中要求我们必须尽快学会处理的新课题”。[25]邓小平同志经常告诫党和人民,中国要发展起来,要实现四个现代化,没有良好的法制环境、严明的纪律和法律,政局不稳,就什么事情也搞不成。

由于问题提得如此敏锐和严峻,故邓小平同志强调指出,“为了实现四个现代化,必须发扬社会主义民主和加强社会主义法制”。[26]“这是我们党坚定不移的方针”,“这是三中全会以来中央坚定不移的基本方针,今后也决不允许有任何动摇”。[27]

邓小平民主法制思想十分丰富,极其深刻。其精髓在于:

法治立国论。自古以来,怎么治理国家,是人治,还是法治?一直存有争论。在比较国内外的历史经验和现实教训的基础上,邓小平同志着力彻底解决人治与法治问题,并明确提出依靠法制治理国家的方针,要通过政治体制改革处理好“法治和人治的关系”。[28]在邓小平同志主持下制定的《中共中央关于建国以来党的若干历史问题的决议》深刻分析了这一教训,指出:种种历史原因使得“我们没有能把党内民主和国家政治社会生活的民主加以制度化、法律化,或者虽然制定了法律,却没有应有的权威”,这“就使党和国家难以防止和制止‘文化大革命’的发动和发展”。[29]“为了保障人民民主,必须加强社会主义法制,使民主制度化、法律化,使这种制度和法律具有稳定性、连续性和极大的权威。”[30]

从20世纪80年代初到1992年南方谈话,邓小平同志不下十次强调党和国家的长治久安要靠法治、靠制度。1980年,邓小平同志在回答意大利记者法拉奇“如何避免类似文化大革命那样的错误”的提问时说:“这要从制度方面解决问题。……要认真建立社会主义民主制度和社会主义法制。只有这样,才能解决问题。”[31] 1980年,在《党和国家领导制度的改革》这篇讲话中,邓小平同志极其深刻地指出:“制度好可以使坏人无法任意横行,制度不好可以使好人无法充分做好事,甚至会走向反面”,“领导制度、组织制度问题更带根本性、全局性、稳定性和长期性”。[32]基于对共产主义运动和社会主义国家历史经验教训的深刻反思,他反复强调“还是要靠法制,搞法制靠得住些”。[33]邓小平同志揭示的人治必然导致难以为继、人亡政息的规律深刻地教育了党和人民,坚定了党和人民法治立国、厉行法治的信念。

依法治国论。基于新中国成立以来政治运动接连不断而给党、国家、社会和人民带来痛苦和灾难,对经济社会发展造成严重冲击和损害的教训,邓小平同志提出,今后“不能采取过去搞政治运动的办法,而要遵循社会主义法制的原则”。[34]无论是解决人民内部矛盾,还是解决敌我矛盾,都要遵循法制。“搞四个现代化一定要有两手,只有一手是不行的。所谓两手,即一手抓建设,一手抓法制。”[35]

在推进法制建设的进程中,邓小平同志强调,我国社会将长期处于社会主义初级阶段,我国的社会主义民主和法制建设必须以这个基本国情为依据;中国共产党在社会主义初级阶段的基本路线是社会主义民主和法制建设的根本遵循;必须以"是否有利于发展社会主义社会的生产力、是否有利于增强社会主义国家的综合国力、是否有利于提高人民的生活水平"作为评价社会主义民主法制的根本标准;坚持和改善中国共产党的领导是加强社会主义民主、健全社会主义法制的政治保障;推进经济体制改革和政治体制改革,是发展社会主义民主、健全社会主义法制的强大动力;在社会主义民主和法制建设中,既要认真地划清社会主义民主法制与资产阶级民主法制的界限,又要大胆地借鉴资产阶级民主法制的有益的经验;"实现民主和法制,同实现四个现代化一样,不能用大跃进的做法,不能用'大鸣大放'的做法。就是说,一定要有步骤,有领导。否则,只能助长动乱,只能妨碍四个现代化,也只能妨碍民主和法制"。[36]

民主法制关系论。民主和法制的关系是邓小平同志论述较多的法学原理问题。从 20 世纪 70 年代末到 90 年代初,邓小平同志反复强调:"民主和法制,这两个方面都应该加强,过去我们都不足。要加强民主就要加强法制。没有广泛的民主是不行的,没有健全的法制也是不行的。……民主要坚持下去,法制要坚持下去。这好像两只手,任何一只手削弱都不行。"[37]"政治体制改革包括民主和法制。我们的民主同法制是相关联的。"[38]在邓小平理论指导下制定的《中共中央关于社会主义精神文明建设指导方针的决议》指出:"不要社会主义民主的法制,决不是社会主义法制;不要社会主义法制的民主,决不是社会主义民主。"[39]在社会主义条件下,民主与法制相互依存、相互保障、相互促进。一方面,民主要通过法制来体现和保障。"为了保障人民民主,必须加强法制。必须使民主制度化、法律化,使这种制度和法律不因领导人的改变而改变,不因领导人的看法和注意力的改变而改变。"[40]"要使我们的宪法更加完备、周密、准确,能够切实保证人民真正享有管理国家各级组织和各项企业事业的权力,享有充分的公民权利。"[41]另一方面,民主要纳入法制的轨道，公民依法行使民主权利，国家机关依法保障公民权利。总之，“社会主义民主和社会主义法制是不可分的。不要社会主义法制的民主，不要党的领导的民主，不要纪律和秩序的民主，决不是社会主义民主”。[42]

（二）“三个代表”重要思想深化、拓展和创新了中国特色社会主义法治理论，把马克思主义法学中国化推向 21 世纪

“三个代表”重要思想强调中国共产党必须始终代表中国先进生产力的发展要求、代表中国先进文化的前进方向、代表中国最广大人民的根本利益，这是我们党的立党之本、执政之基、力量之源，也是法学理论创新、法律制度创新和法治实践创新的根本指针和价值导向。代表中国先进生产力的发展要求，必然要求法学理论和法治建设符合生产力发展的规律，体现解放和发展社会生产力的根本要求；代表中国先进文化的前进方向，必然要求法学理论和法治建设要面向现代化、面向世界、面向未来，发展社会主义法治文化，培育和弘扬社会主义法治精神，为依法治国、建设社会主义法治国家夯实思想文化基础；代表中国最广大人民的根本利益，必然要求法学理论和法治建设始终把人民的根本利益作为出发点和归宿，切实尊重和保障人权和公民权利，在经济社会不断发展的基础上，使人民群众获得更全面更殷实的利益。

“三个代表”重要思想对中国特色社会主义法治理论的深化、拓展和创新主要体现在：

第一，创造性提出了依法治国、建设社会主义法治国家的基本方略和奋斗目标。作为中国共产党第三代领导核心，江泽民同志在党的十五大首次明确提出“依法治国，建设社会主义法治国家”。从 20 世纪 50 年代关于人治与法治的讨论到党的十五大宣布“依法治国，建设社会主义法治国家”，其间经历了 40 多年的风风雨雨，最终我们党选择了依法治国、建设社会主义法治国家的正确道路。

第二，深刻阐述了依法治国的本质规定和核心要义。江泽民同志指出："依法治国，是党领导人民治理国家的基本方略，是发展社会主义市场经济的客观需要，是社会文明进步的重要标志，是国家长治久安的重要保障。"[43]"依法治国，就是广大人民群众在党的领导下，依照宪法和法律规定，通过各种途径和形式管理国家事务，管理经济文化事业，管理社会事务，保证国家各项工作都依法进行，逐步实现社会主义民主的制度化、法律化，使这种制度和法律不因领导人的改变而改变，不因领导人看法和注意力的改变而改变。"[44]

第三，深刻阐述了社会主义市场经济条件下法制与经济和社会发展的关系。江泽民同志指出："经济的发展，社会的进步，都离不开法制的健全。经济和社会的发展，呼唤着法制的完善；反过来，法制的完善，又会进一步促进经济繁荣和社会进步。"[45]"世界经济的实践证明，一个比较成熟的市场经济，必然要求并具有比较完备的法制。"[46]

第四，深刻阐述了法制与社会文明的关系。伟大的无产阶级革命家、杰出的马克思主义法学家董必武同志曾经深刻指出："说到文明，法制要算一项。"[47]江泽民同志进一步阐明了这一观点，指出："依法治国是社会进步、社会文明的一个重要标志，是我们建设社会主义现代化国家的必然要求。"[48]我们要"把完善社会主义法制，作为建设富强、民主、文明的社会主义现代化国家的重要目标"。[49]

第五，深刻阐述了党与法、党的领导与依法治国的关系。党与法的关系是政治和法治领域的重大问题。江泽民同志在其就任中共中央总书记后的第一次记者招待会上就公开表示："我们绝不能以党代政，也绝不能以党代法。这也是新闻界讲的究竟是人治还是法治的问题。我想我们一定要遵循法治的方针。"[50]江泽民同志明确指出，法制工作和法制建设，必须坚持党的领导，在建设社会主义法治国家的整个过程中，坚持党的领导是一条根本原则。而“坚持党的政治领导，一个基本的方面就是要坚持党的主张经过法定程序变成国家意志，通过党组织的活动和党员的模范作用，带动人民群众实现党的路线、方针、政策。国家的宪法和法律是人民群众意志的体现，也是党的主张的体现。执行宪法和法律，是按广大人民群众的意志办事，也是贯彻党的路线、方针和政策的重要保障。党领导人民制定宪法和法律，又自觉地在宪法和法律的范围内活动，严格依法办事，依法管理国家，这对实现全党和全国人民意志的统一，对于维护法律的尊严和中央的权威，具有重大而深远的意义”。[51]依法治国把坚持党的领导、发扬人民民主和严格依法办事统一起来，从制度和法律上保证党的基本路线和基本方针的贯彻实施，保证党始终发挥总揽全局、协调各方的领导核心作用。

第六，深刻阐述了坚持依法治国与以德治国相结合的治国理念。江泽民同志科学总结古今中外治国理政的经验，强调指出：“我们在建设有中国特色社会主义、发展社会主义市场经济的过程中，要坚持不懈地加强社会主义法制建设，依法治国；同时也要坚持不懈地加强社会主义道德建设，以德治国……我们要把法制建设与道德建设紧密结合起来，把依法治国与以德治国紧密结合起来。”[52]在党的十六大报告中，江泽民同志进一步把依法治国与以德治国相结合确定为党领导人民建设中国特色社会主义必须坚持的基本经验。江泽民同志关于依法治国与以德治国相结合的重要论述科学阐释了依法治国作为政治文明和以德治国作为精神文明的关系，突破了法治与德治水火不容的陈腐观念和思维定势，阐明了一种现代法治和新型德治相结合的治国新理念。

“三个代表”重要思想还从建设中国特色社会主义的总体纲领和部署出发，阐述了依法治国、建设社会主义法治国家的阶段性目标，明确了立法、执法、司法、守法等法制建设关键环节的重点任务。

（三）科学发展观进一步深化、拓展和创新了中国特色社会主义法治理论，推进了马克思主义法学中国化的新进程

党的十六大以后形成和发展的科学发展观是中国共产党执政理念的新发展新飞跃。科学发展观立足社会主义初级阶段基本国情，总结我国发展实践，借鉴国外发展经验，适应新的发展要求，提出：第一要务是发展，核心是以人为本，基本要求是全面协调可持续，根本方法是统筹兼顾。这一重大战略思想对于法学理论创新和法治科学发展具有重大而深远的意义。科学发展观把法学的论题从“什么是法治”“为什么实行法治”转向更深层次的问题，即“我们需要什么样的法治”“怎样建设这样的法治”，更加关注法治的发展道路和发展质量问题，把我国法治建设纳入科学发展的轨道。在法治发展中，坚持以科学发展观为指导，就是要用科学发展观的核心理念和战略思想审视、检讨和定位我国法治的发展目标和发展道路；要深入贯彻以人为本、以人民为主体、尊重和保障人权等理念，充分体现全面协调可持续发展的要求；要更加关注民生民利民权，维护公平正义，促进社会和谐，促进人与自然和谐相处；要坚持依法治国与依法执政的有机结合，体现党的领导、人民当家作主和依法治国的有机统一，体现科学立法、严格执法、公正司法、全民守法的协调性。

科学发展观对中国特色社会主义法治理论的创新还具体体现为：第一，进一步明确了我国社会主义民主法治的政治方向，即坚持走中国特色社会主义民主法治道路，“以保证人民当家作主为根本，以增强党和国家活力、调动人民积极性为目标，扩大社会主义民主，建设社会主义法治国家，发展社会主义政治文明”。[53]第二，进一步明确了在新的历史起点上我国社会主义法治建设的指导思想，即始终坚持以人为本的法治理念，全面、协调、可持续的法律发

展观,用以人为本这一核心理念指导和规范立法、执法、司法活动,切实把体现人民意志、保障人民权利、促进人的自由平等发展作为社会主义法治的灵魂;要充分体现全面、协调、可持续的根本要求,促进法律与社会的协调发展,促进法律体系的各部门、法律运行的各环节全面协调的发展,法律和其他社会控制手段、诉讼和非诉讼纠纷解决机制全面协调的发展,妥当处理人与自然、当代人与后代人的关系。第三,进一步明确了社会主义法治理念和法治精神,强调树立以“依法治国、执法为民、公平正义、服务大局、党的领导”为主要内容的社会主义法治理念,[54]弘扬社会主义法治精神,加强以“民主法治、自由平等、公平正义”为核心的公民意识教育。[55]第四,进一步系统阐述了社会主义法治原则,诸如:一切权力属于人民,并由人民依法行使,要健全民主制度,丰富民主形式,拓宽民主渠道,保障人大代表依法行使职权;尊重和保障人权,保证人民的知情权、参与权、表达权、监督权;坚持公民在法律面前一律平等,维护社会公平正义,维护法制的统一、尊严、权威;坚持决策权、执行权、监督权既相互制约又相互协调;坚持党务公开、政务公开、法务公开,完善各类公开办事制度,提高政府工作透明度和公信力,让权力在阳光下运行;实行以民族区域自治、城乡基层群众自治、公司自治、社会组织自治等为主要内容的社会自治;党依法执政,既要在宪法和法律范围内活动,带头维护宪法和法律的权威,又要领导立法、支持和监督依法行政和公正司法;政府要依法行政,建设法治政府,形成权责一致、分工合理、决策科学、执行顺畅、监督有力的行政管理体制等。第五,进一步精辟论述了依法治国、依法执政、依法治军及其有机统一,强调依法治国是党领导人民治理国家的基本方略,依法执政是新的历史条件下我党执政的基本方式,依法治军是党领导和管理人民军队的基本方针。第六,进一步科学论述了法治与社会的关系,提出构建社会主义和谐社会,并把“民主法治、公平正义、诚信友爱、充满活力、安定有序、人与自然和谐相处”[56]作为社会主义和谐社会的本质特征。法治与和谐社会的重大理论既丰富了依法治国、建设社会主义法治国家的内涵，又对依法治国、建设社会主义法治国家提出了新任务。

在邓小平理论、“三个代表”重要思想、科学发展观的指引下，自20世纪70年代末到2012年，中国法学界围绕发扬社会主义民主、健全社会主义法制、法学领域拨乱反正、正本清源的时代性主题，突破政治和意识形态禁区，开展了关于法治与人治、法治与德治、法的阶级性与继承性、法的本质、法律面前人人平等、法的本位等重大理论问题的讨论。围绕构建社会主义市场经济、依法治国、建设社会主义法治国家等时代主题开展了关于市场经济与现代法的精神、市场经济与法治、依法治国、建设社会主义法治国家、法治现代化、人权与公民权、公平与效率、中华法系、宪法实施监督、法治与经济全球化、知识经济与法律制度创新等对我国社会主义法治具有重大建构意义的问题研究。围绕构建社会主义和谐社会、促进经济社会科学发展、全面落实依法治国基本方略等时代性主题，开展了对法治的科学发展、民主政治与宪法、中国共产党依法执政的体制机制、人民代表大会制度的完善与创新、民族区域自治与民族法治建设、完善和发展中国特色社会主义法律体系、全面推进依法行政和建设法治政府、经济发展方式转变与法制创新、法治与社会管理、深化司法体制改革、三大诉讼法修改与程序法治建设、行政执法与刑事司法衔接机制、人权保障与救济机制、环境权和环境法治、全球化与法律变革、全球治理与国际法治、中国海外利益的法律保护、法律外交、法学教育的改革和发展等重大理论和实践问题进行持续深入研究。这些重大问题的研究有力地推进了法学领域的思想解放和理论创新，全面拓展了中国法学的研究领域，推进了法学理论创新，为全力打造具有中国特色、中国气派、中国风格的马克思主义法学理论体系，推进马克思主义法学在新时期的中国化发展作出了重大贡献。

四、马克思主义法学中国化的第三次历史性飞跃

党的十八大以来，以习近平同志为核心的党中央在领导全面依法治国、建设法治中国的伟大实践中，引领法治时代进程、提炼法治时代精神、绘制法治时代蓝图，提出了一系列全面依法治国新理念新思想新战略，创立了习近平法治思想，实现了马克思主义法学中国化的又一次历史性飞跃。

（一）习近平法治思想是马克思主义法学中国化的最新成果

习近平法治思想从历史和现实相贯通、国际和国内相关联、理论和实际相结合上，科学阐述了法治的基本原理、中国特色社会主义法治的基本理论、全面依法治国的基本观点，系统阐述了全面依法治国、建设法治中国的政治方向、重要意义、工作布局、重点任务、重要保障、重大关系等带有根本性、全局性、长远性的问题，成为党和人民处理新时代法治问题的基本立场、观点和方法，为全面依法治国、建设法治中国提供了科学的理论指导和根本的行动遵循。作为马克思主义法学中国化的最新重大成果，习近平法治思想的理论精华集中体现为，习近平总书记2020年11月16日在中央全面依法治国工作会议上提出的“十一个坚持”，即坚持党对全面依法治国的领导；坚持以人民为中心；坚持中国特色社会主义法治道路；坚持依宪治国、依宪执政；坚持在法治轨道上推进国家治理体系和治理能力现代化；坚持建设中国特色社会主义法治体系；坚持依法治国、依法执政、依法行政共同推进，法治国家、法治政府、法治社会一体建设；坚持全面推进科学立法、严格执法、公正司法、全民守法；坚持统筹推进国内法治和涉外法治；坚持建设德才兼备的高素质法治工作队伍；坚持抓住领导干部这个“关键少数”。

这“十一个坚持”是对马克思主义法治理论和中国特色社会主义法治理论的创造性重大发展，构成了一个内涵丰富、系统完备、逻辑严密、论述科学、话语精深的法治理论体系。

（二）习近平法治思想深刻揭示了人类社会法治的发展规律

习近平法治思想运用历史唯物主义的理论和方法，在科学洞悉和系统考察人类政治文明史的基础上，深刻揭示了人类社会法治发展的客观规律。习近平总书记指出：“法治和人治问题是人类政治文明史上的一个基本问题，也是各国在实现现代化过程中必须面对和解决的一个重大问题。综观世界近现代史，凡是顺利实现现代化的国家，没有一个不是较好解决了法治和人治问题的。相反，一些国家虽然也一度实现快速发展，但并没有顺利迈进现代化的门槛，而是陷入这样或那样的‘陷阱’，出现经济社会发展停滞甚至倒退的局面。后一种情况很大程度上与法治不彰有关。”[57]“历史是最好的老师。经验和教训使我们党深刻认识到，法治是治国理政不可或缺的重要手段。法治兴则国家兴，法治衰则国家乱。什么时候重视法治、法治昌明，什么时候就国泰民安；什么时候忽视法治、法治松弛，什么时候就国乱民怨。”[58]基于这些历史唯物主义法治观点，习近平总书记把全面依法治国纳入“四个全面”战略布局，进而上升为坚持和发展中国特色社会主义的基本方略之一，强调“要把全面依法治国放在‘四个全面’的战略布局中来把握，深刻认识全面依法治国同其他三个‘全面’的关系，努力做到‘四个全面’相辅相成、相互促进、相得益彰”。[59]“依法治国是坚持和发展中国特色社会主义的本质要求和重要保障，是实现国家治理体系和治理能力现代化的必然要求。我们要实现经济发展、政治清明、文化昌盛、社会公正、生态良好，必须更好发挥法治引领和规范作用。”[60]“我们面对的改革发展稳定任务之重前所未有，矛盾风险挑战之多前所未有，依法治国地位更加突出、作用更加重大。我们必须坚定不移贯彻依法治国基本方略和依法执政基本方式，坚定不移领导人民建设社会主义法治国家。”[61]“全面推进依法治国，是我们党从坚持和发展中国特色社会主义出发、为更好治国理政提出的重大战略任务，也是事关我们党执政兴国的一个全局性问题。落实好这项重大战略任务，对推动经济持续健康发展、维护社会和谐稳定、实现社会公平正义，对全面建成小康社会、实现中华民族伟大复兴，都具有十分重大的意义。”[62]我们要在全面建设社会主义现代化国家、实现中华民族伟大复兴的历史进程中更好发挥法治固根本、稳预期、利长远的保障作用。

（三）习近平法治思想坚持和拓展了中国特色社会主义法治道路

习近平总书记指出：“中国特色社会主义法治道路，是社会主义法治建设成就和经验的集中体现，是建设社会主义法治国家的唯一正确道路。”[63]从新中国成立之初，我们党就积极探索符合中国实际的社会主义法治建设道路。进入改革开放新时期之后，我们党成功地开辟出中国特色社会主义法治道路，并对这条道路的科学内涵进行过初步概括。党的十八大以来，以习近平同志为核心的党中央在全面推进依法治国、建设法治中国的伟大实践中深入探索和拓展中国特色社会主义法治道路，使中国特色社会主义法治道路的内涵更加清晰、表述更加明确、方向更加坚定。

习近平总书记指出，走中国特色社会主义法治道路是一个重大课题，有许多东西需要深入探索，但基本的东西必须长期坚持。习近平总书记将中国特色社会主义法治道路的核心要义凝练为坚持党的领导，坚持中国特色社会主义制度，贯彻中国特色社会主义法治理论；并强调坚持中国特色社会主义法治道路，必须一以贯之地坚持中国共产党的领导，坚持人民主体地位，坚持法律面前人人平等，坚持依法治国和以德治国相结合，坚持从中国实际出发。

在坚持中国特色社会主义法治道路的同时，习近平总书记领导党和人民不断推进理论创新、制度创新、实践创新，不断丰富中国特色社会主义法治道路的科学内涵，不断拓展中国特色社会主义法治道路，把“依法治国是党领导人民治理国家的基本方略”升华为新时代“坚持和发展中国特色社会主义的基本方略”，从“依法治国”拓展为“全面依法治国”，从建设“法治国家”拓展为建设“法治中国”，从“健全社会主义法制”转型为“健全社会主义法治”，从“形成中国特色社会主义法律体系”拓展为“建设中国特色社会主义法治体系”，法治建设目标实现了历史性转变；从“依法治国”“建设法治国家”到“依法治国、依法执政、依法行政共同推进，法治国家、法治政府、法治社会一体建设”，有力促进了中国法治建设的系统性、整体性、协同性；从“有法可依、有法必依、执法必严、违法必究”发展为“全面推进科学立法、严格执法、公正司法、全民守法”，有力推动了中国法治建设从形式法治转型升级为形式法治与实质法治有机统一的良法善治。

（四）习近平法治思想对中华优秀传统法律文化进行了创造性转化、创新性发展，对人类法治文明成果进行了择善性借鉴

习近平法治思想坚持马克思主义历史观和方法论，深耕于中华法治文明的土壤，深入研究中华传统法律文化和法治思想，在思维中鉴古知今，在实践中继往开来。习近平总书记对中华传统法律文化和法理精华胸怀深情，从先秦思想家到孙中山的法律思想，从商鞅变法、贞观之治、王安石变法、张居正变法到清末民初变法图强运动，从秦律、汉律、唐律到清律，从中国古代的国家法律制度到近代中国的国家治理体系，他都进行过深入研究，得出“法治兴则国兴，法治强则国强。从我国古代看，凡属盛世都是法制相对健

全的时期”[64]的科学结论；概括出了“出礼入刑、隆礼重法的治国策略，民惟邦本、本固邦宁的民本理念，天下无讼、以和为贵的价值追求，德主刑辅、明德慎罚的慎刑思想，援法断罪、罚当其罪的平等观念，保护鳏寡孤独、老幼妇残的恤刑原则”[65]等中华优秀法律文化精华。一扫近代以来历史虚无主义对中华优秀传统法律文化的蔑视和曲解，使中华优秀法律文化的精髓得到传承和弘扬，使法治的中国精神和民族精神得以充分彰显，极大地增强了中国人民在法治问题上的文化自信和民族自信。

习近平法治思想在汲取中华传统法律文化精华的同时，也注重对人类法治文明成果的借鉴。习近平总书记强调指出，我们既要“用鲜活丰富的当代中国实践来推动马克思主义发展”，也需要“用宽广视野吸收人类创造的一切优秀文明成果，坚持在改革中守正出新、不断超越自己，在开放中博采众长、不断完善自己”，“不断开辟当代中国马克思主义、二十一世纪马克思主义新境界”。[66]习近平总书记系统考察了从古巴比伦国到现代社会法治文明的演进，作出“从世界历史看，国家强盛往往同法治相伴而生”[67]“人类社会发展的事实证明，依法治理是最可靠、最稳定的治理”[68]“当今世界，法治逐渐成为国家和社会治理的共同选择，但其具体模式千差万别”[69]等科学论断。由此，他指出：“法治是人类文明的重要成果之一，法治的精髓和要旨对于各国国家治理和社会治理具有普遍意义，我们要学习借鉴世界上优秀的法治文明成果。”[70]在习近平法治思想理论体系中，依法治理、权力制约、权利保障、宪法法律至上、法律面前人人平等、契约自由、正当程序、无罪推定等人类法治文明的成果得以批判继承、择善而用。

（五）习近平法治思想彰显出新时代马克思主义法学中国化的鲜明特色

习近平法治思想实现了马克思主义法学立场、观点和方法的完美统一,蕴涵着中国特色社会主义法治深邃的政理、法理、哲理,彰显出新时代马克思主义法学中国化的鲜明特色。

党领导法治的政治定力。中国特色社会主义最本质的特征是中国共产党领导,中国特色社会主义制度的最大优势是中国共产党领导,党是最高政治领导力量。习近平法治思想把坚持党对全面依法治国的领导作为决定全面依法治国政治方向的首要问题、中国特色社会主义法治道路的核心要义、全面依法治国的显著优势,旗帜鲜明地提出中国共产党的领导是我国社会主义法治之魂,是推进全面依法治国的根本保证,是我国法治同西方资本主义国家法治最大的区别,深刻回答了为何坚持党的领导、党领导什么、怎么领导等一系列重大问题。明确要求把党的领导贯彻落实到全面依法治国全过程各方面,健全党领导全面依法治国的制度和工作机制,推进党的领导制度化、法治化,不断提高党领导全面依法治国的能力和水平,增强了各级领导干部在法治领域的政治判断力、政治领悟力、政治执行力,坚定了人民群众对中国特色社会主义法治的道路自信、理论自信、制度自信、文化自信。

以人民为中心的根本立场。人民性是习近平法治思想最鲜明的特征。习近平法治思想始终奉行以人民为中心的理念,把人民作为全面依法治国最广泛、最深厚的基础,把为人民谋幸福作为根本使命;始终把体现人民利益、反映人民愿望、维护人民权益、增进人民福祉落实到全面依法治国各领域全过程,把实现好、维护好、发展好最广大人民根本利益作为法治建设的出发点和落脚点;使法律及其实施充分体现人民意志,尊重和保障人权,促进人的全面发展,不断满足人民对民主、法治、公平、正义、安全、环境等方面日益增长的需要,不断增强人民的获得感、幸福感、安全感、公平感。习近平法治思想始终坚持人民主体地位,把人民作为法治建设的主体,大力弘扬人民权益靠法律保障、法律权威靠人民维护的社会主义法治精神,强调法律为人民所掌握、所遵守、所运用,增强全社会尊法学法守法用法的自觉意识。

奉法强国的坚定信念。习近平总书记以历史唯物主义方法论对人类社会数千年风雨沧桑、兴衰交替的历史进行回观和反思,揭示出“法治兴则国兴,法治强则国强”的历史规律,提出“一个现代化国家必然是法治国家”的科学论断,把法治梦融入强国梦,教育全党和全国人民要坚定不移地走奉法强国之路。习近平总书记强调指出,全面依法治国对全面建设社会主义现代化国家、实现中华民族伟大复兴的中国梦具有十分重大的意义。我们“要着眼长远,筑法治之基、行法治之力、积法治之势,促进各方面制度更加成熟更加定型,为党和国家事业发展提供长期性的制度保障”。[71]

求真务实的实践理性。求真务实是马克思主义哲学的实践理性,是我们党思想路线的生动体现。习近平法治思想把求真务实的实践理性运用于法治建设,不断深化对法治国情和法治规律的认识,强化全面依法治国的问题导向、目标导向和结果导向,释放出无比磅礴的时代精神和变革力量。主要体现为:一是坚持实事求是;二是坚持从实际出发,与国情适应;三是强化问题意识,坚持问题导向、目标导向、结果导向;四是坚持理论联系实际的马克思主义学风,强调“推进全面依法治国是国家治理的一场深刻变革,必须以科学理论为指导,加强理论思维,从理论上回答为什么要全面依法治国、怎样全面依法治国这个重大时代课题,不断从理论和实践的结合上取得新成果,总结好、运用好党关于新时代加强法治建设的思想理论成果,更好指导全面依法治国各项工作”。[72]

统筹全局的系统观念。习近平总书记十分注重运用马克思主义哲学的系统观念来指导实践和推动工作。在全面依法治国、建设法治中国、推进国家治理现代化的伟大实践中,习近平总书记把马克思主义哲学的系统观念作为基础性思想和工作方法精致地运用于法治领域,加强前瞻性思考、全局性谋划、战略性布局、整体性推进。他坚持在中国特色社会主义新的历史方位和“五位一体”总体布局中定位法治建设;在“四个全面”战略布局中推进全面依法治国;在“两个大局”时空背景中统筹推进国内法治和涉外法治;坚持依法治国、依法执政、依法行政共同推进,法治国家、法治政府、法治社会一体建设;建设中国特色社会主义法治体系;统筹推进科学立法、严格执法、公正司法、全民守法;坚持依法治国与制度治党、依规治党统筹推进、一体建设;统筹推进法治领域各项改革;正确处理全面依法治国的重大辩证关系;坚持加强党对全面依法治国的集中统一领导,确保全面依法治国系统工程顺利推进。

精准练达的辩证方法。唯物辩证法是习近平法治思想一以贯之的世界观和方法论。习近平总书记把唯物辩证法娴熟地运用于法治领域,提出了许多饱含辩证思维的理论观点和命题,诸如:社会主义法治必须坚持党的领导,党的领导必须依靠社会主义法治;在法治下推进改革,在改革中完善法治;人民权益要靠法律保障,法律权威要靠人民维护;权力是一把双刃剑,在法治轨道上行使可以造福人民,在法律之外行使则必然祸害国家和人民;自由是秩序的目的,秩序是自由的保障;安全是发展的前提,发展是安全的保障;法安天下,德润人心;依规治党深入党心,依法治国才能深入民心;全面依法治国,要坚持加强顶层设计与摸着石头过河相结合;文明没有优劣之分,只有特色之别;坚持对外开放、文明互鉴,但不能机械临摹、全面移植;新闻媒体要加强对执法司法工作的监督,但要防止形成“舆论审判”;等等。

尊法据理的法治思维。习近平法治思想洋溢着尊法据理的法治思维。“尊法”和“据理”是法治思维的两个决定性要素。尊法,就是尊崇法律,信仰法治。在尊法的意义上,法治思维的要义是,把对法治的尊崇、对法律的敬畏转化成思维方式和行为方式,做到在法治之下、而不是法治之外、更不是法治之上想问题、作决策、办事情,坚持宪法法律至上,坚守法治底线,切实做到依法治国、依法执政、依法行政、依法治军、依法办事、依法维权等。据理,就是依据法理，良法善治。在据理的意义上，法治思维的根基在于法律规定的合理性和法律行为的正当性。在全面依法治国新时代，我们所厉行的法治，不是封建主义的严刑峻法，不是资本主义的形式主义法治，也不是其他法系的法治模式，而是符合我国宪法精神、反映人民意志、得到人民拥护、维护公平正义、弘扬美德义行、促进社会和谐的良法善治。尊法和据理的有机结合，在思维和行动两个层面把形式法治和实质法治统一起来了。在这个意义上，法治思维即良法善治思维。

守正创新的理论品格。守正创新是习近平法治思想鲜明的理论品格，是其具有强大理论优势和生机活力的奥妙所在，也是马克思主义法学中国化的精髓所在。习近平总书记指出："马克思主义是不断发展的开放的理论……因此，马克思主义能够永葆其美妙之青春，不断探索时代发展提出的新课题、回应人类社会面临的新挑战。"[73]在依法治县、依法治市、依法治省、依法治国的长期实践中，特别是党的十八大以来，习近平总书记不断深入推进中国特色社会主义法治理论创新、实践创新、制度创新，为全党和全国人民树立了守正创新的光辉典范。他所发表的一系列堪称经典的法治专题讲话文章批示，他所锤炼的一系列义理精深的法治新概念新命题新话语，他所凝练的一系列全面依法治国新理念新思想新战略，充分展示了守正创新的伟大理论成果，集中反映了我们党在法治领域的辉煌理论成就。

党的十八大以来，在习近平法治思想的指引下，我国法学界紧紧围绕全面依法治国、建设法治中国、推进国家治理体系和治理能力现代化的时代性主题开展高水平研究。主要研究课题有：习近平法治思想，中国特色社会主义法治理论创新发展，中国特色社会主义法治道路，中国共产党领导体制的法理基础，全面依法治国总目标总抓手，依宪治国、依宪执政重大理论和实践问题，依法治国和依规治党，依法治国和以德治国，国家制度与国家治理，社会主义法治核心价值体系，法治中国的法理基础，法治国情，法治小康，中华法治文明，中华优秀法律文化传统，特别行政区宪制问题，建设法治政府理论，司法体制综合性配套改革，国家监察体制改革，民法典编纂和实施，刑事政策和刑事法治，贯彻新发展理念、推进经济高质量发展的法治保障，法治社会与社会治理法治化，新时代“枫桥经验”，国家安全法治、应急管理法治，美丽中国建设的法治保障，数字法治，生物安全法治，健康中国与卫生法学前沿问题，涉外法治与国际法治，等等。这些研究取得了一系列高质量理论成果，为习近平法治思想的创立和发展提供了重要的学术理论资源，为发展中国特色社会主义法治理论体系、推进新时代马克思主义法学中国化作出了重要贡献。

五、新时代马克思主义法学中国化的新使命新任务

马克思主义法学中国化的百年历程充分表明，只有把马克思主义法学的基本原理同我国具体的时代条件和现实国情结合起来，与我们正在做的和将要做的伟业结合起来，解放思想、实事求是、与时俱进、求真务实，才能充分彰显马克思主义法学的科学性和真理性、人民性和实践性、开放性和时代性，不断实现马克思主义法学新发展、开创马克思主义法学中国化新境界。

回顾马克思主义法学中国化光辉历程，总结马克思主义中国化历史经验，根本目的在于继续推进马克思主义法学中国化，进一步发展当代中国马克思主义法学、21 世纪马克思主义法学，让马克思主义法学中国化创新成果焕发出强大生命力和创造力。

在中国特色社会主义新时代，我们要始终坚持以马克思列宁主义、毛泽东思想、邓小平理论、“三个代表”重要思想、科学发展观、习近平新时代中国特色社会主义思想为指导，高举习近平法治思想伟大旗帜，深入推进马克思主义法学中国化新的历史

进程。

第一,对马克思主义经典文献进行全面而深入地研究,对其中的法学思想和法理精华再提炼、再升华、再阐释,把饱含在马克思主义经典文献中的法理精华和法学理论精髓进行体系化构建而不能停留在语录摘编或碎片化的引用上;同时,还原马克思主义法学的科学本色,清除附加在马克思主义法学之上的错误观点,破除由于"左"或右的思潮影响而对马克思主义法学的误读和误解。当然,这样做并不是西方"新马克思主义"学者所说的"回到马克思",而是进一步弄清马克思主义法学的基本原理和精神实质,构建马克思主义法学理论体系,彰显马克思主义法学的本源性,让马克思主义法学之光照亮中国法学的前进之路。

第二,对新时代全面依法治国、建设法治中国、推进国家治理现代化的伟大实践进行系统总结、理论概括和理念提升。新时代中国特色社会主义法治实践是当代马克思主义法学的源头活水,只有认真地总结我国法治建设的丰富实践和理论创新,才能不断丰富、创新和发展马克思主义法学,才能产生马克思主义法学的新成果,彰显马克思主义法学的当代性。站在全面依法治国、建设法治中国、推进国家治理现代化的时代潮头,我们比任何时候都更需要立足实践、深入实践、感悟和把握实践,概括出有时代感的新命题,提炼出有原创性的新理论。这是马克思主义科学方法论的必然指向,也是马克思主义法学中国化与中国法治经验马克思主义化的必由之路。

第三,深入挖掘中国传统法学的思想宝库。历史研究是一切社会科学的基础。中国法学是中国法治的学术和理论概括,源远流长、博大精深,是人类法治思想的宝贵遗产,也是我们树立中国法学理论自信、建构中国法学话语体系的资本。但是,长期以来,由于受到"法治虚无主义"和"历史虚无主义"的严重影响,我们对中国法学的历史遗产重视不够,甚至把它们归入"封建糟粕"而废弃。在推进马克思主义中国化新的伟大工程中，我们必须秉持不忘本来、追本溯源的文化理念，下功夫把中国传统法学的精华凝练出来，对之进行创造性转化、创新性发展，使之融入马克思主义法学思想体系之中，彰显马克思主义法学的历史底蕴和民族精神，为世界法学百花园增添一份姹紫嫣红。

第四，以开放眼光和科学态度跟踪研究当代西方法学理论，把西方法学理论中的有益成分识别出来，融入到当代中国马克思主义法学理论体系之中。在推进马克思主义法学中国化新的历史阶段，要善于与西方法学开展平等对话和交流，打造融通中西的法学概念、命题和论语，在对话和互鉴中升华马克思主义法学原理，彰显马克思主义法学海纳百川的学术气派和在学术竞争中的优势。同时，我们要着力推进中国法学的时代化、国际化、世界化，为 21 世纪世界法学和全球治理体系变革提供中国智慧、中国方案。

回望过往奋斗路，眺望前方奋进路，我们应更好地履行新时代马克思主义法学中国化的历史使命。一是用好红色资源、赓续红色血脉。习近平总书记指出："党的历史是最生动、最有说服力的教科书。"[74]马克思主义法学中国化是这部伟大教科书的"法治篇"。我们要在学习好中共党史，学史明理、学史增信、学史崇德、学史力行的同时，学好用好党在法治领域的创新理论，要深入挖掘中国法治的红色资源，传承中国法学的红色基因，续写马克思主义法学中国化的新篇章。二是坚持"三相结合""三化推进"，即坚持历史和现实相贯通、国际和国内相关联、理论和实际相结合，深刻揭示马克思主义法学中国化三大创新成果的实践逻辑、理论逻辑、历史逻辑及其一脉相承又与时俱进的生命活力；注重对马克思主义法治理论中国化最新成果——习近平法治思想的学理化阐释、学术化表达、体系化构建、大众化传播，高扬习近平法治思想的理论旗帜，深入推进全面依法治国，在"两大奇迹"的基础上再创"法治新奇迹"。三是解放思想、勇于创新，为创新发展马克思主义法学作出中国共产党人和中国法学家应有的贡献。在当今世界，中国共产党人和中国法学家不仅是马克思主义法学的捍卫者，更是马克思主义法学的主要建设者和发展者，要通过我们的学习、研究、创新，不断赋予马克思主义法学新的时代内涵，使马克思主义法学更具科学性和时代性，更具思想魅力和生命活力，构建起集古今中外法治思想之大成、屹立于人类法治文明巅峰的科学理论体系。四是面向世界、放眼未来，在全球范围内广泛传播习近平法治思想这一当代中国马克思主义法学、21 世纪马克思主义法学，使中国从法学输入国成为法学输出国，使马克思主义法学不仅作为无产阶级革命和社会主义法治建设的思想武器，而且成为全人类追求和平、发展、公平、正义、民主、自由的法理宝典，为构建人类命运共同体，奉献具有中国特色、中国风格、中国气派且与世界融通的法治理论体系。

注 释

1 《马克思恩格斯全集》(第 1 卷)，人民出版社 1956 年版，第 462 页。

2 《毛泽东选集》(第 4 卷)，人民出版社 1991 年版，第 1515 页。

3 参见《江泽民文选》(第 3 卷)，人民出版社 2006 年版，第 265 – 266 页。

4 习近平:《论中国共产党历史》，中央文献出版社 2021 年版，第 239 – 240 页。

5 《毛泽东选集》(第 4 卷)，人民出版社 1991 年版，第 1471 页。

6 中共中央文献研究室编:《毛泽东文集》(第 3 卷)，人民出版社 1996 年版，第 283 页。

7 中共中央文献研究室编:《毛泽东文集》(第 3 卷)，人民出版社 1996 年版，第 294 页。

8 参见王沪宁:《在纪念李大钊同志诞辰 130 周年座谈会上的讲话》(2019 年 10 月 27 日)，载《人民日报》2019 年 10 月 28 日，第 3 版。

9 中国李大钊研究会编注:《李大钊文集》(第 3 卷)，人民出版社 1999 年版，第 3 页。

10 中国李大钊研究会编注:《李大钊全集》(第 3 卷)，人民出版社 2006 年版，第 32 页。

11 参见中共中央文献研究室、中央档案馆编:《建党以来重要文献选编》(1921—1949),中央文献出版社2011年版,第651页。
12 《毛泽东选集》(第2卷),人民出版社1991年版,第611页。
13 习近平:《论中国共产党历史》,中央文献出版社2021年版,第199页。
14 《毛泽东选集》(第4卷),人民出版社1991年版,第1381页。
15 《毛泽东选集》(第2卷),人民出版社1991年版,第676页。
16 《毛泽东选集》(第2卷),人民出版社1991年版,第677页。
17 《毛泽东选集》(第2卷),人民出版社1991年版,第735页。
18 中共中央文献研究室编:《毛泽东文集》(第6卷),人民出版社1999年版,第328页。
19 中共中央文献研究室编:《毛泽东文集》(第6卷),人民出版社1999年版,第326页。
20 中共中央文献研究室编:《毛泽东文集》(第6卷),人民出版社1999年版,第326页。
21 中共中央文献研究室编:《毛泽东文集》(第6卷),人民出版社1999年版,第326页。
22 中共中央文献研究室编:《毛泽东文集》(第6卷),人民出版社1999年版,第326页。
23 《毛泽东选集》(第2卷),人民出版社1991年版,第528页。
24 《邓小平文选》(第2卷),人民出版社1994年版,第208页。
25 《邓小平文选》(第2卷),人民出版社1994年版,第371页。
26 《邓小平文选》(第2卷),人民出版社1994年版,第187页。
27 《邓小平文选》(第2卷),人民出版社1994年版,第359页。
28 《邓小平文选》(第3卷),人民出版社1993年版,第177页。
29 中共中央文献研究室编:《三中全会以来重要文献选编》(下),中央文献出版社2011年版,第151页。
30 中共中央文献研究室编:《三中全会以来重要文献选编》(上),中央文献出版社2011年版,第9页。
31 《邓小平文选》(第2卷),人民出版社1994年版,第348页。
32 《邓小平文选》(第2卷),人民出版社1994年版,第333页。
33 《邓小平文选》(第3卷),人民出版社1993年版,第379页。
34 《邓小平文选》(第2卷),人民出版社1994年版,第371页。

35 《邓小平文选》(第3卷),人民出版社1993年版,第154页。
36 《邓小平文选》(第2卷),人民出版社1994年版,第257页。
37 《邓小平文选》(第2卷),人民出版社1994年版,第189页。
38 《邓小平文选》(第3卷),人民出版社1993年版,第244页。
39 《邓小平文选》(第2卷),人民出版社1994年版,第130页。
40 《邓小平文选》(第2卷),人民出版社1994年版,第146页。
41 《邓小平文选》(第2卷),人民出版社1994年版,第339页。
42 《邓小平文选》(第2卷),人民出版社1994年版,第359页。
43 《江泽民文选》(第2卷),人民出版社2006年版,第29页。
44 《江泽民文选》(第2卷),人民出版社2006年版,第28-29页。
45 《第十四届亚太法协大会在京开幕》,载《人民日报》1995年8月17日,第1版。
46 《江泽民文选》(第1卷),人民出版社2006年版,第551页。
47 董必武:《论社会主义民主和法制》,人民出版社1979年版,第154页。
48 《江泽民文选》(第1卷),人民出版社2006年版,第513页。
49 《第十四届亚太法协大会在京开幕》,载《人民日报》1995年8月17日,第1版。
50 《江泽民等答中外记者问》,载《人民日报》1989年9月27日,第1版。
51 任建新主编:《社会主义法制建设基本知识》,法律出版社1996年版,第2页。
52 《江泽民文选》(第3卷),人民出版社2006年版,第200页。
53 《胡锦涛文选》(第2卷),人民出版社2016年版,第635页。
54 参见《胡锦涛文选》(第2卷),人民出版社2016年版,第428页。
55 参见《胡锦涛文选》(第2卷),人民出版社2016年版,第636页。
56 《胡锦涛文选》(第2卷),人民出版社2016年版,第626页。
57 习近平:《在中共十八届四中全会第二次全体会议上的讲话》(2014年10月23日),载中共中央文献研究室编:《习近平关于全面依法治国论述摘编》,中央文献出版社2015年版,第12页。
58 习近平:《在中共十八届四中全会第二次全体会议上的讲话》(2014年10月23日),载中共中央文献研究室编:《习近平关于全面依法治国论述摘编》,中央文献出版社2015年版,第8页。
59 习近平:《论坚持全面依法治国》,中央文献出版社2020年版,第145页。
60 习近平:《在中共十八届四中全会第一次全体会议上关于中央政治局工作的报告》(2014年10月20日),载中共中央文献研究室编:《习近平关于全面依法治国论述摘编》,中央文献出版社2015年版,第4-5页。

61 习近平:《在中共中央召开的党外人士座谈会上的讲话》(2014 年 8 月 19 日),载中共中央文献研究室编:《习近平关于全面依法治国论述摘编》,中央文献出版社 2015 年版,第 4 页。

62 习近平:《在中共十八届四中全会第二次全体会议上的讲话》(2014 年 10 月 23 日),载中共中央文献研究室编:《习近平关于全面依法治国论述摘编》,中央文献出版社 2015 年版,第 7 页。

63 习近平:《论坚持全面依法治国》,中央文献出版社 2020 年版,第 93 页。

64 习近平:《论坚持全面依法治国》,中央文献出版社 2020 年版,第 225 – 226 页。

65 习近平:《坚定不移走中国特色社会主义法治道路 为全面建设社会主义现代化国家提供有力法治保障》(2020 年 11 月 16 日),载《求是》2021 年第 5 期。

66 习近平:《论中国共产党历史》,中央文献出版社 2021 年版,第 211 页。

67 习近平:《论坚持全面依法治国》,中央文献出版社 2020 年版,第 226 页。

68 习近平:《论坚持全面依法治国》,中央文献出版社 2020 年版,第 120 – 121 页。

69 《习近平在省委理论学习中心组学习会上强调 认真学习研究社会主义法治不断推进"法治浙江"建设》,载《浙江日报》2006 年 2 月 6 日,第 1 版。

70 习近平:《加快建设社会主义法治国家》(2014 年 10 月 23 日),载《求是》2015 年第 1 期。

71 习近平:《论坚持全面依法治国》,中央文献出版社 2020 年版,第 3 页。

72 习近平:《坚定不移走中国特色社会主义法治道路 为全面建设社会主义现代化国家提供有力法治保障》(2020 年 11 月 16 日),载《求是》2021 年第 5 期。

73 习近平:《论中国共产党历史》,中央文献出版社 2021 年版,第 199 页。

74 《铭记奋斗历程担当历史使命 从党的奋斗历史中汲取前进力量》(2021 年 6 月 18 日),载《人民日报》2021 年 6 月 19 日,第 1 版。

马克思主义法学中国化的三次历史性飞跃*

我非常荣幸地应邀参加"马克思主义与法治中国全国学术研讨会"。会议主办方约请我就会议主题做个发言,我自己拟了一个具体的题目:"马克思主义法学中国化的三次历史性飞跃。"围绕这个主题,我讲三个问题。

一、马克思主义法学的历史地位

习近平总书记指出:"在人类思想史上,没有一种思想理论像马克思主义那样对人类产生了如此广泛而深刻的影响。"[1]这样的判断完全可以用来叙说马克思主义法学的历史意义。具体到马克思主义法学,可以用一句话来概括马克思主义法学的历史意义,即"马克思主义法学使法学成为一门真正的科学"。所谓科学,在《辞海》中的解释是:"科学,运用范畴、定理、定律等思维形式反映现实世界各种现象的本质的规律的知识体系。"在法国《百科全书》中的

---

* 本文系作者 2018 年 11 月 24 日在中国政法大学主办的"马克思主义与法治中国"全国学术研讨会上所作的主旨发言。

解释是:“科学首先不同于常识,科学通过分类,以寻求事物之中的条理。此外,科学通过揭示支配事物的规律,以求说明事物。”根据关于科学的这些普遍定义,历史上很多法学流派、法学家,包括古代中国的法学家和西方各个历史时期的法学流派,尽管都从不同侧面不同层面揭示了法律现象的某些特征,甚至也不乏对法律初级本质的某种程度的认识,但总体而言,与马克思主义法学相比,他们都算不上是真正的科学,因为他们都没有从社会现实中揭示出法的本质和法律发展的规律,更没有从人类历史的高度把握法的价值。他们的研究总体上是描述性的,揭示的是法律现象之间的联系,诸如规则与规则、规则与体系的联系、权利义务的关系、立法与司法的关系等,他们关注法律解释、法律推理、法律论证、法律修辞等法律适用的方法,这些虽然也是一种科学认知,但我认为这种层面的认知属于“浅科学”。当然,也有诸多的思想家揭示了法与意志的关系、法与社会的关系、法的历史维度,但与马克思主义经典作家相比,他们只是抽象地发展了法的实在,成为法的形而上学,而没有从社会现实的意义上深刻理解法的决定性内涵。而马克思主义深刻揭示了自然界、人类社会、人类思维发展的普遍规律,为人类社会发展进步指明了方向;马克思主义坚持实现人民解放、维护人民利益的立场,以实现人的自由而全面的发展和全人类解放为己任,反映了人类对理想社会的美好憧憬;马克思主义揭示了事物的本质、内在联系及发展规律,是“伟大的认识工具”,是人们观察世界、分析问题的有力思想武器;马克思主义具有鲜明的实践品格,不仅致力于科学“解释世界”,而且致力于积极“改变世界”。在法学领域,马克思主义法学揭示了法与统治阶级的内在联系,法与国家之间的必然联系,法与社会物质生活条件的因果联系,法在不同社会不同国家的不同目的、作用和价值。正是由于现实地深入法的实践中,拨云见日般地揭示了法律现象内部的本质以及法律发展的客观规律,马克思主义法学才成为真正的科学,或者说成为“深科学”。马克思主义法学这门科学不仅为我们展开了法之认识的正确图景，而且为我们指引了法之研究的根本方法，这是它能够与时俱进、永葆生机的关键。

二、马克思主义法学中国化的三次飞跃

20 世纪以来，马克思主义在中国获得广泛传播和深入发展。1938 年 10 月，毛泽东同志在扩大的党的六届六中全会上曾经指出：“所谓马克思主义中国化，就是马克思主义普遍真理跟中国革命具体实践的统一，一个普遍，一个具体，两个东西的统一叫中国化。”习近平全面依法治国新理念新思想新战略坚持的是马克思主义，立足的是当代中国，是名副其实的中国化当代化的马克思主义法学。

中国共产党把马克思主义的普遍原理与中国实际相结合，创立了毛泽东思想，创立了邓小平理论，形成了“三个代表”重要思想、科学发展观，创立了习近平新时代中国特色社会主义思想。在这一历史过程中，马克思主义法学伴随着中国社会新纪元、新时期、新时代而经历了三次历史性飞跃。

第一次历史性飞跃。19 世纪末 20 世纪初，马克思主义开始传入中国。1921 年，中国共产党成立之后，马克思主义日益与中国革命的具体实践相结合，并逐渐形成了标志着马克思主义与中国革命实际相结合的第一个重大理论成果毛泽东思想。毛泽东思想蕴涵着丰富的法学理论观点，这些理论观点是马克思主义法学在中国的运用和发展，是被实践证明了的关于中国新民主主义和社会主义革命法制建设的正确的理论原则和经验总结。其主要的理论发展体现为关于国体和政体的学说、关于社会主义法制的理论、关于政法工作的理论等。

第二次历史性飞跃。以 1978 年 12 月中国共产党十一届三中

全会为标志，中国进入了改革开放和社会主义现代化建设新时期，开辟了中国特色社会主义道路，形成了中国特色社会主义理论，建立了中国特色社会主义制度。邓小平理论、“三个代表”重要思想、科学发展观是中国特色社会主义理论的重要组成部分。中国特色社会主义理论，适应改革开放和社会主义现代化建设新时期、新形势、新任务的要求，提出了一系列具有重要战略意义的民主法制思想，确立了依法治国基本方略、依法执政基本方式，提出了建设社会主义法治国家的历史任务。其主要的理论发展体现为：第一，要发展社会主义民主，就必须加强社会主义法制。第二，坚持党的领导、人民当家作主、依法治国有机统一。第三，坚持科学执政、民主执政、依法执政。第四，扩大人民民主，保证人民当家作主。第五，坚持以人为本，尊重和保障人权。第六，坚持中国特色社会主义政治发展道路。

第三次历史性飞跃。中国共产党第十八次全国代表大会以来，以习近平同志为核心的党中央以全新的视野深化对共产党执政规律、社会主义建设规律、人类社会发展规律的认识，经过艰辛理论探索，创立了习近平新时代中国特色社会主义思想。习近平新时代中国特色社会主义思想是对马克思列宁主义、毛泽东思想、邓小平理论、“三个代表”重要思想、科学发展观的继承和发展，是马克思主义中国化的最新成果，是全党全国人民为实现中华民族伟大复兴而奋斗的行动指南。习近平新时代中国特色社会主义思想饱含丰富的法治理论和法学理论，形成了具有鲜明时代特征、理论风格和实践指向的新时代中国特色社会主义法治思想，即习近平全面依法治国新理念新思想新战略。其主要的理论创新和贡献体现在：第一，阐明厉行法治、全面依法治国的战略意义；第二，旗帜鲜明地提出坚持和拓展中国特色社会主义法治道路；第三，深刻阐明社会主义法治的本质特征；第四，提出建设法治中国的理论；第五，深刻阐明了加强党对全面依法治国领导的重大意义以及党的领导与依法治国的关系；第六，系统阐明社会主义法治核心价值；第七，原创性地提出建设中国特色社会主义法治体系；第八，深刻阐明法治与国家治理现代化的内在联系；第九，提出加快建设法治社会和法治经济；第十，深刻阐明全面依法治国的一系列辩证关系。2018 年 8 月 24 日，在中央全面依法治国委员会第一次会议上，习近平总书记把全面依法治国新理念新思想新战略概括为“十个坚持”，并强调全面依法治国新理念新思想新战略是全面依法治国、建设法治中国的根本遵循，必须长期坚持，不断丰富发展。“新时代中国特色社会主义法治思想”与“全面依法治国新理念新思想新战略”是对同一个思想体系的两种表述。

马克思主义法学中国化的这三次历史性飞跃是马克思主义法学在中国的落地生根，是马克思主义法学在中国法治建设实践中的历史阶段的创新发展，是马克思主义法学理论既一脉相承又与时俱进的生动体现。

三、新时代马克思主义法学中国化的新使命新任务

马克思主义法学中国化已经形成了一系列伟大的成果，极大地丰富和发展了马克思主义法学。但马克思主义法学中国化的进程远没有结束，还要不断地推进。我认为，在中国特色社会主义新时代，我们应当着重从四个方面来深入推进马克思主义法学中国化的历史进程。第一，对马克思主义经典文献进行全面而深入的研究，对其中的法学思想和法理精华再提炼、再理解、再阐释，把饱含在马克思主义文献当中的法理精华和法学理论进行体系化构建而不能停留在语录摘编或碎片化的引用上；同时，还原马克思主义法学的科学本色，清除附加在马克思主义法学之上的错误观点，破除由于“左”的思潮影响而对马克思主义法学的误读和误解。当然，这样做并不是西方马克思主义学者所说的“回到马克思”，而是

进一步弄清马克思主义法学的基本原理和精神实质，构建马克思主义法学理论体系，彰显马克思主义法学的本源性，让马克思主义之光照亮中国法学的前进之路。第二，对中国社会主义法治实践，特别是新时代全面依法治国、建设法治中国的伟大实践进行系统总结、理论概括和理念提升。中国特色社会主义法治实践是当代马克思主义法学的源头活水，只有认真地总结我国法治建设的丰富实践和实践创新，才能不断丰富、创新和发展马克思主义法学，才能产生马克思主义法学的新成果，彰显马克思主义法学的当代性。站在依法治国、建设法治中国的时代潮头，我们比任何时候都更需要立足实践、深入实践、感悟和把握实践，这是马克思主义科学方法论的必然指向，也是马克思主义法学中国化的现实路径。第三，深入挖掘中国传统法学的思想宝库。中国法学源远流长、博大精深，是我们树立法学理论自信的资本，也是人类法律思想的宝库。但是，长期以来，由于受到“法律虚无主义”和“历史虚无主义”的严重影响，我们对中国法学的辉煌遗产重视不够，甚至不屑一顾。在推进马克思主义中国化新的伟大工程中，我们必须秉持不忘本来、追本溯源的文化理念，下功夫把中国传统法学的精华提炼出来，使之融入马克思主义法学思想体系之中，彰显马克思主义法学的中国精神和时代特征。第四，以开放的眼光和求真求善的态度跟踪研究当代西方法学理论，把西方法学理论中的精华识别出来、提炼出来，融入当代中国马克思主义法学理论体系之中。在推进马克思主义法学中国化新的历史阶段，要善于与西方法学开展平等对话和交流，打造融通中西的法学概念、命题和论语，在对话和互鉴中升华马克思主义法学原理，彰显马克思主义法学海纳百川的学术气派和学术竞争中的优势。

在推进上述四项重大任务的过程中，我们要更好地履行新时代马克思主义中国化的历史使命。第一，为全面依法治国、建设法治中国、实现法治强国理想，提供更加丰富、更高质量的理论资源，作出更加科学有效的学理支撑。第二,为创新发展马克思主义法学作出中国共产党人和中国法学界应有的历史担当。在当今世界,中国共产党人和中国法学家不仅是马克思主义法学的捍卫者,更是马克思主义法学的主要建设者和发展者,要通过我们的学习、研究、创新,使马克思主义法学更科学、更先进,更具有当代性,更具有思想魅力。第三,在全球范围内,传播21世纪的马克思主义法学,使中国从马克思主义输入国成为马克思主义的输出国,使马克思主义法学不仅作为无产阶级革命和社会主义法治的思想武器,而且成为全人类追求和平、发展、公平、正义、民主、自由、普遍人权、和谐世界的法理宝典,为人类命运共同体的构建和全球治理民主化、法治化、合理化,奉献中国化的马克思主义法学理论。

总之,马克思主义法学中国化的历史进程表明,只有把马克思主义法学的基本原理同我国具体的时代条件和现实国情结合起来,与我们正在做的和将要做的伟业结合起来,解放思想、实事求是、与时俱进,才能坚持中国法学的科学立场,才能不断开创马克思主义法学的新境界,为全面依法治国、建设法治中国提供科学的理论指导和深厚的学理支撑。

注 释

1 习近平:《在纪念马克思诞辰200周年大会上的讲话》(2018年5月4日),载《人民日报》2018年5月5日,第2版。

法理:法理学的中心主题和法学的共同关注 *

近年来,法学界一定范围内围绕“中国法理学的死亡”“中国需要什么样的法理学”进行了系列讨论,一些青年学者提出了“中国有没有过法理学”“法理学在中国还存在不存在”等质疑。这也引起了我的关注和反思。深刻反思之后,我的结论是:中国法理学以其得天独厚的法律文化涵养和前所未有的依法治国实践根基,以其鲜明的中国特色和社会主义定力,正跻身于世界法理学之林;中国法理学的生命没有终结,也不会终结,但以教材为法理学知识体系、理论体系、话语体系主导载体的中国法理学确实存在日益显现的弊端和缺陷,迫切需要与时俱进、创新发展、转型升级。

---

* 本文系作者 2016 年 11 月 17 日在对外经济贸易大学的学术演讲稿《法理与法理学》。这次演讲标志着中国法理学向着“法理之学”的学术本质的回归或转型,为开启“法理研究行动计划”作出了理论准备,后发表于《清华法学》2017 年第 4 期,中国人民大学复印报刊资料《法理学、法史学》2017 年第 11 期转载,其中部分表述在作者主编的《法理学》(第 5 版)(高等教育出版社 2018 年版)中得到了进一步完善。

一、法理学研究对象的学术检视

本文提出的初始问题是:法理学不仅要回答法律是什么、法治是什么,而更应当着力回答法理是什么、法理的意义何在。这就必定要把对中西法理学研究对象的梳理和反思作为重构中国法理学的逻辑起点。

(一)西方法学家关于法理学研究对象的论述

从语源上,“法理学”来自拉丁语 jurisprudentia,原指“法律的知识”或者“法律中的技术”。在古代罗马法学家的著作和查士丁尼法典中,该词相当于广义的法学或法律科学。与“法理学”语义相同或贴近的概念是“法哲学”。从语源上,“法哲学”源自德国近代哲学。一般认为,17 世纪德国哲学家莱布尼茨首次使用了“法哲学”这一概念。之后,“法哲学”就作为概括“以法律为内容的哲学部门”的术语而被康德、黑格尔等德国哲学家使用。黑格尔的名著《法哲学原理》的发表则使“法哲学”这一概念广泛传播到世界上许多国家,被学者们广泛使用。后来,法学理论从哲学中分化出来,“法哲学”就主要指关于法的一般理论和法学方法论,而与英美法学家普遍使用的“法理学”同义。英国分析法学派的早期代表人物奥斯丁的讲演被命名为《法理学或实证法哲学讲演集》(*Lectures on Jurisprudence or the Philosophy of Positive Law*),当代美国法理学家博登海默把自己的代表作定名为《法理学——法律哲学与法律方法》(*Jurisprudence—The Philosophy and Method of the Law*),美国法学家克里斯蒂把一本供法学院研究生使用的教材取名为 *Jurisprudence, Text and Readings on the Philosophy of Law*,都充分表明法理学与法哲学实际是同一学术范畴。[1]

据考证,第一次在学科意义上使用 jurisprudence 的是英国思想家边沁。他在1782年写就了《法理学限定的界限》(*The Limits of Jurisprudence Defined*),第一次从法律理论的意义上来理解和使用jurisprudence。但这本书1945年才被发现,因而对法理学的学科发展并没有产生多大影响。创立法理学学科的当属英国法学家奥斯丁。1826年,伦敦大学成立时,他被聘为该校第一任法理学教授(Chair of Jurisprudence),也可能是整个英语世界第一位被称为法理学教授的法学家。1832年,奥斯丁出版了他的《法理学的范围》(*The Province of Jurisprudence Determined*)。奥斯丁去世后,学生们将其讲演整理为《法理学或实证法哲学讲演集》。这是两本在英美国家广泛被人阅读、摘引和评论的著作。从此以后,在英美法系各国便有了"法理学"(jurisprudence)的正式学术称谓。

具体而言,关于法理学(法哲学)的研究对象,西方学者有各种各样的观点和论述。《不列颠百科全书》对"法哲学"的解释是:"法哲学就是系统阐述法律的概念和理论,以帮助理解法律的性质、法律权力的根源及其在社会中的作用。在英语国家里,法理学一词常被用作法哲学的同义词,并且总是用以概括法学领域的分支学科的。"[2]《不列颠百科全书》对"法理学"的解释是:"此词在英语中较通常的意义以及本文所指的意义,大体上相当于法律哲学。"[3]《牛津法律大辞典》指出:"法理学一词包括多种含义。第一,作为法律知识或法律科学,在最为广泛的意义上使用,包括法律的研究与知识,与最广义理解的法律科学一词同义。第二,作为最一般地研究法律的法律科学的一个分支,有别于某一特定法律制度的规定、阐述、解释、评价和应用,是对法律的一般性研究,着重于考察法律中最普遍、最抽象、最基本的理论和问题。该词的这种含义常常可与法律理论、法律科学(狭义上的)、法哲学等词相同。第三,该术语还作为法律的比较夸张的同义语来使用,例如法医学,特别是在使用法律一词不甚准确的场合,如衡平法学等。"[4]该书对法哲学的解释是:法哲学是"从哲学的观点,或通过把哲学适用于法律问题,来研究法律的……法哲学必然同社会哲学、道德哲学、政治哲学互相联系和部分重合”。[5] Alan Mabe 在为《法律和哲学》(Law and Philosophy)杂志所写的《社论》中指出:法哲学意味着对法律进行的具有法律知识内容的哲学反思,或者说是根据哲学的方法和原理进行的法律分析。该《社论》还指出,《法律和哲学》杂志所意图刊载的论文包括下列法哲学论题:法律的理论、正义和法律、道德和法律、法律效力、法律和法律制度的性质、责任和惩罚、司法、法律推理、义务和不服从、法律职业道德、有关证据和程序的认识论问题、对有关法律和法律制度的概念和根本问题进行哲学研究、法律发展对哲学的影响、法律制度和其他社会制度的关系、法律理论和政治理论的关系、关于法理学和法哲学的问题的经济学分析、法律概念的本质和发展等。[6]

英国法学家哈特对法哲学作出了很独特的解释:法哲学“是关于法律的普遍本质的思考”。它所关心的不是法律的知识(knowledge),而是法律的思想(thought)。法哲学的基本问题包括:定义和分析的问题、法律推理的问题、法律批评的问题。[7]

曾任英国牛津大学法理学教授的德沃金指出:“法律的一般理论肯定是抽象的,因为它们旨在阐释法律实践的主要特点和基本结构而不是法律实践的某一具体方面或具体部分。”[8]

美国法学家波斯纳指出:“所谓‘法理学’,我指的是对所谓法律的社会现象进行的最基本、最一般、最理论化层面的分析……许多法理学的问题都跨越了学理的、时间的和民族的界限……因此,传统上将法理学界定为法律哲学,或界定为哲学在法律中的运用,这显然很恰当。”[9]

德国法学家魏德士(Bernd Ruthers)指出:“法理学的概念本身就意味着要系统地观察、思维与验证法的全部(它的一切表现形式与‘法律信条学’),以获得可被证明(可反驳的)认识。”[10]

(二)中国法学家关于法理学研究对象的论述

在我国,法理学作为认识活动和学科的名称,始于清末康有为和梁启超,他们最早使用了"法理学"名称。1897 年,康有为编撰《日本书目志》,其中第六卷"法律"门内列"法理学"目。[11] 1899 年,梁启超在《蒙的士鸠之学说》("蒙的士鸠"现多译为"孟德斯鸠")中介绍孟德斯鸠"少壮,探讨各国制度法典,并研究法理学"。[12] 1904 年,梁启超发表《中国法理学发达史论》,指出,对于当时的中国法学而言,"抽象的法理其最要也"。1907 年,沈家本为《刑案汇览三编》作序,写道:"今日法理之学,日有新发明,穷变通久,气运将至。"[13]

在民国时期,法学院系曾开设"法理学""法学绪论""法学通论""法学总论""法学概论"等相似的课程,也有若干法理学教科书刊行。但当时对法理学很不重视,多为选修课。"法理学"主要讲授西方法学派别,尤其是社会学法学的学说;"法学绪论""法学通论"一般讲授西方学者关于法的性质、作用、渊源、分类、效力、适用、权利、义务、制裁等问题的观点。在多数"法学绪论""法学通论"中,还附带介绍宪法、民法、商法、刑法、诉讼法等的基本内容。

值得一提的是,就在同期,中国共产党的创始人之一、马克思主义理论家李达在湖南大学主讲法理学,并写有《法理学讲义》,新中国成立后出版《法理学大纲》,这是在中华大地出版的第一本以唯物史观为哲学基础的马克思主义法理学著作。李达在书中提出:"各种法理学,都是一种特定的哲学在法学领域中的应用和扩张。""法理学所以有许多派别,主要的是由于那些法理学的哲学基础不同。"李达主张采用科学的世界观即马克思主义世界观研究法理学。[14]

新中国成立后,我国法学一度"全盘苏化",采用苏联法学模式,开设"国家与法权理论"或"国家与法的理论"。把法和国家紧密联系在一起的体系适应了阶级斗争思维，导致了法理学本体的弱化，使法理学实际上成为国家理论的附属。改革开放后，针对这种情况，法学界展开了广泛讨论，加上政治学作为一门独立学科已经恢复，法学界达成了法学以“法”而不是以“国家和法”，更不是以“国家”为研究对象的基本共识。1981 年，北京大学法律系顺势开设“法学基础理论”课程，取代了“国家与法的理论”，并出版了同名教材。之后，法理学界进一步达成了作为法学基础理论、法的一般理论和法学方法论的学术门类应名正言顺地冠名为“法理学”的共识。1994 年，沈宗灵主编、张文显副主编的《法理学》教材由高等教育出版社出版。这不仅仅是名称上的改变，而主要是法理学学科内容和体系的改变，是法学面向现代化、面向世界、面向未来的重要成果。与此同时，作为学科研究会的“中国法学会法学基础理论研究会”更名为“中国法学会法理学研究会”。至此，“法理学”在中国法学界和教育界获得“合法的”地位。就中国法理学的知识和理论体系而言，用“法理学”一词来标识是比较恰当的。

关于法理学的研究对象，我国法理学界各抒己见，不同版本的教材和论著亦有不同的表述，但总体上大同小异。

力倡“法理学”教学和教材改革的沈宗灵先生指出：“法理学即法学基础理论的简称，研究法的一般理论、特别是我国社会主义法的基本理论。”[15]“法理学是当代中国法学中的主要理论学科，法律教育的基础课程。它所研究的是法的一般理论，特别是我国社会主义法的基本理论。具体地说，它要研究有关一般的法，特别是有关我国社会主义法的产生、本质、特征、作用、形式、发展以及法的制定和实施等基本概念、规律和原理。”[16]

新中国法学理论学科的主要代表人之一孙国华先生指出：“法理学是我国法学体系中处于基础理论地位的理论学科，它是系统阐述马克思主义法律观，从总体上研究法和法律现实的一般规律，研究法的产生、本质、作用、发展等基本问题，研究法的创制和实施的一般理论,并着重研究我国社会主义法和法治的基本理论问题的理论学科。”[17]

舒国滢认为:“法理学是一门研究所有法律制度中的一般问题、原理、原则和制度的学问。它是对每一法学学科中带有共同性、根本性的问题作横断面的考察。具体而言,法理学研究的主要问题包括:(1)什么是‘法’?‘法’以什么形式存在?我们在哪里能够找到‘法’?(2)法为什么有效?它为什么具有强制性?(3)我们如何看待法的本质和价值?(4)法有什么作用?它要达到什么目的?法是可有可无的吗?(5)法是为谁服务的?法与道德、正义、政治、社会实践或者与赤裸裸的暴力之间有什么联系?法在多大程度上体现公正或者能够体现公正?(6)谁(有权)创制法?法是怎样适用和发展的?我们为什么应当遵守法律?”[18]

此外,李龙、朱景文、徐显明、张恒山、刘作翔、葛洪义、付子堂、卓泽渊、孙笑侠、刘星、陈林林等老中青法学家也都发表过关于法理学性质和研究对象的类似或近似的观点。

由教育部、司法部组织编写的若干版本的《法理学》教材均指出:法理学是法学的一般理论、法学的基础理论、法学的方法论以及法学的意识形态论(法的价值论)。就一般理论和基础理论而言,法理学以“一般法”即整体法律现象为研究对象。所谓“一般法”,首先指法的整个领域或者说整个法律现实,以及现行法从制定到实施的全部过程。法理学要概括出各个部门法及其运行的共同规律、共同特征、共同范畴,从而为部门法学提供指南,为法制建设提供理论服务。为此,法理学应当以各个部门法和部门法学为基础,应是对各个部门法的总体研究,对各个部门法学研究成果的高度概括。“一般法”其次指古今中外的一切法。法理学应是对古今中外一切类型的法律制度及其各个发展阶段的情况的综合研究,它的结论应能解释法的一切现象。法理学要立足中国,放眼世界,通观历史,从横向和纵向全面地考察法律现象,要吸收比较法学和法史学的研究成果，尽可能了解和批判地借鉴国外法学的研究成果。正因为法理学研究的是一般法，所以，它也被法学家们称作“法的一般理论”。

法理学的研究对象是一般法，但它的内容不是关于一般法的全部问题，而仅仅是包含在一般法中的普遍问题和根本问题。法理学属于法学知识体系的最高层次，担负着探讨法的普遍原理和根本原理、为各个部门法学和法史学提供理论根据和思想指导的任务。它以其对法的概念、法的理论和法的理念的系统阐述，帮助人们正确理解法的性质、作用、内在和外在的变化因素。它所处理的主要是法律的一般思想，而不是法律的具体知识。因而，法理学的论题是法学和法律实践中带有根本性的问题。在解决这些问题的过程中，法理学还要概括和阐述法学的基本范畴。可见，法理学是法学的基础理论或法学体系的基础。[19]

（三）对“法理”在法理学中的境遇问题的研判

在对法理学及其研究对象的解读和论述中，大多数西方法学家认为法理学的研究对象应当包含可以聚合在“法理”名下的各种要素和问题。一些法学家更为直接地将法理学研究对象聚焦于法理要素或法理性论题。

例如，英国学者伯克（John Burke）认为，Jurisprudence，即法的科学或哲学，其作用就在于确定法律规则所立基的原则。[20]

雷丁（Max Radin）认为，Jurisprudence，即法的科学，或是对法律理论的体系性研究，或是对法律的分析，或是从哲学、社会学、心理学的一般观点出发对法律理念的考察。[21]

柯曾（L. B. Curzon）认为，Jurisprudence，即法的科学或哲学，记载了关于法或法律体系的渊源、本质、目的和效果的实质性或描述性的思考。[22]

斯塔克斯基（William P. Statsky）认为，Jurisprudence，即法的哲

学:探究构成法律规则之根基的法律原则的科学;关于实在法和法律关系的科学。[23]

塞纳(M. J. Sethna)认为,我们可以把“Jurisprudence”定义为关于基本法律原则的研究,其衍生于社会研究,后者对国家制定法的形成具有决定性作用。法理学研究法律原则,包括这些原则的哲学的、历史的和社会学的基础以及法律概念的分析。法理学的目标是考察现存法律及其立基的原则,借助历史研究和比较研究(关于世界不同的法律体系)来分析法律的概念,探究法的深层次的理据来检验现存法律的有效性,借助社会学、心理学以及规则背后的自然正义和社会良知来考察法律。[24]

更有许多法理学大师,如庞德、富勒、德沃金、拉兹、斯通、菲尼斯、考夫曼等,把法律与利益、法律与传统、法律原则、法的道德性、法律与正义、法律与逻辑、法律理念、自然正义、自然权利、法律权威的来源等作为法理学研究的重点。

从中国法学家关于法理学的性质和研究对象的各种论述中,以及从有影响力的法理学教材和专著中,也可以看出,法理学研究对象大都包含着构成法理的种种要素,法理要素涵盖在法理学的“基本问题”“一般问题”“共同问题”“普遍问题”“规律性问题”之中,法学认识论、本体论、价值论、社会论、发展论等理论板块中都包含着对法理要素的认知和探寻;也可以看出,在有关法律运作、法律解释、法律推理、法律论证、法律修辞等法学论题中,也都或多或少、直接或间接地触及法理。若干法理学论著甚至在字面上明确提出了法理学的研究对象是“法之理”“法理学应是法理之学”等。

例如,1904 年,梁启超在《新民丛报》第 4 卷第 5、6 期发表了《中国法理学发达史论》。文中指出:法理学的研究对象不仅包括法文(成文法之条文)解释,而且包括法文以外的法理研究(“求法理于法文之外”),提出对于当时的中国法学而言,“抽象的法理其最要也”。[25]梁启超的这一观点很可能是受到穗积陈重的影响，穗积陈重说过：“法理学者，即法律现象根本原理之学问，即 spirit of the law 之学问也。”[26]

进入 21 世纪之后，我国多位学者在其论文、讲义、教材中直接或间接提出法理学应当研究“法的道理”“法之理”“政道法理”。例如，葛洪义指出：“法理学存在的主要依据就是：法律必须建筑某种‘道理’的基础之上，‘道理’自然是超越法律并凌驾于法律之上的，是法律的根本。这个问题不解决，合法性问题也就不可能最终解决。”[27]马长山提出：“法理学是人们试图对法律现象、法律问题进行深层思考和理论回答，致力于探寻法律的最基本、最一般、最普遍规律，研究法律基本范畴、基本原理、基本原则、基本方法和基本问题的一门学问。简言之，法理学就是要探讨和研究‘法’之‘理’……寻求对法律的性质以及它的社会背景的某种程度的透彻理解。”[28]

从以上关于法理学研究对象的学术梳理可以看出：第一，尽管西方法学家对作为“法理”的种种要素进行了较为系统的研究，但是，无论是英语文献，还是法语文献、德语文献，并没有与汉语“法理”一词精确对应的词语，[29]以至于很多中国学者将“法理”翻译为 legal theory（法理论）、theory of law（法的理论）、legal thought（法思想）、thought of law（法的思想）、jurisprudence（法理学）。《北京大学法学百科全书》的作者们因苦于英语中没有直接对应的词汇，而把“法理”翻译为 hows and whys in the law。[30]由于没有一个统领性的“法理”概念，西方法理学的知识体系和理论体系实际上处于凌乱状态，可谓“有一千个法理学家，就会有一千种法理学体系”。

第二，虽然我国若干学者提出法理学要研究“法之道理”、“法之理”、“法”之“理”、“政道法理”，但是，有的对作为法理学研究对象的“法理”概念的理解却与“法理”的核心要义和丰富内涵相差较远；有的把“法理”这个概念拆分为“法”与“理”两个字，说明作者并未把“法理”作为法理学的核心概念(范畴)对待;有的把法之“理”解读为法理论,把法理与法理学画等号。

第三,“法理”概念尚未形成,[31]尤其是融通法理学和部门法学的共识性“法理”概念还没有凝练出来,除了我国台湾地区民法学界因台湾地区“民法典”保留“法理”的法源地位而持续解读“法理”词义外,大陆学者几乎没有对“法理”进行过专题研究。

第四,总体上看,我国法理学的“法理”意识还不够强,把“法理”作为法理学研究对象和中心主题的认识比较模糊,至今还没有形成理论自觉。“法理”还没有名正言顺地进入法理学研究的中心位置,在法理学知识体系、理论体系和话语体系中,“法理”事实上是处于缺席或半缺席的状态。这正是中国法理学被诟病的要害问题之所在。

我国法理学之所以尚未把“法理”作为研究对象和中心主题的主要原因在于:第一,在一个相当长的时间内,我们把中国历史上形成的体现法治智慧的“法理”作为封建主义的糟粕遗弃,把西方标志近现代法治文明的“法理”作为资产阶级的东西加以批判,甚至曾把“五四宪法”明文规定的公民在法律上一律平等、法院独立审判并只服从法律、被告人有权获得辩护等不证自明的法治公理在宪法修改时剔除,把主张和宣讲法治公理的法学法律界人士打成“资产阶级右派分子”。“法理”的历史遭遇所产生的影响尚未彻底清除,在许多“法理”问题上人们依然心有余悸。第二,我国社会主义法治实践的深度和法治发展水平还没有充分印证或展示“法理”的丰富内涵和普遍意义,致使人们对“法理”认识不深刻、重视不到位。第三,我国法理学获得“合法”地位的时间不长,学术发育尚不成熟,过去几十年主要精力又用在应对依法治国实践问题上,对自身的性质、功能和发展缺乏与时俱进的反思,没有来得及在法律本体论和法治实践论基础上的“法理化”升级。第四,法理学学科问题和弊端的显现也有一个过程。最近几年,法理学知识体系、理论体系、话语体系在全面依法治国、实施良法善治、推进国家治理现代化的背景下日益显现出其滞后、陈旧乃至僵化的一面，并与年轻一代学者学子的期待形成了较大反差。这才引起法理学界的深刻反思并形成了改革创新的强大动力。

鉴于上述问题、弊端及其原因，中国法理学的专业化、科学化、规范化、现代化迫切需要法理学进行一次新的转型，即确立以“法理”为研究对象和中心主题的转型。

二、作为法理学研究对象的“法理”

在当今世界，“法理”是一个被广泛使用的概念，无论是法律人还是非法律人，无论是政治家还是新闻记者和作家，无论是在法庭上还是在联合国峰会上，“法理”都成为十分流行的一个热词。在立法草案说明、法律法规、立法解释、司法解释、诉讼文书、司法裁判、指导案例、法学作品中，“法理依据”“法理主张”“法理支撑”“法理前提”“法理基础”“法理支点”“法理认同”“依……的法理”“……的法理分析”等表达更是比比皆是。学者、官员、记者、民众、法官、检察官、律师、诉讼当事人等不同主体赋予“法理”概念不尽相同的语义和意义。“法理”一词往往还和“事理”“情理”“常理”“道理”“条理”等概念关联使用，致使语义混杂。所以，有必要对作为法学研究对象的法理概念进行词源考察、语义分析和意义分析，以发现和明晰在不同语源、不同语境、不同文本、不同言论中“法理”一词被赋予的内涵，回答“法理”概念从何而来、如何演化，“法理”是什么，阐明“法理”的意义是什么，依法治国遵循什么样的“法理”。

（一）汉语“法理”词源的历史考察

如前所述，在西方文献中并没有“法理”这个统合概念，而在中国,早在一千九百多年前的汉代就出现了“法理”词语,并逐渐演化为“法理”概念。有学者认为,“法理”“法理学”的概念是从日本法学引进的,而日本法学中的“法理学”概念又是由英文“jurisprudence”翻译而来的。事实可能并非如此。在中国历史文献中,早就有“法理”词语和概念,日本学者穗积陈重很可能是借用了汉语“法理”,加上一个“学”字,而有了“法理学”这一概念。明治维新时期,日本学者采用这种方法,翻译过一大批西方法律和法学概念。

传统中国史料文献记载中的“法理”一词,主要包含两种含义:其一指律令条文背后所蕴含的价值追求及共通原理;其二为宗教概念,是指佛教教法原理。作为一个与法学相关的概念,“法理”一词最早出现在班固编撰的《汉书・宣帝纪》中,书称:“孝宣之治,信赏必罚,综核名实,政事、文学、法理之士咸精其能。”[32]这里的“法理”一词是指司法机关,有“理法”之义。“法理之士”便是专职司法的官员。从其他史籍之记载亦可看出“法理”一词之义旨偏重于“理”。“理”者,理官也。“法家者流,盖出于理官。”[33]所谓“理官”,是指主掌司法的官员。此外,“法理”一词在《后汉书》中总共出现了三次,其含义皆指司法机关。[34]

从历史文献的记载来看,时至东汉末年及魏晋时期,“法理”一词已渐有法律内在规律、道理、原理之含义。据《三国志》记载:汉献帝建安十九年,下诏置理曹掾,专理军队刑狱案件。“夫刑,百姓之命也,而军中典狱者或非其人,而任以三军死生之事,吾甚惧之。其选明达法理者,使持典刑。”[35]曹魏时期的大臣高柔就因通晓律令、秉公执法而被史书称赞“明于法理”。由此,史册中的“明于法理”“明达法理”“明练法理”“雅长法理”等词汇,逐渐成为对法律人才的称赞之语。[36]

此外,历史文献中的“刑理”一词也与“法理”同义。精通法律内在机理的人也被称为“善刑理”或“明刑理”。如史料称:汉明帝“善刑理,法令分明。日晏坐朝,幽枉必达。内外无幸曲之私,在上无矜大之色。断狱得情,号居前代十二”。[37]又如,曹魏时期的宋世景,史载其人“明刑理,著律令,裁决疑狱,剖判如流”。[38]

北魏时期,“法理”一词首次作为法律术语出现在律令分析中。当时律文规定,当母亲杀害父亲的时候,儿子不得告发母亲的罪行,若儿子坚持告发,那么儿子要处以死刑。平州刺史窦瑗认为,此条律令背后所蕴含的“法理”就是孩子有为尊长隐瞒罪行的义务和权利,也就是“亲亲得相首匿”。[39]由是可知,此处的“法理”一词不再只是一个单薄的概念,其内涵已经关涉律文之后所蕴含的正当依据。

随着历史的发展,“法理”一词的内涵逐渐丰富,其作用也为统治者所重视。南朝齐武帝永明年间,曾诏令群臣,删正刑律。时任廷尉的孔稚圭主持修订律文二十卷,录叙一卷,共二十一卷呈送预览。其表云:“臣闻匠万物者以绳墨为准,驭大国者以法理为本。是以古之圣王,临朝思理,远防邪萌,深杜奸渐,莫不资法理以成化,明刑赏以树功者也。”[40]这里的“法理”一词含义更为深刻,驾驭世间万物需要建立法度,治理国家必须以“法理”为基础。“法理”不仅是律令条文内在所蕴含的基本价值,更上升为治国理政的根本原理。

到唐代,社会结构发生了深刻的变化,成文法典、法律解释、审判制度更加缜密和成熟,法学教育盛行,“法理”一词与法律及其适用的关系更为密切,不仅在正史中出现,还常常为司法官运用于司法判决之中。在唐代,“法理”一词有多处指法意、法条、法律智慧等。例如,“大中六年正月,盐铁转运使裴休奏:诸道节度、观察使,置店停上茶商,每斤收搨地钱,并税经过商人,颇乖法理”。[41]“时韦方质详练法理,又委其事于咸阳尉王守慎,又有经理之才,故《垂拱格》《式》,议者称为详密。”[42]“凡天下诸州断罪应申覆者,每年正月与吏部择使,取历任清勤、明识法理者,仍过中书门下定讫以闻,乃令分道巡覆。”[43]唐代统治者明确提出“不习经史,无以立身;不习法理,无以效职",[44]把熟谙法理作为选拔官员的重要条件之一。

在法制成就发展到顶峰的宋代,"法理"一词表现出多种内涵,据陈景良的梳理和概括:[45](1)"法理"指法律条文。"县官、寨官不顾法理,而宁畏豪家,是自求案劾也。"[46]"惟得之求,宁顾法理。"[47](2)"法理"指天理与国法。"当职于孤幼之词讼,尤不敢苟,务当人情,合法理,绝后患,馀并从拟行,帖县照应,备榜市曹。"[48](3)"法理"指法官断案时依据案情分析出来的法律原理。"此正类何武事也。夫所谓严明者,谨持法理,审察人情也。"[49]

总之,经过历史的积淀,传统中国的"法理"一词的内涵不断丰富完善,并深刻地影响着国家立法和司法实践。尽管传统中国的"法理"概念其内涵与现代的"法理"概念存在一定的学术差异,但从基本含义上来说,作为法律条文背后蕴含的观念、规律、价值追求及正当性依据,它们相差无几。

中国古代文献中不仅大量出现"法理"词语和概念,而且有许多经典的法理表达和精湛的法理格言,有些法理表达和格言接近现代法理,甚至比现代法理更为深刻。例如,"法令行则国治,法令弛则国乱。"[50]"夫法者,所以兴功惧暴也。律者,所以定分止争也。令者,所以令人知事也。法律政令者,吏民规矩绳墨也。"[51]"以法治国,举措而已矣。法不阿贵,绳不挠曲。法之所加,智者弗能辞,勇者弗敢争。刑过不避大臣,赏善不遗匹夫。"[52]"君臣上下贵贱皆从法,此谓为大治。"[53]"立善法于天下,则天下治;立善法于一国,则一国治。"[54]"罪疑惟轻,功疑惟重。"[55]"宥过无大,刑故无小。"[56]"公私不可不明,法制不可不审。"[57]"诛恶不避亲爱,举善不避仇仇。"[58]"礼禁未然之前,法施已然之后;法之所为用者易见,而礼之所为禁者难知。"[59]"德礼为政教之本,刑罚为政教之用,犹昏晓阳秋相须而成者也。"[60]"盖天下之事,不难于立法而难于法在必行。"[61]"律法断罪,皆当以法律令正文;若无正文,依附名例断之;其正文名例所不及,皆勿论。"[62]

总之,法理作为词语、概念、话语、理论,是祖先留给我们的极其宝贵的精神遗产,是我们今天能够树立和保持法学自信、法治自信的底气所在。在制度、文化等层面,中国古代有丰厚的法理底蕴,而这却长期被人忽视。今天,在构建中国法理学知识体系和理论体系、建设社会主义法治文化中,需要我们认真对待中国古代的法理遗产。

(二)"法理"的语义分析

据文献检索和学术规整,法理作为一个统合概念,其内涵十分丰富和深邃。其至少有以下基本语义、精义:

1. 法之道理,法之"是"理

有些法学家把法理看作法律或法律体系背后恒定不变、超越时空、具有普遍意义的东西,属于法的规律性、本质性因素。借用毛泽东同志关于"实事求是"的论断,法理就是法这一客观事物("实事")的内在机理和规律("是"),法学研究中的实事求是方法,就是通过法律或法律体系去研究法理。如我国台湾地区学者刘得宽所说,法理是指"物之道理,事之理路",由于法理为物之道理,所以"法理"属于所有法源之基础,是制定法、习惯法、判例法等法源之最根底之"物"。[63]又如我国台湾地区学者杨仁寿认为:"法理又称为条理,系指事物之当然道理而言,在外国或称一般原则(general principle of law)或事物之本质(nature der Sache)。"[64]

美国法学家博登海默认为:"在法律制度实施过程中会出现这样的情形,即解决某个问题的特定方法会有一种令人非同意不可的和不可辩驳的力量,从而迫使法律决策者去接受它。"在此情形中,"事物性质之本身(在罗马法学家的术语中,它被称为natura rerum)已然把某个结果强加给了立法机关和司法机关"。[65]在他看来,为某些情形提供了审判标准的natura rerum,可被分为下述内容:(1)它可能源于某种固定的和必然的人的自然状况;(2)它可能源于某种物理性质所具有的必然的给定特性;(3)它可能植根于某种人类政治和社会生活制度的基本属性之中;(4)它可能立基于人们对构成某个特定社会形态之基础的基本必要条件或前提条件的认识。[66]

2. 法之原理,法的学理、学说

《汉语大词典》将“法理”解释为“法律原理”。[67]《辞海》对“法理”的解释是:“形成某一国家法律或其中某一部门法律的基本精神与学理。”[68]孙国华先生提出“法是‘理’与‘力’的结合”,所谓“理”,从法律的客观性方面看,是人们关于客观规律的某种程度的真理性认识,是科学上的“理”,此乃学理、哲理。[69]庞德认为,完整意义的法包括理想、学说等归属于“法理”范畴的成分。他认为,学说是指逻辑上互相依赖的要素的组合体。在这个组合体内,有关某类情况的规则、原则、概念和标准融为一体,以使法律推理可以直接从它进行。[70]

对“法理”解读较多的是民法学家。王泽鉴教授认为:“学说是法学家对成文法的阐释、对习惯法的认知及法理的探求。”[71]梁慧星教授认为:“所谓法理,指依据民法之基本原则所应有的原理。”[72]王利明教授认为:“所谓法理,指的是民法的学说、理论。”[73]

学说是对法理的探求,法理则在学说中得到阐发与体现。在法律史上,获得人们公认的学说往往会逐渐演变形成公认的法理。例如,财产取得(合法性)的“占有学说”“劳动学说”“资本学说”,合同法上的“要约与承诺学说”,刑法上的“罪刑法定学说”等。在当代中国法学各领域中,法理意义上的学说(原理)很多。诸如:人民主权学说、分权与制约学说、违宪审查学说、协商民主学说、有限政府学说、公共治理学说、相邻关系学说、善意取得学说、责任竞合学说、宽严相济学说、疑罪从无学说、刑事证明学说、客观真实与法律真实学说、自由心证学说、国际礼让学说、人权与主权关系学说,等等。在推进法理研究的过程中,必将形成新的更多的法理性或法理型学说。

3. 法之条理

条理,或事理,泛指事物的规矩性。法理意义上的条理首次出现在清末的民事立法之中。1911 年起草完毕的《大清民律草案》第1 条规定:“民事,本律所未规定者,依习惯法;无习惯法者,依条理。”何谓条理?《大清民律草案》的起草者们把“条理”等同于“情理”“天理”。《大清民律草案》第 1 条按语曰:“凡关于民事,应先依民律所规定,民律未规定者,依习惯法;无习惯法者,则依条理断之。条理者,乃推定社交上应有之处置。例如事君以忠,事亲以孝,及一切当然应尊奉者……”可见,条理是社会生活中处理事务的当然之理、伦理纲常、道德教义。

民国初期,大理院的法官们在四种意义上解读和适用条理,即(1)平等原则;(2)立法宗旨(如维护“礼教”、公共秩序、良善风俗);(3)法律理念(如法的正义性、合目的性、法的安定性);(4)事物的性质(法律规范、法律关系的质的规定性)。

一些学者把条理理解为学理或者学说,指出:条理不同于制定法和习惯法,“条理虽然源于社会生活,却是法律工作者加工后的产物,相当程度上反映出法律家的法律理想,条理最主要的表现形式即‘学说’”。[74]

条理有时候也与判例关联,判例之所以成为条理的载体之一,乃是因为判例往往体现司法机关对法律或法理的支配性见解,体现为司法领域的“通说”;判例与个案不同,它们具有“规则性指向”与“普遍化倾向”;判例作为法官在无法律明文及习惯法可资依循时创设的司法规范,具备充分的说理和论证,且判例的内容必须是原判决中具有重要性的理据;优秀法官往往在疑难案件中将法理与自由裁量权相结合去发掘个案正义、拓展正义的疆域,并形成新的判例及新的法理。

4. 法之公理

有科学、实证层面的公理,也有意义、规范层面的公理。本文所言“公理”,是指意义和规范层面的公理,即与正义、良善、信念、公德、共同价值等关联的公理。公理具有融通性、普遍性、普适性,用公理指称法理,道出了法理的鲜明特征。法学上的公理是指长期以来已经被法学界普遍接受的理论命题。孙国华先生说过:法之“理”指体现源于社会利益关系的正义观、道德观、价值观,是法律所体现的人们心目中的“公理”;从法律对社会关系调整角度,法律或多或少地体现了一定的秩序、自由、正义、民主和法治原则,是价值领域的公理。[75]我国台湾地区学者郑玉波也认为,法理乃多数人所承认之共同生活原理是也。如正义、衡平利益之较量等均是,[76]亦为“依法律全体精神所生之原理”“法律通常之理”,等等。

在西方一些人看来,法律应该像自然科学如数学、物理学、化学、天文学的公理、定则、规律或公式一样客观稳定,不以人的意志或情感为转移。美国法学家兰德尔(Christopher Columbus Langdell)坚持法律和法学要从被认为是不言自明的公理出发,凭演绎推理得出一系列的定理,由此来统合整个体系。他认为,天赋人权就是这样一个不言自明的普世公理,现代西方法律就是从这个公理出发,通过逻辑演绎而得出一系列的法则(定理),适用于任何事实情况。[77]

德沃金认为,政府应该对于它所治下的所有人们给予“同等关怀和尊重”,这是人们的一项基本权利;而且认为,人们拥有这项权利是道德上的一个公理,所有的其他权利都是从这里推导出来的。[78]

我国学者郑成良对法治领域的公理进行过深入研究。“依法治国是近、现代法制文明所确立的一条基本公理,并与诸多重要的法律原则、原理和规范密切相联……在依法治国的条件下,由于法律在任何场合都不再是一个可以被忽略不计的因素,能否确保公共权力的合法性就成为一个无可回避的现实问题。为此，必须在政府和公众中树立起这样一些法律公理：法律是一切公共权力的来源和基础，依法设立、依法取得并依法行使是一切权力取得正当性的普遍形式；不具有合法性的权力不值得任何人予以尊重，它所发出的任何指令都是无效的，不能引起任何服从的义务；一切治国者，无论是作为个人，还是作为机构，都必须随时准备接受法律的评价并须为违反法律而承担责任。”[79]

在法治领域，有许多源自良知、经验、理论的命题和经典性的论述、论断已被越来越多的法律人和法学家奉为不证自明的公理。例如，亚里士多德提出：“法治应包含两重意义：已成立的法律获得普遍的服从，而大家所服从的法律又应该本身是制定得良好的法律。”[80]格劳秀斯提出：“理性将以下观点作为它的法典中首要的公理：除非其目的是出于某种明显和重要的利益，否则没有人可以作出伤害他人的任何行为。”[81]儒佩基奇提出：“以公正的逻辑代替武力的逻辑是法律本质的全部所在。”[82]黑格尔引述古罗马法学家塞西留斯的话提出：“法律决非一成不变的，相反地，正如天空和海面因风浪而起变化一样，法律也因情况和时运而变化。”[83]马克思指出：“法官除了法律就没有别的上司。”[84]贝卡里亚提出：“一切违背人自然感情法律的命运，就同一座直接横断河流的堤坝一样，或者被立即冲垮和淹没，或者被自己造成的旋涡所侵蚀，并逐渐地溃灭。”[85]伯尔曼提出：“法律需要被信仰，否则它将形同虚设。”[86]习近平总书记指出：“纵观人类政治文明史，权力是一把双刃剑，在法治轨道上行使可以造福人民，在法律之外行使则必然祸害国家和人民。”[87]

在法治领域，也有许多脍炙人口的格言、谚语，它们凝聚着千百年来法律实践的智慧和法治文化的理性，以简洁、优雅、精湛的语言承载和表达人类社会的法理。诸如，国无纪，民无生；国法既坏，天道遂行；法律就是秩序，有好的法律才有好的秩序；法典就是人民自由的圣经;公正是一种完善的理性;法律是最保险的头盔;法立于上则俗成于下;法无授权不得为;法无禁止即自由;惩罚是对正义的伸张;绝对的权力必然导致绝对的腐败;程序决定了法治与恣意人治之间的基本区别;正义不仅要实现,而且应当以人们看得见的方式实现;无救济,则无权利;没有诉权,就没有法律;任何人不能成为自己案子的法官;迟来的正义即非正义;法律不保护权利上的睡眠者;法律的生命在于其实施,法律的权威也在于其实施;民众对权利和审判漠不关心的态度对法律来说,是一个坏兆头;法律为未来作规定,法官为过去作判决;等等。

在现代法理学的理论体系之中,"公理"也时常被界定为公共理性。在这个意义上,"理性"并不仅仅意味着法治要合乎认知理性,更重要的是合乎道德理性、价值理性;法治不仅要合乎真理,还要合乎情理;不仅要合乎私人良知(同情、友善、博爱),还要合乎公共良知(正义、平等、自由、人权等)。正如西塞罗所言:"法律是植根于自然的、指挥应然行为并禁止相反行为的最高理性。"[88]公理也时常与公德相连,正所谓"既合乎公理,也合乎公德"。

5. 法之原则

法律原则是法理的普遍形态。我国台湾地区学者王泽鉴先生认为:"所谓法理,应系指自法律精神演绎而出的一般法律原则,为谋社会生活事物不可不然之理,与所谓条理、自然法、通常法律的原理,殆为同一事物的名称。"[89]

"原则"一词来自拉丁语(principium),其语义是"开始、起源、基础"。在法理学中,法律原则是指可以作为法律规则的基础或本源的综合性、稳定性的原理和标准。有的学者认为:"法律原则是规则和价值观念的汇合点。"[90]法律原则的特点是,它不预先设定任何确定的、具体的事实状态,没有规定具体的权利和义务,更没有规定确定的法律后果。但是,它指导和协调着全部社会关系或某一领域的社会关系的法律调整机制。尤其是在司法机关处理复杂、疑难、新奇案件,需要平衡互相重叠或冲突的利益,为案件寻找合法的解决办法时,法律原则具有十分重要的作用。[91]

在判例法国家,各种原则是法官将司法经验组织起来的产品,他们将各种案件加以区别,并在区分的后面定上一条原则,以及将某一领域内长期发展起来的判决经验进行比较,为了便于推理,或者把某些案件归于一个总的出发点,而把其他一些案件归于某个其他出发点,或者找出一个适用于整个领域的更能包括一切的出发点。"任何人不得从其错误中获利""享用自己的财物应以不损害他人利益为度"等原则都是这样形成的。而在成文法国家,法律原则通常是由国家立法机关在法律、法律解释或法律说明中确定的,也有一些法律原则是在司法解释中阐述的。诸如"权利不得滥用""罪刑法定""疑罪从无""禁止不正当竞争""法律活动不得违背公序良俗"等。

法律原则,特别是其中的普适性原则和基本原则,体现着一个社会的基本法理,是整个法律活动的指导思想和出发点,构成一个法律体系的灵魂,决定着法律的内在统一性和稳定性。法律规则的正当性和有效性有赖于原则的证成和支持。

现代社会的法理型原则已经构成相对完备的体系。例如,宪法、行政法等公法领域的"分权与制衡""言论自由""法律优位""法律保留""越权无效""正当程序""禁止不利变更""比例原则""公益原则""信赖保护原则""正当期待原则""法的安定性""法不溯及既往";刑事法律领域的"罪刑法定""罪责刑相适应""罪责自负";民法领域的"财产正义""意思自治""平等自愿""善意取得""契约自由""契约正义""诚实信用""公序良俗";商法领域的"维持交易安全""促进交易迅捷""维护交易公平";知识产权领域的"权利人利益与公众利益平衡""激励创新";经济法领域的"反垄断""反不正当竞争";社会法领域的"社会公正""民生优先""国家责任";环境资源法领域的"环境正义""环境友好""资源节约""保护优先”;诉讼法领域的“法律面前人人平等”“定分止争”“遵循先例”“举证责任”“权利推定”“司法和谐”“调判结合、调解优先”等。

6. 法之美德

法理,也意味着法的美德。认真对待法理,就是要认真对待美德。美德是一个包容性很强的概念。自古以来,很多思想家、政治家、法学家把法与美德相连,以至于用“美德”指称良法。他们指出:人民的幸福是至高无上的法;善良的心是最好的法律;人民之安宁乃最高之法律;一切法律的总目标一般是或应该是增加社会幸福;法律不可能使人人平等,但是在法律面前人人是平等的;制定法律法令,就是为了不让强者做什么事都横行霸道;法律之内,应有天理人情在;人类受制于法律,法律受制于情理;法律不强人所难;法律如果推不开特权的门,也一定跨不进人民的心;任何人在被证明有罪前皆应被视为无辜。

在法的美德中,人们尤其重视法的正义性。柏拉图把美德分为谨慎与智慧,勇气、坚贞和刚毅,克制、斟酌和自律,正义和正直,其中正义和正直属于最高美德(至善)。亚里士多德也认为:“守法的公正不是德性的一部分,而是德性的总体。它的相反者,即不公正,也不是恶的一部分,而是恶的总体。”[92]古典自然法学派把遵守契约、不侵占他人财产、不对他人施暴、损害赔偿、杀人偿命等自然正义原则作为法的普遍德性和品质。原国际法律哲学和社会哲学协会主席、国际哲学学会副主席佩雷尔曼(C. Perelman)把正义作为一种超级美德,指出:“在所有有号召力的概念中,正义概念似乎是最伟大的、最有号召力的概念,正义,在各种名义下统治着世界自然、人类、科学、良心、逻辑、道德、政治、经济、政治学、历史、文学和艺术。正义是人类灵魂中最纯朴之物,社会中最根本之物,观念中最神圣之物,民众中最热烈要求之物。它是宗教的实质,同时又是理性的形式,是信仰的神秘客体,又是知识的始端、中间和末端。人类不可能想象得到比正义更普遍、更强大和更完善的东西。”[93]现代西方思想大师罗尔斯把“以分配正义为核心的社会正义”看作社会首要美德。[94]

谢鸿飞等中国学者则以现代中国话语、中国思想把美德升华为法理要素。谢鸿飞认为:“中国民法中的美德,既体现了各国民法典的共识,也彰显了自己的特色:自由、公正、友爱、无私。”[95]民法典有可能、也有必要对人的美德作出安排,以使人们分享共同体的道德、情感、伦常等精神资源。民法典与道德关联最紧密的连接点,首推诚实信用原则和公序良俗原则。民法典也注重交易美德,并作出了周密的制度安排:一是法律行为的内容和性质不得违反公序良俗;二是通过显失公平、暴利行为、情势变更、限制高利贷等制度,平衡当事人之间的经济利益。尊重、容忍、不侵害他人权利,是道德和法律的最低要求。

於兴中教授指出,当下西方法理学界研究法的美德、法律情感、法律情理、法的信念很时髦,一种叫作“德性法理学”(“美德法理学”,virtue jurisprudence)的思潮正在兴起。[96]以索伦为代表的美国法理学家提出了建构“德性法理学”,主张把道德、美德、德性、人类繁荣等纳入法理学的概念体系和理论体系,并付诸法律实践。这为我们理解作为美德的“法理”提供了新的理论支点。

7. 法之价值

庞德指出:“在法律史的各个经典时期,无论在古代和近代世界里,对价值准则的论证、批判或合乎逻辑的适用,都曾是法学家们的主要活动。”[97]在当代中国,对法的价值、法律价值观、法律价值标准、法律价值体系的研究,促进了社会主义核心价值建设与法治建设的密切结合,实现了法理研究的新突破。

马克思认为,“‘价值’这个普遍的概念是从人们对待满足他们需要的外界物的关系中产生的”。[98]所以“价值”首先是一个表征关系的范畴,它反映的是人(主体)与外界物——自然、社会(客体)——的关系,揭示的是人的实践活动的动机和目的。人的一切实践活动无不是为了把客观存在的对象改造成为满足人类自身需要的事物。人和物之间的这种需要与满足的对应关系,就是价值关系。在价值关系中,人是价值主体,外界事物是价值客体。其次,“价值”又是一个表征意义的范畴,是用以表示事物所具有的对主体有意义的、可以满足主体需要的功能和属性的概念。在人类的实践中,凡是对人有用、有利、有益的,能够满足人的某种需要,有助于实现人的目标的东西(实体或精神),就是有价值的,就会得到人们的肯定性评价。反之,那些不能满足人的需要,无助于实现人的目标,对人无用、无利甚至有害的东西,就是无价值的或负价值的,必然受到人们的否定性评价。诸如自由、正义、财富、知识、善德等,都是人们所希求的东西,因而被人们视为价值的存在形态;而专制、暴力、欺诈、纵欲、邪恶等,则被人们视为无价值的、有害的事物和行为。法的价值也具有上述两重性质。它一方面体现了作为主体的人与作为客体的法之间需要和满足的对应关系,即法律价值关系;另一方面它又体现了法所具有的、对主体有意义的、可以满足主体需要的功能和属性。根据这一观点,可把法律价值界定为“在人(主体)与法(客体)的关系中体现出来的法律的积极意义或有用性”,从此出发,可进一步把法律价值问题看作与法的目的性、合法性、正当性、实用性、安定性相关的论题,法律价值观对立法、执法、司法、守法等法律活动具有导向、规范、评价、矫正的意义。

法治文明的历史也证明,法的生命力、感召力,法的权威性、实效性,皆取决于法的核心价值。秩序、自由、平等、人权、正义、和平、发展、包容、和谐等都是法的重要价值,在实践中体现为以人民为中心,以人为本、尊重人权,保护产权,维护和促进公平正义,保障经济社会发展,保护生态文明,引领社会风尚,推动人类文明等。

8. 法理学

《北京大学法学百科全书:法理学·立法学·法律社会学》指

出，“法理”一词也是“法理学的一种并非规范的简称”。[99]的确，无论是在日常环境中，还是在学术环境中，把“法理”等同于“法的理论”或“法理学”，已经是习以为常的事情。人们经常听到“今天有法理课”“我是学法理的”“我的专业是法理”，也时常看到法学理论专业研究生填写各种表格时把自己的专业填写为“法理”，甚至专业的翻译机构也把“法理”理解和翻译为“legal theory”“theory of law”，等等。可见，“法理”时常成为“法的理论”“法理学”的简称。当然，必须指出，尽管“法理”概念内含着法的理论、法学理论、法学原理等，但把“法理”与“法的理论”“法理学”混同，正如把“法”与“法学”、“宪法”与“宪法学”、“民法”与“民法学”、“国际法”与“国际法学”混同一样，极易造成语义混乱和认知错位。

以上考据和语义分析表明，“法理”作为词语和概念，体现了人们对法的规律性、终极性、普遍性的探究和认知，体现了人们对法的目的性、合理性、正当性的判断和共识，体现了人们对法律之所以获得尊重、值得遵守、应当服从的那些内在依据的评价和认同。法理是一个综合概念，包容了一切美好的价值元素；法理是一个文化概念，体现了法律和法治文化传统中定分止争、惩恶扬善、治国理政的智慧，积淀着法治文明的优秀成果；法理是一个具有普适内涵的概念，融通了古今中外关于法和法治的原理、理论、学说、共同价值；法理是一个实践理性概念，源于实践、在实践中凝练、在实践中运用、在实践中发展；法理是一个纯正的中国本土概念，“法理”一词是中国人的首创，作为一个概念也是由中国人凝练，法理在古代律学和现代法学中像精灵一样穿梭于法学体系之中，并在法律体系和法治体系中激发美德和智慧。

（三）“法理”的意义分析

对“法理”进行意义分析，实质是要说明为什么要研究“法理”，回答“法理”在理论和实践中的意义，揭示“法理”的功能。“法理”

作为既在法律(实在法)之中,又在法律(实在法)之外的精神要素,其意义和功能在于:

1. 法理的解释和分析意义

法理的解释和分析意义首先体现在法律解释、法律评析上。法律在实施过程中不可避免地需要实施机关常态化、权威性的解释。法律解释不仅必须符合法定权限和程序,而且必须符合法理,即符合法的原则性和目的性。这就是法理的解释意义之所在。美国法学家德沃金对政治信念、道德原则、正义等法理要素的解释意义进行了多维度研究,把它们视为"解释性概念"(interpretive concepts),并主张法律解释应体现整体性原则。他认为,各种法理要素构成一个整体,欲准确理解其中一个要素,需同时理解其他要素。因而,法官在解释法律时,需要依据法理的整体性原则(the principle of integrity),来确定特定案件中具体的法律权利和义务。[100]张明楷教授指出:"绝大多数用语都有核心含义与边缘含义。刑法用语的核心意义或许比较清楚,但向边缘扩展时会导致外延模糊,至于如何确定外延,并不能从用语本身找到答案,而需要作实质的判断。"[101]而欲得出实质性判断,唯有借助法理才能达成。

近些年,有关法律、制度、规则的法理分析文章层出不穷。例如,陈小君的《农村集体土地征收的法理反思与制度重构》[102]、余盛峰的《知识产权全球化:现代转向与法理反思》[103]、覃文光的《建立我国公司法人人格否认制度的法理透视与思考》[104]、黄进喜的《反垄断法适用除外制度的法理分析与制度完善》[105]、姜涛的《批判中求可能:对量刑反制定罪论的法理分析》[106]等等。这里以江西财经大学汪志刚教授就善意取得制度进行的法理分析做一样本。他指出,善意取得制度内含的善意受让人和真正所有权人的利益冲突经常被化约为交易安全(动态安全)和所有权保护(静态安全)这两个当今社会弥足珍视的神圣价值之间的冲突。"面对这一冲突,法律在作出抉择时不仅十分困难,而且还必须尽到必要的说理义务,即为什么法律在此要优先考虑受让人的利益，而不是所有权人的利益；为什么在所有权人非自愿丧失占有的情况下，法律又不给予受让人以优先照顾。这就是动产善意取得的法理基础或正当性问题。”汪志刚教授进一步指出，关于动产善意取得法理基础的诸学说大致有取得时效说、占有效力说、权利外观说、交易安全与便利保护说、法律赋权说和法律特别规定说等诸说。赋予占有以公信力并以之作为善意取得的法理基础是不能成立的。善意取得中的善意要件体现的是诚信这一伦理准则和法律原则的基本要求，这为善意取得提供了伦理上的正当性基础；交付要件则是贯彻公示原则的必然要求，这为善意取得提供了法理逻辑基础。[107]

法理的解释意义也体现在对具体案件（案例）的解释（解析）之中。许多法律学者、法官、检察官、新闻媒体时常从法理的角度，以法理为依据和标准，对正在审理的案件或者已经审理过的案件进行解析。这种解析往往超越成文的法律规则和程序。例如，陈兴良的《共同正犯：承继性与重合性——高海明绑架、郭永杭非法拘禁案的法理分析》，[108]龙宗智的《聂树斌案法理研判》，[109]万毅的《“全国首例非法证据排除案”法理研判》，[110]陈界融的《〈红色娘子军〉著作权纠纷案法理分析》，[111]季卫东的《“南海仲裁案”的法理剖析》，[112]汪习根、罗思婧的《国际体育仲裁规则面临的困境与出路——哈曼诉国际足联仲裁案的法理评析》，[113]等等。

2. 法理的推理和思维意义

法律推理是人们从一个或几个已知的前提得出某种法律结论的思维过程。无论是立法，还是执法、司法，甚至守法，都离不开法律推理。特别是在法律适用阶段，法律推理几乎成为法官审判活动的核心。在法律的适用阶段，司法人员把法律规范或原则适用于具体的案件，使规避法定义务或侵害他人和社会权利的人受到制裁，使正确行使权利或权利受到不法侵害的人得到保护。这是一个查明案件事实、正确理解法律和适用法律于具体事例、具体人的过程,是司法人员不断进行法律推理的过程。法律推理不仅仅是依据明文规则进行的形式推理,往往还需要依据法理进行复杂、严谨的实质推理。此时,需对各种价值、利益、政策进行综合平衡和选择,属于实践性法理推理。例如,法官在处理疑难或新型案件时,从法的价值、目的、作用、法的基本原理(原则)、公理性政策、社会公共道德准则等考虑出发,选择或创立一个适当的规范填补法的空隙。在处理棘手案件时,法官需要对各种价值进行平衡和选择,适用在特定问题上价值优位的法律原则。此外,在适用含有“正义”“公平”“正当”“合理”“过错”“显失公平”“动机”等词语的法律规范时,法官必须依赖法理,发现这些法律规范和法律词语的法理内涵。司法推理中的权利推定、无罪推定等都属于法理推理,即以法理为基础和依据的推理。以权利推定为例。任何法律或者专门的权利立法都不可能像流水账那样把人们应当享有的权利一一列举出来,所以人们的权利不限于法律明文宣告的那些项目,而是有很多未列入“权利清单”的权利,或者被“遗漏”的权利。这些权利要靠法律推理来发现、拾取和确认。法律推理应当根据社会经济、政治和文化发展水平,依照法律的精神、法律逻辑和法律经验来发现、拾取和确认权利。美国宪法为权利推理提供了一种广泛认同的法理基础。《美国宪法》第9条修正案规定:“不得因本宪法的某些权利,而认为凡由人民所保留的其他权利可以被取消或抹煞。”这说明法律上明示的权利只是权利的一个不完全的清单,除了既有的权利之外,还有其他将有的、应有的权利。权利是发展的,权利没有确定的量,不能因为法律没有明确宣告而否定某些应有权利的存在。以保护公民权利为目的的法律推理的一个重要功能,就是去发现法理肯定会包容的权利。

在当代中国,法理在法治思维中也有其特殊的意义和优势。法治思维是对人治思维的革命,从思维范式的角度,法治思维与人治思维的最大区别就在于法治思维融入了法理,并表征为法理型思维。法理型法治思维是基于对法治的信仰和尊崇,自觉运用法治理念、法治原理、法律原则、法律规范、法律逻辑而展开的思维,体现为:人们出于对法治的信念而在行动中转化成了常态化思维方式和行为方式,习惯于在法治之下而不是法治之外更不是法治之上想问题、作决策、办事情;守规则、重程序,坚持宪法法律至上、法律面前人人平等、权由法定、权依法使等基本法治观念;以人民为主体、以人民为中心,尊重和保护人民权益,维护社会公平正义,自觉接受人民监督;办事依法、遇事找法、解决问题用法、化解矛盾靠法的法治化行为方式。法理给法治思维更多的想象力和更大的思维空间,使法治思维具有兼容人权、公正、公序、美德、良俗、和谐等价值精神的鲜明特征。由于融入法理要素,法治思维也不同于法律思维。法律思维强调法律职业者以法定权利和义务为线索进行思考和实证分析;而法治思维则是以法理为前提、理据和主线的思维。虽然从广泛意义上讲,法律思维亦可兼容法理,但相比之下,法治思维是更具包容性、综合性、协调性的思维。

3. 法理的论证和评判意义

"法理"一词常被用于论证政策、法律、行为等的合法性、正当性。杨仁寿认为:"法理既为事物之当然道理,基于吾人之理性所共具之通念,则其除为裁判之基准,具有补充法律的功能外,亦具有衡量法律内容审查是否为'善法'之作用……要求一切之社会关系皆合乎法理,系一种理想。制定法律,以规律吾人之社会生活,苟能本乎法理,实现此种理想,方属可期。因之,法官阐释法律时,应尽量合乎法理,乃属当然。"[114]《北京大学法学百科全书》的作者也认为法理是"蕴含于法中的道理。可用以说明某事物、某现象、某说法之类能够成立,如:'这是合乎法理的';也可用来支持某主张、某事物、某现象,如:'从法理上讲应当如此'"。[115]可见,法理因为其自身具有的正当性的价值、原则、理念,而具有对国家政策、立法决策、法律法规、司法解释、具体案件、人的行为等进行价值评判或证成的功能。此时，法理往往成为判断实在法的某种合法性、合理性标准而存在，发挥其独有的正当化功能。

罗尔斯对法理的论证和评判意义有过深刻论述，他说："正义是社会制度的首要价值，正像真理是思想体系的首要价值一样。一种理论，无论它多么精致和简洁，只要它不真实，就必须加以拒绝或修正；同样，某些法律和制度，不管它们如何有效率和有条理，只要它们不正义，就必须加以改造或废除。"[116]

三、法治实践和政治与公共生活中的"法理"

以法理作为法理学研究对象和中心主题，并不是一个纯粹的学理逻辑问题，而是有其广泛的实践基础和实践需要。在法治实践、政治生活和公共生活中，法理几乎是无所不在，无时不有，无所不能。

（一）立法中的法理

1. 立法以法理为依据

在现代民主共和国国家，每一项立法都需要论证其合法性、合理性、可行性等，以获得公众的认同和接受，而法理就是立法之合法性、合理性、可行性的核心理由。这是因为任何一部法律，特别是基本法律、涉及重大利益关系的法律，其规则、原则、制度都必须建立在某种法理的基础上，以某种法理为依据，并经得起法理的检验，不管它是否使用了"法理"这一词语。在通过法律的过程中，往往伴随对立法理由进行的各种详细论证。这本身就体现了立法层面的法理论证。也就是说，在立法中，法理起到极为重要的论证功能。

（1）在立法草案中说明立法的法理依据。法律草案的说明经常要阐述法理，宣告立法中的法理。例如，《关于〈中华人民共和国物权法(草案)〉的说明》指出:“物权法是规范财产关系的民事基本法律,调整因物的归属和利用而产生的民事关系,包括明确国家、集体、私人和其他权利人的物权以及对物权的保护。我国的《民法通则》《土地管理法》《城市房地产管理法》《农村土地承包法》《担保法》等法律对物权作了不少规定,这些规定对经济社会发展发挥了重要作用。随着改革的深化、开放的扩大和社会主义经济、政治、文化、社会建设的发展,为了适应全面贯彻落实科学发展观、构建社会主义和谐社会的要求,有必要依据宪法,在总结实践经验的基础上制定物权法,对物权制度的共性问题和现实生活中迫切需要规范的问题作出规定,进一步明确物的归属,定分止争,发挥物的效用,保护权利人的物权,完善中国特色社会主义物权制度。”该说明还从“制定物权法是坚持社会主义基本经济制度的需要”“是规范社会主义市场经济秩序的需要”“是维护广大人民群众切身利益的需要”“是实现 2010 年形成中国特色社会主义法律体系目标的需要”等方面阐述了制定物权法的法理基础。[117]

又如,在《关于〈中华人民共和国刑法修正案(九)〉的说明》中,阐明了修改刑法的法理依据:“这次修改刑法的指导思想:一是,坚持正确的政治方向,贯彻落实党的十八届三中全会、中央司法体制改革任务有关要求,发挥好刑法在惩罚犯罪、保护人民方面的功能。二是,坚持问题导向,从我国国情出发,针对实践中出现的新情况、新问题,及时对刑法作出调整,以适应维护国家安全和社会稳定的需要。三是,坚持宽严相济的刑事政策,维护社会公平正义,对社会危害严重的犯罪惩处力度不减,保持高压态势;同时,对一些社会危害较轻,或者有从轻情节的犯罪,留下从宽处置的余地和空间。四是,坚持创新刑事立法理念,进一步发挥刑法在维护社会主义核心价值观、规范社会生活方面的引领和推动作用。”[118]

(2)“法理”蕴含于立法宗旨和目的之中,以阐明立法宗旨和目的的方式,对法律的正当性进行论证。如《刑事诉讼法》第 1 条规定:“为了保证刑法的正确实施,惩罚犯罪,保护人民,保障国家安全和社会公共安全,维护社会主义社会秩序,根据宪法,制定本法。”这里的“惩罚犯罪”“保护人民”“国家安全”“公共安全”“社会秩序”“刑法的正确实施”等,就是制定刑事诉讼法的法理理由。《环境保护法》第1条规定:“为保护和改善环境,防治污染和其他公害,保障公众健康,推进生态文明建设,促进经济社会可持续发展,制定本法。”这里的“公众健康”“生态文明”“可持续发展”等关键词表达了作为环境立法之目的的法理依据。

(3)“法理”蕴含于一部法律的基本原则和一般规定之中。在法律文本中以基本原则、一般规定等方式明确宣告有关法理依据。例如,在《民法总则》草案起草过程中,立法机关“既坚持问题导向,着力解决社会生活中纷繁复杂的问题,又尊重立法规律,讲法理、讲体系”。[119]《民法总则》第一章第1条宣告立法目的,第2—9条宣告了中国民法的基本原理和原则。《民法总则》第五章“民事权利”在新中国民事立法史上首次以24个条文列出自然人、法人的民事权利(私权)清单,体现了尊重和保护人权和民事权利的良善价值和法理依据。诸如“自然人的人身自由、人格尊严受法律保护”“自然人享有生命权、身体权、健康权、姓名权、肖像权、名誉权、荣誉权、隐私权、婚姻自主权等权利”“法人、非法人组织享有名称权、名誉权、荣誉权等权利”“自然人的个人信息受法律保护”“自然人因婚姻、家庭关系等产生的人身权利受法律保护”“民事主体的财产权利受法律平等保护。”“民事主体依法享有物权”“包括所有权、用益物权和担保物权”“民事主体依法享有债权”“民事主体依法享有知识产权”“自然人依法享有继承权”“民事主体依法享有股权和其他投资性权利”“民事主体享有法律规定的其他民事权利和利益”“民事主体按照自己的意愿依法行使民事权利,不受干涉”“民事主体行使权利时,应当履行法律规定的和当事人约定的义务”“民事主体不得滥用民事权利损害国家利益、社会公共利益或者他人合法权益”。从《民法总则》的指导思想、立法宗旨、关于权利及其行使的规定,可以看出这部法律以“讲法理”的立法实践,彰显我国民事立法以民为本、尊重和保障公民权利、权利与义务相统一等人文主义和社会主义法理精神,使之成为又一篇经典的法理宣言。

此外,《民法总则》关于权利能力、行为能力、责任能力的规定,关于法定责任和约定责任的同效性的规定,关于民事责任中的共同责任、责任分担、连带责任的共识,关于民事责任的实现形式以及不可抗力、正当防卫、紧急避险、紧急救助的规定,关于英烈人格与公共利益的关联性逻辑,关于请求权、诉讼时效的规定等,也都浸透着法理精神,显现出我国立法机关凝练民事法理的经验和智慧。

2. 法理作为兜底性法律渊源

自古以来,法理都被视为法律渊源或补充渊源或最后适用的法源。在西方,罗马法学家不仅提出和解决了许多涉及立法和司法的方法问题,创造了精湛的法律概念和技术,而且提出了诸如契约自由之类具有深远历史影响的法律原则。奥古斯都大帝确认了法学家官方解答权制度,使法学家的法理学说成为罗马法的渊源之一。在东方,至少自春秋战国开始,法家、儒家、道家等学派的法理学说就成为中国封建社会的法律渊源或法律的理论依据。有的西方法学家认为当今社会法理有作为主要法源的趋向;但也有学者认为法理本身并不具有法源的性质,只有依据法理所作的判决成为审理案件可以援引的判例时,才能成为法源。我认为,在社会情势急剧变化的当代世界,以法理作为断案的依据,已不是法官的“拾遗补阙”,而是常态化的司法模式。

一般认为,在立法史上,《瑞士民法典》首次对法理之法源性予以正面的肯定。该法典第 1 条第 2 款规定:“无法从本法得出相应规定时,法官应依据习惯法裁判;如无习惯法时,依据自己如作为立法者应提出的规则裁判。”第 3 款规定:“在前一款的情况下,法官应依据公认的学理和惯例。”[120]

《瑞士民法典》第1条具有开创性的规定为后来许多国家的民法典所效仿。如,《土耳其民法典》第1条规定:“本法,支配本法文字上或精神上所包含之一切事项。于无可适用之法规时,审判官应依习惯法。习惯法亦无规定时,应依已身为立法者所应设定之法则裁判之。审判官应于其判决利用学说及判决成例。”[121]《阿根廷民法典》第16条规定:“如果民事问题不能通过用语或法律的精神得到解决,则应考虑同类法律的原则;如果仍有疑问,则应根据法的一般原则并考虑案件的各种具体情形加以解决。”[122]《奥地利民法典》第7条规定:“案件仍存有疑问的,应根据谨慎收集、充分考虑的个案情况,依自然的法律原则作出判决。”[123]

在中国历史上,第一部民法典《大清民律草案》[124]第1条规定:“民事本律所未规定者,依习惯法;无习惯法者,依条理。”[125]中华民国编纂民法总则时,对《大清民律草案》第1条原则稍作文字修改,1929年(民国十八年)颁行的《中华民国民法》第1条规定:“民事法律所未规定者,依习惯;无习惯者,依法理。”[126]

1986年制定的《民法通则》虽然没有明文提出“法理”的法源地位,但是其第6条规定:“民事活动必须遵守法律,法律没有规定的,应当遵守国家政策。”第7条规定:“民事活动应当尊重社会公德,不得损害社会公共利益……”这两条规定中的“政策”(特别是公理性政策)和“社会公德”就属于法理范畴,实际起到民法兜底性法源之功能。

新近通过的《民法总则》也没有关于“法理”的明文规定。但是,其第8条规定:“民事主体从事民事活动,不得违反法律,不得违背公序良俗。”第10条规定:“处理民事纠纷,应当依照法律;法律没有规定的,可以适用习惯,但是不得违背公序良俗。”这两条规定实际上是把“公序良俗”这一法理要素作为民事活动和民事司法的兜底条款。[127]

（二）司法中的法理

法理在司法实践中到处显现，其意义集中体现为三个方面：一是为司法提供补充法源或兜底法源，二是增强司法解释等规范性文件的理论依据，三是增强司法文书特别是裁判文书的说理性、说服力和可接受性。

1. 法理作为司法的依据

在世界范围内，司法机关在穷尽了其他法律渊源仍然无法为当前案件找到法律依据的情况下，都会把法理作为最后的依据，在这个意义上，法理是司法裁判的终极性依据。在许多复杂、疑难、新奇案件中，司法机关处于两难境地：一方面，必须就当事人提起的纠纷给出解决办法而不能拒绝受理；另一方面，应当以法律为准绳。法理作为裁判的兜底法源，能便利地解决以上难题。比如，在美国，发生于19世纪末的埃尔默杀死其祖父以欲获得其遗产继承权一案，经过纽约州最高法院大法官们的激烈争论，最后以多数优势同意了厄尔（Earl）法官所确立的一条法律原则，即任何人不得从其错误行为中获得利益。[128]

当然，处理类似案件，需要具有法理学的良好素养。正是从这一意义上，德沃金讲到，在法理学与判案或法律实践的任何其他方面之间，没有一条固定不变的界限。它们之间相互渗透，法理学渗透于法律实践之中，而法律实践又离不开法理学。德沃金又进一步讲到，任何实际的法律论证，无论其内容多么具体和有限，都采用法理学所提供的抽象基础。而这里所讲的“抽象基础”，即法理学所建立的一套抽象理论。[129]《布莱克法律辞典》则从另一个角度论述了法理学对解决案件的功用，“当针对一个新的或疑难案件的解决，实际被选择的两个法律条文似乎对其有同样的可适用性时，这时或许，而且通常是从法理学的角度，来考虑这些规则适用于该类案件时所产生的最终影响（实效），然后，选择对社会能产生最大效益的那条规则”。[130]在这种情况下,法理的发现和适用有助于促进司法裁判合法、合理地进行,实现其定分止争、维护公正、权利救济、制约公权的职能。法治实践证明,在司法中适用法理,能够填补国家制定法的漏洞,从司法层面完善法律体系;在司法中适用法理,也有助于实现个案正义,更好地实现权利的救济和正义的修复。

2. 在司法解释中运用法理

将法理作为理据运用于司法解释,有利于揭示出法律条文、法律规范、法律原则的本真内涵与精髓。这可分为三种情况:

一是直接以法理精义作为司法解释的根据。例如,最高人民法院《关于适用〈中华人民共和国婚姻法〉若干问题的解释(一)》对《婚姻法》中关于“夫或妻对夫妻共同所有的财产,有平等的处理权”的规定指出:“应当理解为:(一)夫或妻在处理夫妻共同财产上的权利是平等的。因日常生活需要而处理夫妻共同财产的,任何一方均有权决定。(二)夫或妻非因日常生活需要对夫妻共同财产作重要处理决定,夫妻双方应当平等协商,取得一致意见。他人有理由相信其为夫妻双方共同意思表示的,另一方不得以不同意或不知道为由对抗善意第三人。”

二是直接或间接用某个法理要素作为解释与适用的依据。例如,最高人民法院《关于民事诉讼证据的若干规定》第 7 条规定:“在法律没有具体规定,依本规定及其他司法解释无法确定举证责任承担时,人民法院可以根据公平原则和诚实信用原则,综合当事人举证能力等因素确定举证责任的承担。”第 64 条规定:“审判人员应当依照法定程序,全面、客观地审核证据,依据法律的规定,遵循法官职业道德,运用逻辑推理和日常生活经验,对证据有无证明力和证明力大小独立进行判断,并公开判断的理由和结果。”

三是引用或转述某个公认的法理观点、学说、条理等。例如,《关于办理妨害文物管理等刑事案件适用法律若干问题的解释》

《关于适用物权法若干问题的解释(一)》《关于审理侵犯专利权纠纷案件应用法律若干问题的解释(二)》《关于审理涉及会计师事务所在审计业务活动中民事侵权赔偿案件的若干规定》《关于首先查封法院与优先债权执行法院处分查封财产有关问题的批复》,分别依据"举重以明轻""善意取得""不溯及既往""正当程序""不相类似之事件,应为不同之处理""优先债权"等法理。

在官方、半官方对最高人民法院司法解释进行进一步阐述的时候,大量使用了"本条规定具有法律和法理依据""既有法理依据,也有可操作性""根据民事诉讼法学关于诉之利益的法理……""从传统的民法理论以及现行担保法的规定来看……""……是缺少法律依据和有悖法理的""以民法理论对民事法律关系的分类为基础""从法理上看……因此……""在本质上并无二致,两者应依相同的法理""……在法理上经得住推敲"等表述。

3. 司法裁判以法理增强其说理性

以法理作为审判理据有数千年的传统,在现代世界范围内已经成为范式。第二次世界大战后,对纳粹战犯的"纽伦堡审判",对日本战犯的"东京审判",以色列对纳粹"杀人恶魔"埃希曼的审判,以及德、法、意等国对"卑鄙告密者"的审判,进一步强化了这种司法传统,被评价为"重建法律秩序的杰作",对世界各国司法实践均产生了一定影响。

在我国,随着社会关系、法律关系、司法案件的复杂化,随着公众法律知识的增长和法律意识的提高,特别是司法公开的强力推进,司法裁判文书的说理性、说服力和可接受性成为保障公民诉权和提高司法公信力的基本要求。我国各级法院高度重视以法理为依据、根据法理对裁判文书进行说理性论证,取得了显著效果。此处例举一个法理密集型案例,从中可以看出法官在审判过程中是如何揭示法理并以法理为依据理解和适用法律规定,并为自己的判决进行法理论证的。

原告吴国军与被告陈晓富、王克祥及德清县中建房地产开发有限公司(以下简称中建公司)发生民间借贷、担保合同纠纷,向浙江省德清县人民法院提起诉讼。[131]本案一审的争议焦点之一是民间借贷涉嫌构成非法吸收公众存款罪时,民间借贷合同和担保合同的效力认定,对这个问题的认知和判断涉及一系列法理问题。德清县人民法院一审认为:本案原告、被告之间的借贷关系成立且合法有效,应受法律保护。本案中,单个的借款行为仅仅是引起民间借贷这一民事法律关系的民事法律事实,并不构成非法吸收公众存款的刑事法律事实,因为非法吸收公众存款的刑事法律事实是数个"向不特定人借款"行为的总和,从而从量变到质变(法理之一)。《合同法》第52条规定了合同无效的情形,其中符合"违反法律法规的强制性规定""以合法形式掩盖非法目的"两种情形的合同无效。本案当事人在订立民间借贷合同时,主观上可能确实基于借贷的真实意思表示,不存在违反法律法规的强制性规定或以合法形式掩盖非法目的,非法吸收公众存款的犯罪行为与单个民间借贷行为并不等价……现王克祥和中建公司未能提供相关证据佐证原告吴国军与陈晓富之间具有恶意串通的事实,亦未能提供相关证据证明吴国军知道或应当知道陈晓富采取欺诈手段骗取王克祥和中建公司提供担保。主合同(借款合同)有效,从合同(担保合同)本身无瑕疵的情况下,民间借贷中的担保合同也属有效(法理之二)。从维护诚信原则和公平原则的法理上分析,将与非法吸收公众存款罪交叉的民间借贷合同认定为无效会造成实质意义上的不公,造成担保人以无效为由抗辩其担保责任,即把自己的担保错误作为自己不承担责任的抗辩理由,这更不利于保护不知情的债权人,维护诚信、公平也无从体现(法理之三)。涉嫌非法吸收公众存款的犯罪嫌疑人(或被告人、罪犯)进行民间借贷时,往往由第三者提供担保,且多为连带保证担保。债权人要求债务人提供担保人,这是降低贷款风险的一种办法。保证人同意提供担保,应当推定为充分了解行为的后果(法理之四)。若因债务人涉嫌非法吸收公众存款而认定借贷合同无效,根据《担保法》,主合同无效前提下的担保合同也应当无效,保证人可以免除担保责任。债权人旨在降低贷款风险的努力没有产生任何效果,造成事实上的不公。因此,对于王克祥和中建公司的抗辩理由,法院不予支持(法理之五)。

本案的第二个焦点涉及刑民交叉及其诉讼理论。法院认为,原告吴国军根据借款协议给被告陈晓富200万元后,其对陈晓富的债权即告成立。至于陈晓富可能涉及非法吸收公众存款的犯罪,与本案合同纠纷属于两个法律关系,公安部门立案侦查、检察院起诉以及法院判决构成刑事犯罪,并不影响法院依据民事诉讼法审理本案当事人间的民事合同纠纷(法理之六)。对合同效力进行判断和认定属于民商事审判的范围,判断和认定的标准也应当是民事法律规范。非法吸收公众存款罪和合同的效力问题是两个截然不同的法律问题(法理之七)……“先刑后民原则”并非法定原则,任何一部法律并未对这一原则作出明确规定。先刑后民并非审理民刑交叉案件的基本原则;而只是审理民刑交叉案件的一种处理方式(法理之八)。据此,对于被告王克祥和被告中建公司提出本案在未确定本案借款的性质时应该中止审理的诉讼主张,法院不予支持。因此,本案原告、被告之间的民间借贷法律关系明确,被告对该借款应当予以归还,王克祥和中建公司自愿为陈晓富借款提供担保,应承担本案连带清偿责任。据此,浙江省德清县人民法院于2009年4月8日判决:第一,被告陈晓富限在判决生效后10日内归还原告吴国军200万元的借款;第二,被告王克祥、中建公司对上述债务承担连带清偿责任。

王克祥、中建公司不服一审判决,向浙江省湖州市中级人民法院提起上诉。湖州市中级人民法院二审认为,合同效力的认定应尊重当事人的意思自治原则,只要订立合同时各方意思表示真实,又没有违反法律、行政法规的强制性规定,就应当确认合同有效。最高人民法院《关于适用〈中华人民共和国合同法〉若干问题的解释(二)》第 14 条对《合同法》第 52 条第 5 项规定“强制性规定”解释为效力性强制性规定,本案原审被告陈晓富触犯刑律的犯罪行为并不必然导致借款合同无效(法理之九)。效力上采取从宽认定,是该司法解释的本意,也可在最大程度上尊重当事人的意思自治(法理之十)。据此推理,湖州市中级人民法院于 2010 年 8 月 2 日判决:驳回上诉,维持原判。

通过对本案审理过程和裁判文书的简述,可以看出,本案中两级法院办案法官对相关法律条文的理解和解释、对普通民事法律关系和特殊刑事法律关系的分析、对合同担保的本质与价值的分析、关于犯罪和刑罚对民事法律行为效力的影响的观点、对合同订立时当事人意思表示真实性的判断和对诉讼过程中一方非诚信态度的否定,表现出良好的法理素养和娴熟的法理型推理能力,体现出对本案所关涉的公平正义、财产保护、诚实信用、程序正义、私法自治等法律原理、司法价值、法官职业精神这些法理要素的精准把握;也可以感受到法理在司法裁判中的魅力和神韵。

(三)政治生活和公共生活中的法理

法理在政治生活和公共生活中发挥着极其特殊的作用,尤其是在意见、主张和立场对立的场合,法理已成为抢夺话语权的工具。在日常的公共生活中,法理也成为具有辩证力、号召力、感染力的高频词,人们脱口而出“有悖法理”“法理就是法理,情理就是情理,法不容情”等。在法庭上,在各种法律的“竞技场”中,法律博弈说到底是法理博弈,博弈各方都试图用法律明辨是非,以法理说服(征服)对方和法官。美国前总统尼克松对法理和法理学的意义的体认也表达出法理和法理学在政治和公共生活中的意义。他说:“回顾我自己在法学院(北卡罗来纳州达勒姆的杜克大学)的岁月,从准备参加政治生活的观点来看,我所选修的最有价值的一门课程就是朗·富勒博士讲授的法理学即法律哲学……这不是一门要考学位的必修课。但是在我看来,对于任何一个有志于从事公众生活的法律系学生来说,它是一门基础课。因为从事公职的人不仅必须知道法律,他还必须知道它是怎样成为这样的法律以及为什么是这样的法律的缘由。"[132]拉德布鲁赫甚至说过:"一切伟大的政治转型都是由法哲学推展或伴行的。"[133]

"法理"对主权问题、政权(政治权威)、法统更替、国际争端、权力的正当性具有强大的证成或学理支撑作用。这种意义上的"法理"已不单纯是个法学概念,而是兼有政治话语的意义。在涉及国家主权、政权、国家权力运行等问题上,法理更能派上用场。马克斯·韦伯根据政治生活中人们政治认同的依据亦即合法性基础的不同,把政权(政治统治、政治权威)划分为传统型的政治统治(traditional authority)、魅力型的政治统治(charismatic authority)和法理型的政治统治(rational-legal authority)三种类型。传统型的政治统治,是以传统的习俗和习惯形成的政治价值和规则为依据而建立政治合法性的政治统治。在这种政治统治中,政治社会的成员认同的是传统的政治习俗和习惯。魅力型的政治统治,其基础是统治者个体的人格力量,也就是统治者个人的超凡魅力。统治者凭借自己的特殊魅力和超凡品质建立政治权威、获得社会成员的政治认同。法理型的政治统治,其权威性和合法性建立在法律和政治规则以及人们对这些规则的政治认同的基础上,人们服从的仅仅是法律和政治生活的规则以及依据法定程序产生的政治统治者。在这种政治统治中,人们普遍认同的法律和政治规则又是以目的合理性或价值合理性为目标制定出来的。[134]韦伯认为,法理型政治统治是最具合法性、合理性、权威性的政权,是现代国家的标本。

使用"法理"词汇进行正当化论证的通常不仅仅是学者,还有政府官员、法官、律师、新闻记者,从而使法理论证超越了单纯学术主张,而同时也是一种政治宣称与法律论证。第二次世界大战之后,对于如何处置战败国的战犯、需不需要通过法庭审判,颇有争议。美国联邦最高法院大法官罗伯特·杰克逊曾尖锐地指出,如果你们认为在战胜者未经审判的情况下可以任意处死一个人的话,那么,法庭和审判就没有存在的必要,人们将对法律丧失信仰和尊重,因为法庭建立的目的原本就是要让人服罪。他最终让第二次世界大战后忧心忡忡的西方认识到,再也没有什么比审判,比法庭证据展示、法庭辩论和判决更能挖掘历史真相和展现正义和公理了。他的提议打动了所有参与国家,历史上第一个国际法庭也随之诞生。

在当今世界,法理也是国家维权斗争的武器。以南海争议仲裁案为例。该仲裁案由菲律宾单方面提起,该案仲裁庭无视基本事实,罔顾基本法理,严重违背公平正义和法治原则,强行推进仲裁案,并作出不正当裁决。中国政府和国内外学术界以国际社会公认的法理为依据,深刻揭露南海仲裁案罔顾基本法理的荒唐逻辑和阴谋,在国际社会赢得一定的话语权。[135]鉴于法理在海洋问题的法律博弈和国际维权中的特殊意义,中华人民共和国第十二届全国人民代表大会第四次会议通过的《中华人民共和国国民经济和社会发展第十三个五年规划纲要》第四十一章"拓展蓝色经济空间"第三节"维护海洋权益"中指出:"深化涉海问题历史和法理研究,统筹运用各种手段维护和拓展国家海洋权益,妥善应对海上侵权行为,维护好我管辖海域的海上航行自由和海洋通道安全。"

四、迎接中国法学的法理时代

通过以上三部分对"法理"在法学研究和法学理论体系中缺席或半缺席境遇的梳理分析,对"法理"概念的历史考察、语义分析和意义分析,以及关于"法理"在理论和实践中的意义与功能的阐述,我们有充分理由提出在法理学研究中应当也必须把"法理"确立为中心主题,并倡导部门法学与法理学共同关注“法理”问题。随着“法理”成为法理学的中心主题和中国法学的共同关注,我们将迎来中国法学的法理时代;与此同时,随着法理成为法治的精神内涵和表征,中国法治必将迎来“法理中国”的新时代。由此,中国法学和中国法治将呈现以下三个鲜明特征。

(一)法理学中心主题的法理化

法理学不仅重视以“法理”为研究对象,而且确立以“法理”为其中心主题。所谓“中心主题”,就是核心议题、基本论题、常态化的话题,是贯穿于法理学知识体系、理论体系和话语体系的一条主线,法理学的其他论题和问题都以法理研究为中心、前提和基础。如果说20世纪80年代初“法学基础理论”取代“国家与法的理论”是确立法学理论学科地位的重大变革,20世纪90年代初“法理学”取代“法学基础理论”是法理学在中国法学体系和哲学社会科学体系中赢得合法性学科地位的历史性突破,[136]那么,在21世纪初期确立“法理”为法理学的中心主题、以“法理”为主线建构法理学体系,将是我国法理学的一次转型升级。这次转型升级的着力点和标志在于:

以“法理”为中心主题的法理学将以实践哲学为导向,更加关注法治实践和法律生活,更加关注部门法学,从而更加贴近现实、更接地气。这是因为“法理”是千百年来在法治实践和社会生活中不断积累和丰富的智慧和哲理。正如朱苏力所指出的:“一个民族的生活创造它的法制,而法学家创造的仅仅是关于法制的理论。”[137]诸如,“明理尊法”“以法为教”“变法促进”“法约而易行”“法正民安”“法安天下、德润人心”“刑无等级”“惩恶扬善”等,都不是某种先验的或超验的“绝对精神”“绝对理念”,而是源于法治实践和社会生活,存在于人民群众的法律意识和法律情感之中。只有贴近人民、深入社会,才能真正理解法理及其各种要素,才能感知和发现蕴藏在广袤大地的新法理。笔者担任吉林大学理论法学研究中心主任时倡导一门理论与实践紧密结合的研究型课程,即“生活中的法理”,这门课程的目的是引导法学教师和学生“从生活揭示法理,以法理透视生活”。

由于确立以“法理”为中心主题,法理学将更加关注立法、执法、司法实践,关注法律体系完善和法治体系的建构,关注宪法、行政法、民法、商法、经济法、环境法、社会法、刑法、诉讼法、国际法等法律部门及部门法学的发展完善。法理体系如同法学理论体系一样,是由不同层面、领域的法理构成的。法理既有不证自明的公理,也有需要深入论证的原则;既有普遍性的法理,也有各法律部门特有的法理。建构中国特色的法理体系,需要法学界各学科的共同关注和参与。这些都将促进法理学与部门法学的有机衔接,克服长期以来形成的法理学与部门法学互相脱节的“两张皮”现象,构建理论法学与应用法学互相协同的新型学术共同体。

以“法理”为中心主题的法理学,必将更加重视对中国特色社会主义法治理论的研究。中国特色社会主义法治理论是中国特色社会主义法治道路的核心要义,是对中国社会主义法治实践的经验总结和理论表达,是对中华传统法律文化精华的传承和对西方法治经验和理论成果的兼容并蓄,也是与时俱进、不断创新的理论。中国特色社会主义法治理论体系中包含着丰富的法理概念、命题、论述。例如,法治兴则国泰民安,法治衰则国乱民怨;法治是治国理政的基本方式;党的政策和国家法律互联互动;公正是法治的生命线;法律是成文的道德,道德是内心的法律;以公开促公正,以透明保廉洁;公正司法是维护社会公平正义的最后一道防线;法律为人民所掌握、所遵守、所运用;社会主义法治必须坚持党的领导,党的领导必须依靠社会主义法治;法治以人民为主体,法治建设为了人民、依靠人民;人民权益要靠法律保障,法律权威要靠人民维护;法律的权威源自人民的内心拥护和真诚信仰;法律红线不可逾越、法律底线不可碰触；秉持法律准绳，用好法治方式；密织法律之网，强化法治之力；心中高悬法律的明镜，手中紧握法律的戒尺；守法律、重程序；权力是一把“双刃剑”，在法治轨道上行使可以造福人民，在法律之外行使则必然祸害国家和人民；法定职权必须为，法无授权不可为；自由是秩序的目的，秩序是自由的保障；发展是安全的基础，安全是发展的条件；以透明的法治环境给经济主体以合理预期；凡属重大改革要于法有据；在法治下推进改革，在改革中完善法治；小智治事，中智治人，大智立法；司法公正对社会公正具有重要引领作用，司法不公对社会公正具有致命破坏作用；所谓公正司法，就是受到侵害的权利一定会得到保护和救济，违法犯罪活动一定要受到制裁和惩罚；法院独立审判，只服从法律，只服从事实；构建开放、动态、透明、便民的阳光司法机制；党的政策是国家法律的先导和指引，是立法的依据和执法司法的重要指导；权由法定，权依法使；依法设定权力、规范权力、制约权力、监督权力，把权力关进制度的笼子；执法者必先守纪，律人者必先律己；事实认定符合客观真相、办案结果符合实体公正、办案过程符合程序公正；一个错案的负面影响足以摧毁九十九个公正裁判所积累起来的良好形象；肩扛公正天平、手持正义之剑；形成不愿违法、不能违法、不敢违法的法治环境；义利相兼、以义为先；文明因交流而多彩，文明因互鉴而丰富；文明是包容的，人类文明因包容才有交流互鉴的动力；和平、发展、公平、正义、民主、自由，是全人类的共同价值；说公道话、办公道事；坚定和平理念、扬起和平风帆；以对话解争端、以协商化分歧；在国际关系中用统一适用的规则来明是非、促和平、谋发展；营造和平稳定的国际环境，发展和谐友善的国家关系，开展和睦开放的文明交流；中国外交有原则、重情谊、讲道义、谋公正；等等。加强对中国特色社会主义法治理论及其包含的新法理的研究和学术建构，不仅有利于深化我们对法理的认识和运用，而且有利于克服马克思主义法学基础理论被边缘化、空泛化、标签化的现象。

以“法理”为中心主题的法理学,必然更加关注传统法律文化。习近平总书记指出:“我国古代法制蕴含着十分丰富的智慧和资源,中华法系在世界几大法系中独树一帜。要注意研究我国古代法制传统和成败得失,挖掘和传承中华法律文化精华,汲取营养、择善而用。”[138]法理存在于历史传统、民族精神之中,历史上形成的许多法律谚语、格言、警句、经典论述,都是法理的载体与存在形态,意蕴极其深厚。诸如,“以民为本”“奉法利民”“奉法强国”“社会和合”“礼法互补”“德法共治”“以法为教”“定分止争”“明德慎刑”“大德而小刑”“法、情、理统合”“弘风阐化”“刚柔相济”“宽严相济”“刑当贤、罚当暴,不杀不辜,不失有罪”等。还有“法,国之权衡也,时之准绳也。权衡,所以定轻重;准绳,所以正曲直”,[139]“当时而立法,因事而制礼。礼法以时而定,制令各顺其宜”,[140]“法与时转则治,治与世宜则有功”,[141]等等。传统法理是现代法治的文化基因,是现代法学的思想精华。然而,我们对传统法律文化研究有限、传承不够,法律史学甚至被大面积边缘化。法理学中心主题的转换,必将重燃法学界对中华民族世世代代形成和积累的优秀传统法文化的热情,涤荡法学领域的历史虚无主义思潮,以时代精神激活中华优秀传统法文化的生命力,推进中华优秀传统法文化创造性转化和创新性发展,推进法治的民族精神和时代精神融汇,使源远流长的中华传统法文化发扬光大,使中华法治文明跟进中华民族伟大复兴梦的坚定步伐而重新彰显其无穷魅力和影响力。

以“法理”为中心主题的法理学,必将推进中国法学进一步扩大开放,促进法治文明的互鉴。因为“法理”具有融通性和普遍性的特点,对法理的研究必然要求中国法学认真对待法(法治)的世界精神,而不能局限于法和法治的中国精神。中国特色社会主义法治建设是前无先例、外无范式的事业,没有现成的道路可以遵循,没有现成的模式可以照搬,主要靠我们自己探索、实践和创造。

但这绝不意味着自我封闭、自给自足。近代以来,中国法治现代化的历史经验告诉我们:包括马克思主义在内的“西学东渐”,撬动了中国封建社会,推动了中国传统法治文明的现代化进程。西方法治文明如同中华法治文明一样,有许多跨越时空的理念、制度和方法。诸如依法治理、权力制约、权利保障、法律面前人人平等、契约自由、正当程序以及有关法治的许多学说,反映了人类法治文明发展的一般规律。我们必须在立足实践、尊重国情的前提下,全面梳理、认真鉴别、合理吸收西方法治文明,包括其法学理论和法治思想。

说到文明互鉴和法学的国际化,必然碰上法学的民族性问题。其实,强调民族性并不是要排斥其他国家的学术研究成果,而是要在比较、对照、批判、吸收、升华的基础上,使民族性更加符合当代中国和当今世界的发展要求。解决好法治的民族性问题,就有更强能力去解决法治的世界性问题;把中国法治实践总结好、把中国法理精神凝练好,就可以为解决法治的世界性问题提供中国思想和中国方案。习近平总书记强调:“我们既要立足本国实际,又要开门搞研究。对人类创造的有益的理论观点和学术成果,我们应该吸收借鉴,但不能把一种理论观点和学术成果当成‘唯一准则’,不能企图用一种模式来改造整个世界,否则就容易滑入机械论的泥坑。”[142]对西方法理和法理学既不能采取虚无主义、抱着御外排外的态度,也不能采取实用主义、崇洋媚外的态度,对西方的概念、话语、方法,要有分析、有鉴别,符合法治规律和法治文明的就采纳,但不生搬硬套,盲目“克隆”。

以“法理”为中心主题的法理学,必将推进法理学乃至整个法学对古今中外法学及相关学科经典作品的系统而深入的研究,因为法学及相关学科的经典著作对法理要素的研究和凝练,构成了我们今天开展法理研究的学术起点,从经典著作中可以获得用之不尽的营养。在新时期,中国法理学将全面系统地整理和研究从孔子到孙中山、从苏格拉底到拉兹的法学经典著作,深入研究马克思主义、列宁主义、毛泽东思想的法学经典,研究中国特色社会主义法治理论体系的科学论述,研究习近平总书记关于全面依法治国、建设法治中国的系列论述。可以预见,伴随着"经典著作热",法理学的思想品质和理论风格将焕然一新,同时法理学的受教育者、一代又一代法学青年学人将不再因为在校期间与法学经典擦肩而过而遗憾终身。

以"法理"为中心主题的法理学必将重新审视中国法理学的研究内容、知识体系、理论体系和话语体系,开展一次法理学体系的"全民健身行动"。当前,以教材为主要载体的中国法理学知识体系过于臃肿,混杂许多与法理学的中心主题无关紧要的内容。对此,必须"忍痛割爱",下决心把那些"非法理""伪法理"的内容以及可有可无的常识从法理学体系中剔除出去,形成一个法理主题更加鲜明、法理论题更加科学、理论逻辑更加严谨、学术形象更加清爽的法理学。我们将以改编国家统编的法理学教材、重构法理学体系的探索实践,努力实现"清新法理学"的目标。

(二)部门法学研究的法理化

法理学中心主题的法理定位必将牵动部门法学法理化,或如一些学者所说的"部门法学哲理化"。其主要趋势表现如下:

第一,部门法学优化其研究对象和范围,部门法理学(部门法哲学)研究成为中国法学知识和理论新的增长点和创新点。部门法学不仅深入研究法律规范、法律制度、法律行为、法律关系、法律权利、法律义务、法律责任、法律案例、法律方法,而且注重研究法律以及法律制定和实施的法理依据和法理支点,关注法律精神、法治理念、法律思维、法治思维,致力于法律规则和法律制定背后的终极性问题、本源性问题。一旦进入这些领域,部门法学就呈现法理化(哲理化)特征。

最近五十年,在西方国家,部门法学法理化(哲理化)成为一种潮流,出现了一大批探讨部门法中的一般理论的论著,如各种各样的宪法哲学、民法哲学、环境法哲学、刑法哲学、诉讼法哲学、国际法哲学等专题研究著作。这些论著提供了对部门法的价值基础、文化基础、社会基础及其发展规律的哲学反思,构成把法哲学与宪法学、民法学、环境法学、刑法学、程序法学、国际法学等部门法学联结起来的桥梁和纽带。诸如财产法中的功利、公平、自由等问题,合同法中的承诺与协议、经济价值极大化、合理期望,侵权法中的因果关系或因果态、侵权责任,环境法中的人与自然的关系、环境权利、环境正义,诉讼法的经济代价、道德代价、程序价值问题,国际关系中的人权与主权关系等,都是部门法理学的热门论题。

受这种法学研究范式的启迪,自 20 世纪 90 年代以来,我国部门法理学(法哲学)研究呈现良好势头。21 世纪以来,我国学者发表了数以千计的部门法哲学论文。例如,陈兴良的《部门法理学之提倡》,[143]蒋悟真的《迈向法理学的中国经济法学》,[144]陈步雷的《社会法的部门法哲学反思》,[145]赵秉志、魏昌东的《论中国刑法哲学的发展方向》,[146]曹新明的《知识产权法哲学理论反思——以重构知识产权制度为视角》,[147]徐国栋的《家庭法哲学两题》,[148]谢鸿飞的《民法典与人的美德》,[149]史玉成的《环境法学核心范畴之重构:环境法的法权结构论》,[150]邱本的《自然资源环境法哲学阐释》,[151]周江洪的《网络法问题的法哲学分析》,[152]江伟、吴泽勇的《证据法若干基本问题的法哲学分析》,[153]杨海坤的《行政法哲学的核心问题:政府存在和运行的正当性——兼论"政府法治论"的精髓和优势》,[154]胡平仁、梁晨的《人的伦理价值与人的人格利益——人格权内涵的法哲学解读》,[155]于立深的《公法哲学体系的建构》,[156]车丕照的《法律全球化与国际法治》,[157]何志鹏的《国际法的哲学之维:内涵、功能与路径》,[158]等等。出版了一大批部门法理学(部门法哲学)的论著。如陈兴良的《刑法哲学》、[159]宋功德的《行政法哲学》、[160]江国华的《宪法哲学导论》、[161]李锡鹤的《民法哲学论稿》、[162]冯晓青的《知识产权法哲学》、[163]陈泉生等的《环境法哲学》、[164]刘少军的《法边际均衡论——经济法哲学》、[165]张淞纶的《财产法哲学:历史、现状与未来》,[166]等等。这些论著的发表和出版深化了"法理"研究,丰富了法学理论体系,使法理学与部门法学的联系更加紧密。

第二,部门法学研究范式出现新突破。西方近代法学分化为理论法学(法理学)和应用法学(法律学,或部门法学)以来,应用法学各分支学科通常都把法律看作一套规范体系,并采用逻辑实证或经验实证的方法去注解、分析、解释法律规范的含义及其适用范围,一般被称为"注释法学"或有些学者习惯称谓的"法教义学"。注释法学(法教义学)是关于法实际上是什么的知识。注释法学(法教义学)最基本的观念是:法律科学是一种依赖于逻辑和经验的认识形式,其对象是实在之物,即由立法机关制定或由司法机关认可的实在法;法律规范的效力并不依赖于它的内容是否符合某种正义标准、道德标准或其他任何先验标准,而且它从根本上反对关于法律正确性的种种形而上学。部门法学特别是其中的民法学、刑法学等传统法学长期被称为"注释法学""法教义学"。从法学发展史看,无论是"注释法学",还是"法教义学",对于法律精确化、体系化,对于正确理解和适用法律,对于法学学科体系的形成,都发挥着不可替代的作用。但是,如果部门法学停留于注释和实证分析,将会枯竭其思想体系而退化为单纯的知识体系,同时对该部门法的完善和进步产生负面制约。这就是法学各学科的思想家纷纷倡导部门法学开展"法理"研究、呼吁"部门法学哲理化"的动因所在。

法理学和部门法学对"法理"的关注,必将催生部门法学研究范式的新突破,即引入反思批判精神,提高法学的思维能力和思辨能力。"为学之道,必本于思。""不深思则不能造于道,不深思而得者，其得易失。”[167]部门法学引入“反思”方法，以反思的思维方法不断地更新法学的思维，深化对法律的认识，引导人们的法律实践。反思，顾名思义，就是复而思之，反过来而思之。用哲学家的专业语言来说，就是“思想以自身为对象反过来而思之”。[168]以思想（法理也是一种思想形态）作为研究对象，就是要对已经形成的法学原理以及法律公理、原则进行再认识，使之既经受语言的、逻辑的、修辞学的检验和校正，又要受到文化传统、社会价值和时代精神的洗礼和考验。将反思方法运用于部门法学研究，首先是引导人们在肯定部门法学认知成果的同时，对部门法学的概念、理论和原理等认知成果保持怀疑立场和质疑态度。部门法学当中有许多“概念”“原则”“原理”实际上并非不证自明，也并非天经地义、金科玉律，如“契约自由”“过错责任”“人类中心”“三权分立”等法律原则和学说都不是绝对的、神圣的，而是可质疑、可批判、可重塑的。以反思的思维方法研究法律问题，不仅关注法律当中的具体规则、条文等，而且更加关注这些规则存在的根据及其正当性、合理性、合法性问题，即深藏于这些规则背后的社会价值问题、经济和社会发展目标问题、公共政策问题、正义或道德公理等；研究使这些规则构成法律体系的那些“操作系统”，即连接、架构法律规则的那些体制和机制问题；研究这些规则得以制定和适用的法理型推理方法，诸如利益筛选、价值衡平、法律推理、法律论证、法律批评、法律选择等。

与怀疑和质疑这种“消极的”反思比较，批判则更具积极性，是一种更为“积极的”反思。所以，哲学家们往往用批判来修饰和表征“反思”，将反思叫作“批判的反思”。马克思提出，辩证法总是“在对现存事物的肯定的理解中同时包含对现存事物的否定的理解”，“对每一种既成的形式都是从不断的运动中，因而也是从它的暂时性方面去理解”，“辩证法不崇拜任何东西，按其本质来说，它是批判的和革命的”。[169]习近平总书记也强调：“哲学社会科学要有批判精神,这是马克思主义最可贵的精神品质。”[170]法学研究中的反思方法更是决定了它的批判本质和批判精神,它要求法学家用批判的眼光揭示和对待人类已经形成的全部法律思想,对待每一种法律观点、每一种法学理论体系、每一个研究范式和学术流派,试图通过敏锐的批判达到深刻的理解。作为辩证法的批判,其目的不是否定一切,不是任意放纵,而是使人们的认识更加接近实际,使实践更加符合客观规律。

反思方法也是一种追问方法,在某种意义上,反思就是追问。无论是对于现行的法律规则、原则、原理,还是对于既有的理论判断和结论,都应当追问。通过追问,发现更深层次的东西,一种我们还没有认识到的、处于朦胧状态的因素;通过追问,发现既有法理的内在矛盾,并加以修正。试以《宪法》修正案第 22 条为例说明反思方法。我国现行《宪法》修正案第 22 条规定,“公民的合法的私有财产不受侵犯”“国家依照法律规定保护公民的私有财产权”。对此,我们就可以作出一系列法理型追问:什么是私有财产?什么是私有财产权?法律保护的是“财产”还是“财产权”?《宪法》所称的“法”和“合法”的含义和意义是什么?对这里的“法”“合法”应作如何理解?“法”仅指“实在的法”,即由国家制定或认可的“法”“现行的法律规定”,还是也包括“自然法”“应有法”,即基于正义、理性、道德、公理、社会发展规律而形成的“法律原则”“法的精神”?“合法”仅指“符合法律规定”,还是也包括实际上“不违背法律”“能够被历史延续下来的惯例认可”“被政策所允许”“理应由法律认可”?还可以进一步追问:为什么要保护公民的私有财产权?对公民私有财产权的保护是一个超越时空的法律原理吗?为什么宪法修正案规定“公民的合法的私有财产不受侵犯”,而不是“自然人”“个人”“私人”,为什么“公有财产神圣不可侵犯”,而“私有财产”仅仅是“不受侵犯”,等等。通过这样一连串的法理型追问,就会发现很多问题是相当模糊的,无论是宪法学,还是民法学,都还没有给出令人满意的回答和解释。因此,需要我们不断发问,去重新解释,重新修辞,创新论证。

（三）中国法治的法理化[171]

如前所述,“法理”是一个综合性、普适性概念,凝聚了法的价值、法的美德、法的传统、法的公理,可以说,“法理”是良法善治的晶体,良法善治是当代中国法理体系的精髓。因此,以“法理”作为法理学的中心主题和部门法学的共同关注,必将校正法治的实践指向,引领中国法治朝着良法善治方向健康发展。

1997 年,党的十五大提出“依法治国,建设社会主义法治国家”。党的十八大之后,习近平总书记发出“建设法治中国”的号召。党的十八届三中全会通过的《中共中央关于全面深化改革若干重大问题的决定》确认了“法治中国”这一概念,并将法治建设的战略目标确定为“推进法治中国建设”。党的十八届四中全会向全党和全国各族人民发出“向着建设法治中国不断前进”“为建设法治中国而奋斗”的号召。“法治中国”概念是对当前和今后相当长时期中国法治建设的科学定位,具有深厚的历史文化底蕴、丰富的实践经验基础和强大的导向定位功能,构成我国法治建设新时期、新阶段的时代主题。“法治中国”概念以其无可比拟的包容性、凝聚力、感召力而成为中国特色社会主义法治理论体系和话语体系中具有统合性、统领性的概念。

“法治中国”是“法治国家”的升级版,也是中国法治现代化的前进方向。

第一,与法治国家比较,法治中国是全面法治、全领域法治。法治中国概念的提出和建设法治中国理论的形成,旨在解决法治建设碎片化和各自为政的问题,即不仅要建设法治国家,还要建设法治政府、法治军队、法治政党、法治经济、法治社会;不仅要推进依法治国,还要推进依法执政、依法行政、依法治军、依法自治;不仅要搞好国家法治，还要搞好地方法治、行业法治、社会法治，促进国家法治、地方法治、行业法治、社会法治的协调发展；不仅要推进法律制度硬实力建设，还要推进法治文化软实力建设；不仅要致力于国内法治建设，还要统筹国内法治和国际法治两个大局，推动国际关系法治化和全球治理体制民主化。

第二，法治中国是形式法治与实质法治相统一。历史上有各种各样的法治模式。改革开放初期，党的十一届三中全会提出的“有法可依、有法必依、执法必严、违法必究”十六字方针，总体上属于形式法治的范畴。2012 年，党的十八大提出“科学立法、严格执法、公正司法、全民守法”的新十六字方针，使我国法治建设向着形式法治与实质法治的有机统一迈出了新的步伐。党的十八届四中全会提出“法律是治国之重器，良法是善治之前提”，提出“以人民为主体”——法治建设为了人民、依靠人民、造福人民、保护人民，提出“公正是法治的生命线”。这是对中国特色社会主义法治作为形式法治与实质法治相统一的新型法治模式的精辟定型，突破了中国历史上的工具主义法治模式，也突破了西方形式正义的法治模式。

第三，法治中国以良法善治为其内在质量和价值标准。良法善治是社会主义核心价值观在法治领域的集中体现。所谓“良法”，可在四种意义上把握。一是法律应符合人性、人文、自然、经济、政治、社会等的规律，与作为法律调整对象的各种关系的存在与发展规律相一致。习近平总书记指出：“科学立法的核心在于尊重和体现客观规律。”[172] 数千年的法治文明史充分证明，法律要立得住、行得通、真管用，立法必须注重尊重规律、反映规律、顺应规律，使法律成为科学的法律。二是法律制定得良好。立法权法定，法律不强人所难（法律规定的行为规范可遵守、可执行、可适用），权利、义务、责任对等，标准统一，普遍适用，连续稳定，非溯及既往，规则与规则、法律与法律、法律部门与法律部门、实体法与程序法之间协调一致,不矛盾、不冲突等。三是法律实施得良好,不仅全民自觉守法,而且国家机关尊重宪法、严格执法、公正司法。四是法律体现社会良善价值,即保障人权,约束公权,公平正义,公开透明。

所谓善治,一是以人为本,就是一切从人出发、以人为中心;就是要把人作为观念、行为、制度的主体,把人的解放和自由、人的尊严、人的兴趣和全面发展,作为国家和法的终极关怀。同时,“以人为本”也意味着人应当把自己看作人、提高自己的人性,在社会生活中应当有宽容、诚信、自主、自律的自觉意识和观念,既善待自己和他人,也要求他人善待自己。二是厉行法治,遵循法治的规律和原则,善用法治思维和法治方式处理社会关系和矛盾纠纷,弘扬法治精神,树立法治理念,认真对待权利、义务和责任,正确行使权利、忠实履行义务、勇于承担责任。三是公共治理,就是把公众作为国家治理、社会治理、个人自治的主体,最大限度地扩大公众参与,提升公民及其组织的话语权和决定权,体现人民当家作主;以对话、沟通、协商等方式,保证不同主体平等自由地表达利益诉求、政策主张和立法建议,在此基础上最大限度地凝聚共识,消解或缩小分歧,促进各个阶层、各个群体相互之间的政治认同、思想认同、感情认同和彼此尊重;妥善协调利益关系,使不同阶层、不同群体在利益分化的格局中仍能各得其所又和谐相处。

上述三个方面的升级也体现出法律观念、法治理念、法治思维的升级,体现出法理体系和法学理论的创新发展。

法律是治国之重器,良法是善治之前提。良法善治所体现的社会主义核心价值观和优秀法律文化集中凝练于“法理”这一核心概念之中,由此,“良法善治”与“法理”互为表征;进而,以良法善治为本质特征的法治中国,在理论上最精确的概括性表达也许就是“法理中国”。“法治中国”与“法理中国”是并行的,一个是制度创新,另一个是理论建构,推进法治中国建设与推进法理中国建设是相辅相成、相得益彰的；不仅要加快推进法治中国建设，而且要把中国特色社会主义法治理论和法理体系贯彻其始终。我们将秉持这一坚定信念，并以坚持不懈的探索和创新实践，去迎接中国法学的法理时代，去实现“法理中国”学术梦和“法治中国”强国梦。

注 释

1 参见张文显：《二十世纪西方法哲学思潮研究》，法律出版社 1996 年版，第 5 - 6 页。

2 张文显：《二十世纪西方法哲学思潮研究》，法律出版社 1996 年版，第 6 页。

3 张文显：《二十世纪西方法哲学思潮研究》，法律出版社 1996 年版，第 6 页。

4 [英]戴维 · M. 沃克：《牛津法律大辞典》，李双元等译，法律出版社 2003 年版，第 618 页。

5 [英]戴维 · M. 沃克：《牛津法律大辞典》，李双元等译，法律出版社 2003 年版，第 746 页。

6 参见张文显：《二十世纪西方法哲学思潮研究》，法律出版社 1996 年版，第 8 页。Also See Alan Mabe, *Editorial*, Law and Philosophy, Volume 1, Issue 1, April 1982, p. 2.

7 See *The Encyclopedia of Philosophy*, The Macmillan Publishing Company & The Free Press, 1967, p. 567. 另参见张文显：《当代西方法哲学》，吉林大学出版社 1987 年版，第 1 页。

8 [美]德沃金：《法律帝国》，李常青译，中国大百科全书出版社 1996 年版，第 83 页。

9 [美]理查德 · A. 波斯纳：《法理学问题》，苏力译，中国政法大学出版社 2002 年版，原文序，第 1 页。

10 [德]伯恩 · 魏德士：《法理学》，丁晓春、吴越译，法律出版社 2013 年版，第 13 页。

11 据何勤华等学者考究，19 世纪 80 年代日本学者穗积陈重开设法学理论课程时弃“法哲学”而改用“法理学”。康有为在介绍日本法学课程体系时直接使用了该词语。参见何勤华：《中国近代法理学的诞生与成长》，载《中国法学》2005 年第 3 期。

12 (清)梁启超：《饮冰室合集(集外文)》，北京大学出版社 2005 年版，第 1245 页。

13 (清)沈家本：《历代刑法考 · 附寄簃文存》，邓经元、骈宇骞点校，中华书局 1985 年版，第 2225 页。

14 李达:《法理学大纲》,法律出版社 1984 年版,第 13 – 14 页。

15 沈宗灵主编:《法理学》(第 4 版),北京大学出版社 2014 年版,第 18 页。

16 沈宗灵主编:《法理学》(第 2 版),高等教育出版社 2009 年版,第 22 页。

17 孙国华、朱景文主编:《法理学》(第 4 版),中国人民大学出版社 2015 年版,第 6 页。

18 舒国滢主编:《法理学导论》(第 2 版),北京大学出版社 2012 年版,第 12 – 13 页。

19 参见张文显主编:《法理学》(第 4 版),高等教育出版社、北京大学出版社 2011 年版,第 15 – 18 页;张文显主编:《法理学》(第 3 版),法律出版社 2007 年版。

20 See John Burke, *Jowitts Dictionary of English Law*, Sweet and Maxwell, 1977, p. 1035.

21 See Max Radin, *Radin Law Dictionary*, Ocean Publications. Inc. , p. 177.

22 See L. B. Curzon, *A Dictionary of Law*, Macdonald and Evans, 1983, p. 203.

23 See William P. Statsky, *Legal Thesaurus/Dictionary*, West Publishing Company, 1985, p. 439.

24 See M. J. Sethna, *Contribution to Synthetic Jurisprudence*, Ocean Publications Inc. , 1962, p. 11.

25 参见付子堂主编:《法理学高阶》,高等教育出版社 2008 年版,第 18 页。

26 参见付子堂主编:《法理学高阶》,高等教育出版社 2008 年版,第 19 页。穗积陈重曾于其《法理学大纲》一书中说明了何以在课程名称上要用"法理学"代替"法哲学"。穗积陈重曾留学英国,受到梅因历史法学派的影响,因而较重视实证法研究。但当时欧陆法哲学因受黑格尔影响,以抽象及形而上学为其特色,故穗积陈重认为"法哲学"一词过于强调一种形而上学的色彩,忽略了其研究法律根本原理之面目,便以"法理学"代替之。

27 葛洪义:《法理学的定义与意义》,载《法律科学・西北政法学院学报》2001 年第 3 期。

28 马长山主编:《法理学》,中国人民大学出版社 2009 年版,第 1 页。

29 有学者(如焦宝乾)将(拉丁语 *ratio iuris*)翻译为"法理",是否妥当,值得进一步考察。*ratio iuris* 的英译有多个:reason(character/nature) of law (justice/right)。这也说明,它的内涵并不很清晰。

30 周旺生、朱苏力主编:《北京大学法学百科全书:法理学・立法学・法律社会学》,北京大学出版社 2010 年版,第 243 页。

31 词语与概念是两回事。使用"法理"这个词语,并不意味着使用者持有"法理"

概念。

32 (汉)班固撰:《汉书》卷八《宣帝纪第八》(简体版),中华书局 2000 年版,第 192 页。

33 (汉)班固撰:《汉书》卷三十《艺文志》(简体版),中华书局 2000 年版,第 1372 页。

34 参见(南朝宋)范晔撰,张道勤校点:《后汉书》卷十四《宗室四王三侯列传第四》(简体版),中华书局 2000 年版,第 368 页;(南朝宋)范晔撰,张道勤校点:《后汉书》卷七十六《王涣传》(简体版),中华书局 2000 年版,第 1669 页;(南朝宋)范晔撰,张道勤校点:《后汉书》卷二十九《申屠刚传》(简体版),中华书局 2000 年版,第 683 页。

35 (晋)陈寿撰:《三国志·魏书·武帝纪》卷一,中华书局 1982 年版,第 44 页。

36 如西晋名臣卫瓘就有极高的法律素养,史书称之"明法理,每至听讼,小大以情"。制定《泰始律》的西晋名臣贾充也是"雅长法理,有平反之称"。汉和帝时,张禹因"明达法理,有张释之风",从而越级提拔,授以廷尉之职。唐德宗贞元年间的京兆尹薛珏也是"刚严明察,练达法理,以勤身率下"。参见(唐)房玄龄等撰:《晋书》卷三十六《卫瓘传》(简体版),中华书局 2000 年版,第 691 页;(唐)房玄龄等撰:《晋书》卷四十《贾充传》(简体版),中华书局 2000 年版,第 765 页;(汉)刘珍等撰:《东观汉记校注》卷十六《张禹传》,中华书局 2008 年版,第 705 页;(后晋)刘昫等撰:《旧唐书》卷一百八十五下《薛珏传》(简体版),中华书局 2000 年版,第 3283 页。

37 (南朝宋)范晔撰:《后汉书》卷二《显宗孝明帝纪第二》(简体版),中华书局 1965 年版,第 85 页。

38 (北齐)魏收撰:《魏书》卷八十八《宋世景传》(简体版),中华书局 2000 年版,第 1289 页。

39 "臣伏读至三公曹第六十六条,母杀其父,子不得告,告者死。再三返覆之,未得其门。何者?案律,子孙告父母、祖父母者死。又汉宣云:子匿父母,孙匿大父母,皆勿论。盖谓父母、祖父母,小者攘羊,甚者杀害之类,恩须相隐,律抑不言。法理如是,足见其直。"参见(北齐)魏收撰:《魏书》卷八十八《窦瑗传》(简体版),中华书局 2000 年版,第 1293 页。

40 (梁)萧子显撰:《南齐书》卷四十八《孔稚珪传》(简体版),中华书局 2000 年版,第 567 页。

41 (后晋)刘昫等撰:《旧唐书》卷四十九《志第二十九·食货下》(简体版),中华书局 2000 年版,第 1436 页。

42　(后晋)刘昫等撰:《旧唐书》卷五十《志第三十·刑法》(简体版),中华书局 2000 年版,第 1446 页。

43　(唐)李林甫等撰:《唐六典》卷六《尚书刑部》,陈仲夫点校,中华书局 1992 年版,第 180 页。

44　(唐)杜佑撰:《通典》卷第十七《选举五·选人条例》,王文锦、王永兴点校,中华书局 1988 年版,第 425 页。

45　参见陈景良:《宋代"法官"、"司法"和"法理"考略——兼论宋代司法传统及其历史转型》,载《法商研究》2006 年第 1 期。

46　(明)张四维辑:《名公书判清明集》卷一《不许县官寨官擅自押人下寨》,中国社会科学院历史研究所宋辽金元研究室点校,中华书局 1987 年版,第 33 页。

47　(明)张四维辑:《名公书判清明集》卷十二《检法书拟》,中国社会科学院历史研究所宋辽金元研究室点校,中华书局 1987 年版,第 463 页。

48　(明)张四维辑:《名公书判清明集》卷七《房长论侧室父包并物业》,中国社会科学院历史研究所宋辽金元研究室点校,中华书局 1987 年版,第 233 页。

49　(宋)郑克撰:《折狱龟鉴译注》卷八《何武夺财》,刘俊文译注,上海古籍出版社 1988 年版,第 461 页。

50　(东汉)王符:《潜夫论笺校正》卷四《述赦》,(清)汪继培笺、彭铎校正,中华书局 1985 年版,第 190 页。

51　《管子·七臣七主》。

52　《韩非子·有度》。

53　《管子·任法》。

54　(宋)王安石撰:《临川先生文集》,《周公》,中华书局 1959 年版,第 678 页。

55　《尚书·大禹谟》。

56　《尚书·大禹谟》。

57　《韩非子·饰邪》。

58　(汉)班固撰:《汉书》卷八十五《谷永传》(简体版),中华书局 2000 年版,第 2568 页。

59　(汉)司马迁撰:《史记》卷一百三十《太史公自序》(简体版),中华书局 2000 年版,第 2492 页。

60　(唐)长孙无忌等撰:《唐律疏议》卷一《名例》,刘俊文点校,中华书局 1983 年版,第 3 页。

61 (明)张居正撰:《张太岳集》卷三十八《请稽查章奏随事考成以修实政疏》,上海古籍出版社 1984 年版,第 482 页。

62 (唐)房玄龄等撰:《晋书》卷三十《刑法志》(简体版),中华书局 2000 年版,第 610 页。这一主张与现代“法无明文规定不为罪,法无明文规定不处罚”的原则极其相近。可以说,这是传统中国最为彻底的罪刑法定主张。从传世法典《唐律疏议》来看,其中也有不少类似于今日“罪刑法定”原则的法理表达。

63 参见刘得宽:《法学入门》,中国政法大学出版社 2006 年版,第 21 页。

64 杨仁寿:《法学方法论》(第 2 版),中国政法大学出版社 2013 年版,第 273 页。

65 参见[美]E. 博登海默:《法理学:法律哲学与法律方法》,邓正来译,中国政法大学出版社 2004 年版,第 473 – 474 页。

66 参见[美]E. 博登海默:《法理学:法律哲学与法律方法》,邓正来译,中国政法大学出版社 2004 年版,第 474 页。

67 罗竹风主编:《汉语大词典》(缩印本)(中卷),汉语大词典出版社 1997 年版,第 3176 页。

68 夏征农主编:《辞海》(缩印本),上海辞书出版社 2000 年版,第 1079 页。

69 参见孙国华主编:《马克思主义法理学研究:关于法的概念和本质的原理——兼论法是“理”与“力”的结合,“理”是基本的,“力”是必要的》(第 2 版),群众出版社 2007 年版,第 200 页。

70 参见张文显:《二十世纪西方法哲学思潮研究》,法律出版社 1996 年版,第 373 页。

71 王泽鉴:《法律思维与民法实例:请求权基础理论体系》,中国政法大学出版社 2001 年版,第 299 页。

72 梁慧星:《民法总论》(第 4 版),法律出版社 2011 年版,第 28 页。

73 王利明:《民法总则研究》(第 2 版),中国人民大学出版社 2012 年版,第 68 页。

74 张生:《民国初期民法的近代化——以固有法与继受法的整合为中心》,中国政法大学出版社 2002 年版,第 49 页。

75 参见孙国华主编:《马克思主义法理学研究:关于法的概念和本质的原理——兼论法是“理”与“力”的结合,“理”是基本的,“力”是必要的》(第 2 版),群众出版社 2007 年版,第 199 – 200 页。

76 郑玉波著、黄宗乐修订:《民法总则》,台北,三民书局 2004 年版,第 46 页。

77 参见[美]黄宗智:《我们的问题意识:对美国的中国研究的反思》,载《开放时代》2016 年第 1 期。

78 参见张文显:《二十世纪西方法哲学思潮研究》,法律出版社 1996 年版,第 72 - 73 页。

79 郑成良、董进宇、霍存福:《论依法治国之法理要义》,载《吉林大学社会科学学报》1996 年第 4 期。

80 [古希腊]亚里士多德:《政治学》,吴寿彭译,商务印书馆 1965 年版,第 199 页。

81 参见[荷]胡果·格劳秀斯:《战争与和平法》,何勤华等译,上海人民出版社 2013 年版,第 203 页。

82 [斯洛文尼亚]卜思天·儒佩基奇:《从刑事诉讼法治透视反对自证有罪原则》,王铮、降华玮译,载《比较法研究》1999 年第 2 期。

83 [德]黑格尔:《法哲学原理》,范扬、张企泰译,商务印书馆 2009 年版,第 8 页。

84 《马克思恩格斯全集》(第 1 卷),人民出版社 1995 年版,第 180 - 181 页。

85 [意]贝卡里亚:《论犯罪与刑罚》,黄风译,中国大百科全书出版社 1993 年版,第 30 页。

86 [美]哈罗德·J. 伯尔曼:《法律与宗教》,梁治平译,生活·读书·新知三联书店 1991 年版,第 28 页。

87 习近平:《在省部级主要领导干部学习贯彻党的十八届四中全会精神全面推进依法治国专题研讨班上的讲话》(2015 年 2 月 2 日),载中共中央文献研究室编:《习近平关于全面依法治国论述摘编》,中央文献出版社 2015 年版,第 37 - 38 页。

88 [古罗马]西塞罗:《国家篇　法律篇》,沈叔平、苏力译,商务印书馆 1999 年版,第 151 页。

89 王泽鉴:《民法总则》,中国政法大学出版社 2001 年版,第 60 页。

90 [英]尼尔·麦考密克、[奥]奥塔·魏因贝格尔:《制度法论》,周叶谦译,中国政法大学出版社 2004 年版,第 90 页。

91 美国学者贝勒斯对普通法系的法律原则进行过系统研究,不仅阐述了法律原则的理论,而且对程序法、财产法、契约法、侵权法、刑法中的原则进行了梳理,制作了这些领域的原则清单。参见[美]迈克尔·D. 贝勒斯:《法律的原则——一个规范的分析》,张文显等译,中国大百科全书出版社 1996 年版,第 1 页。

92 [古希腊]亚里士多德:《尼各马可伦理学》,廖申白译注,商务印书馆 2003 年版,第 131 页。

93 See C. Perelman, *Justice, Law, and Argument*, D. Reidel Publishing Company, 1980, p. 1.

94 参见张文显:《二十世纪西方法哲学思潮研究》,法律出版社 2006 年版,第 589 - 593 页。

95 谢鸿飞:《民法典与人的美德》,载《中国法律评论》2015 年第 4 期。

96 参见於兴中:《法的品德(品性、品格)》,载《走向世界的中国法哲学——第三届国际研讨会论文集》,第 3 - 15 页;童建军:《当代西方德性法理学及其中国意义》,载《华中科技大学学报(社会科学版)》2016 年第 4 期。

97 [美]罗斯科·庞德:《通过法律的社会控制:法律的任务》,沈宗灵、董世忠译,商务印书馆 1984 年版,第 55 页。

98 《马克思恩格斯全集》(第 19 卷),人民出版社 1963 年版,第 405 页。

99 周旺生、朱苏力主编:《北京大学法学百科全书:法理学·立法学·法律社会学》,北京大学出版社 2010 年版,第 243 页。

100 [美]德沃金:《法律帝国》,李常青译,中国大百科全书出版社 1996 年版,第 201 - 203 页。See Ronald Dworkin, *Law's Empire*, The Belknap Press of Harvard University Press, 1986, p. 15 - 20.

101 张明楷:《实质解释论的再提倡》,载《中国法学》2010 年第 4 期。

102 陈小君:《农村集体土地征收的法理反思与制度重构》,载《中国法学》2012 年第 1 期。

103 余盛峰:《知识产权全球化:现代转向与法理反思》,载《政法论坛》2014 年第 6 期。

104 覃文光:《建立我国公司法人人格否认制度的法理透视与思考》,载《河北法学》2004 年第 11 期。

105 黄进喜:《反垄断法适用除外制度的法理分析与制度完善》,载《东南学术》2011 年第 1 期。

106 姜涛:《批判中求可能:对量刑反制定罪论的法理分析》,载《政治与法律》2011 年第 9 期。

107 参见汪志刚:《动产善意取得的法理基础》,载《法学研究》2009 年第 3 期。

108 陈兴良:《共同正犯:承继性与重合性——高海明绑架、郭永杭非法拘禁案的法理分析》,载《刑事法评论》2007 年第 2 期。

109 龙宗智:《聂树斌案法理研判》,载《法学》2013 年第 8 期。

110 万毅:《"全国首例非法证据排除案"法理研判》,载《证据科学》2011 年第 6 期。

111 陈界融:《〈红色娘子军〉著作权纠纷案法理分析》,载《贵州民族大学学报(哲学社会科学版)》2015 年第 5 期。

112 季卫东:《"南海仲裁案"的法理剖析》,载《上海法治报》2016 年 8 月 22 日,第 B7 版。

113 汪习根、罗思婧:《国际体育仲裁规则面临的困境与出路——哈曼诉国际足联仲裁案的法理评析》,载《武汉体育学院学报》2014 年第 8 期。

114 杨仁寿:《法学方法论》(第 2 版),中国政法大学出版社 2013 年版,第 274 页。

115 参见周旺生、朱苏力主编:《北京大学法学百科全书:法理学 · 立法学 · 法律社会学》,北京大学出版社 2010 年版,第 243 页。

116 [美]约翰 · 罗尔斯:《正义论》,何怀宏、何包钢、廖申白译,中国社会科学出版社 1988 年版,第 3 –4 页。

117 王兆国:《关于〈中华人民共和国物权法(草案)〉的说明》,载《人民日报》2007 年 3 月 9 日,第 2 版。

118 《关于〈中华人民共和国刑法修正案(九)〉的说明》,载中国人大网,http://www.npc.gov.cn/wxzl/gongbao/2015 –11/06 content 1951884。

119 李建国:《关于〈中华人民共和国民法总则(草案)的说明》,载《人民日报》2017 年 3 月 9 日,第 5 版。

120 《瑞士民法典》,殷生根、王燕译,中国政法大学出版社 1999 年版,第 3 页。

121 转引自韩冰:《近代中国民法法源及其适用原则简论》,载《华东政法学院学报》2005 年第 5 期。

122 《最新阿根廷共和国民法典》,徐涤宇译注,法律出版社 2007 年版,第 6 页。

123 《奥地利普通民法典》(2012 年 7 月 25 日修改),周友军、杨垠红译,清华大学出版社 2013 年版,第 1 页。

124 《大清民律草案》由沈家本等主持的修订法律馆起草,自 1907 年正式着手,1911 年 11 月基本完成。两个月后,辛亥革命爆发,清王朝崩溃,因此这本民律草案并未颁布和实施。

125 《大清民律草案.民国民律草案》,杨立新点校,吉林人民出版社 2002 年版,第 3 页。

126 《中华民国民法》,上海文明书局 1931 年版,第 1 页。

127 公序良俗原则起源于罗马法。现代法学理论通常把公序良俗理解为公共秩序与善良风俗的简称。所谓公序,即社会一般利益和秩序,包括国家利益、公共利益、经济秩序、社会秩序;所谓良俗,即一般道德观念或良好道德风尚,包括社会公德、家庭伦理、商业道德、社会良好风尚等。

128 参见[美]德沃金:《法律帝国》,李常青译,中国大百科全书出版社 1996 年版,第 18 – 19 页。

129 [美]德沃金:《法律帝国》,李常青译,中国大百科全书出版社 1996 年版,第 83 页。

130 转引自刘作翔主编:《法理学》,社科文献出版社 2005 年版,第 4 页。原注为《布莱克法律辞典》(英文版)(第 5 版),西方出版公司 1979 年版,第 767 页。

131 参见《最高人民法院公报》2011 年第 11 期(总第 181 期)。

132 转引自沈宗灵:《现代西方法理学》,北京大学出版社 1992 年版,第 11 – 12 页。原注为尼克松:《六次危机》,第 6 章。

133 [德]古斯塔夫·拉德布鲁赫:《法律智慧警句集》,舒国滢译,中国法制出版社 2016 年版,第 164 页。

134 参见[英]弗兰克·帕金:《马克斯·韦伯》,刘东、谢维和译,四川人民出版社 1987 年版,第 111 – 112 页。

135 参见张文显等:《关于菲律宾提起的"南海仲裁案"的法理分析》,载《中国法学》2016 年第 5 期;熊玠:《"南海争议仲裁":看看谁更讲法理》,载《解放日报》2016 年 8 月 30 日,第 9 版;季卫东:《"南海仲裁案"的法理剖析》,载《上海法治报》2016 年 8 月 22 日,第 B7 版。

136 在很长一个时期,"法理学"被定义为"资产阶级法学的一个分支"。详见《中国大百科全书》中"法理学"词条。参见《中国大百科全书(法学卷)》,中国大百科全书出版社 2006 年版,第 73 页。

137 朱苏力:《后现代思潮与中国法学和法制——兼与季卫东先生商榷》,载《法学》1997 年第 3 期。

138 习近平:《加快建设社会主义法治国家》(2014 年 10 月 23 日),载《求是》2015 年第 1 期。

139 《贞观政要·公平》。

140 《商君书·更法》。

141 《韩非子·五蠹》。

142 习近平:《在哲学社会科学工作座谈会上的讲话》(2016 年 5 月 17 日),载《人民日报》2016 年 5 月 19 日,第 2 版。

143 陈兴良:《部门法理学之提倡》,载《法律科学(西北政法大学学报)》2003 年第 5 期。

144 蒋悟真:《迈向法理学的中国经济法学》,载《法商研究》2008 年第 3 期。

145 陈步雷:《社会法的部门法哲学反思》,载《法制与社会发展》2012 年第 4 期。

146 赵秉志、魏昌东:《论中国刑法哲学的发展方向》,载《政治与法律》2007 年第 6 期。
147 曹新明:《知识产权法哲学理论反思——以重构知识产权制度为视角》,载《法制与社会发展》2004 年第 6 期。
148 徐国栋:《家庭法哲学两题》,载《法制与社会发展》2010 年第 3 期。
149 谢鸿飞:《民法典与人的美德》,载《中国法律评论》2015 年第 4 期。
150 史玉成:《环境法学核心范畴之重构:环境法的法权结构论》,载《中国法学》2016 年第 5 期。
151 邱本:《自然资源环境法哲学阐释》,载《法制与社会发展》2014 年第 3 期。
152 周江洪:《网络法问题的法哲学分析》,载《兰州大学学报》2002 年第 6 期。
153 江伟、吴泽勇:《证据法若干基本问题的法哲学分析》,载《中国法学》2002 年第 1 期。
154 杨海坤:《行政法哲学的核心问题:政府存在和运行的正当性——兼论"政府法治论"的精髓和优势》,载《上海师范大学学报(哲学社会科学版)》2007 年第 6 期。
155 胡平仁、梁晨:《人的伦理价值与人的人格利益——人格权内涵的法哲学解读》,载《法律科学(西北政法大学学报)》2012 年第 4 期。
156 于立深:《公法哲学体系的建构》,载浙江大学公法与比较法研究所编:《公法研究》(第 2 辑),商务印书馆 2004 年版。
157 车丕照:《法律全球化与国际法治》,载高鸿钧等:《法治:理念与制度》,中国政法大学出版社 2002 年版。
158 何志鹏:《国际法的哲学之维:内涵、功能与路径》,载《法学家》2010 年第 6 期。
159 陈兴良:《刑法哲学》,中国人民大学出版社 2015 年版。
160 宋功德:《行政法哲学》,法律出版社 2000 年版。
161 江国华:《宪法哲学导论》,商务印书馆 2007 年版。
162 李锡鹤:《民法哲学论稿》(第 2 版),复旦大学出版社 2009 年版。
163 冯晓青:《知识产权法哲学》,中国人民公安大学出版社 2003 年版。
164 陈泉生等:《环境法哲学》,中国法制出版社 2012 年版。
165 刘少军:《法边际均衡论——经济法哲学》,中国政法大学出版社 2007 年版。
166 张淞纶:《财产法哲学:历史、现状与未来》,法律出版社 2016 年版。
167 《二程遗书 · 伊川先生语》。
168 孙正聿:《哲学修养十五讲》,北京大学出版社 2004 年版,第 237 页。

169 《马克思恩格斯选集》(第 2 卷),人民出版社 1995 年版,第 112 页。

170 习近平:《在哲学社会科学工作座谈会上的讲话》(2016 年 5 月 17 日),载《人民日报》2016 年 5 月 19 日,第 2 版。

171 世界上有各种类型、各种模式的"法治",比较常见的分类是"形式法治"与"实质法治"。推进中国法治的法理化,就是建设形式法治和实质法治相统一的法理型法治。法理型法治体现了法治的形式合理性与法治的目的价值合理性有机统一。

172 习近平:《关于〈中共中央关于全面推进依法治国若干重大问题的决定〉的说明》(2014 年 10 月 20 日),载《〈中共中央关于全面推进依法治国若干重大问题的决定〉辅导读本》,人民出版社 2014 年版,第 54 页。

新时代开展法理研究的十八个基本问题*

在学习研究、贯彻落实党的十九大精神的热潮中，我们来到久负盛名的苏州大学（东吴大学）法学院，举行“学习十九大精神推进法理学理论创新”学术研讨会暨“法理研究学术沙龙”第一次会议。首先，我代表全体与会人员向苏州大学王健法学院各位同志表示衷心感谢，向参与法理研究计划的各位同仁表示热烈欢迎。

这次研讨会的主要议题是：第一，学习党的十九大精神，研究如何以习近平新时代中国特色社会主义思想引领法学理论创新发展；第二，讨论“深入开展法理研究的基本问题”，并进行学术分工；第三，讨论《法理学》实验教材框架（征求意见稿）。

下面，我就这三个议题作一个引导性主题发言。

---

* 本文系作者2017年12月2日在“法理研究行动计划”启动会议上的致辞。本次会议原定名称为“新时代中国法理学转型升级学术研讨会暨法理研究学术沙龙第一期”。时逢党的十九大闭幕，根据作者的提议，将会议名称调整为“学习十九大精神推进法理学理论创新”研讨会，会议期间将“法理研究学术沙龙”正式命名为“法理研究行动计划”。本次研讨会标志着“法理研究行动计划”全面开展。

一、党的十九大推进了中国特色社会主义法治理论新飞跃

党的十九大将习近平新时代中国特色社会主义思想写入党章,这标志着我们党的理论实现了又一次历史性飞跃,标志着中国特色社会主义事业进入新境界。习近平新时代中国特色社会主义思想博大精深,法治思想是其重要组成部分。十八大以来,习近平总书记在全面推进依法治国、建设法治中国的伟大实践中,创造性地发展了中国特色社会主义法治理论,创立了具有鲜明时代特征、理论风格和实践导向的习近平法治思想,深刻回答了什么是法治,什么是社会主义法治,如何全面推进依法治国、建设法治中国,如何在法治轨道上推进国家治理体系和治理能力现代化,如何形成全面依法治国与全面建成小康社会、全面深化改革、全面从严治党相辅相成、相互促进、相得益彰的局面等一系列重大问题,集中体现了我们党在法治领域的理论创新、制度创新和实践创新。习近平法治思想是马克思主义法学原理与全面依法治国和建设法治中国实践相结合的重大理论成果。党的十九大报告在新的历史起点上创新发展了马克思主义法治思想,推进了中国特色社会主义法治理论的又一次飞跃。主要体现在以下几个方面:

一是明确了全面依法治国、建设法治中国的新目标。根据"一个时段、两个阶段"的战略安排,明确了从现在到2020年、从2020年到2035年、从2035年到21世纪中叶"一个时段、两个阶段"的法治建设目标,为依法治国和法治中国建设指明了前进方向、基本任务、实践路径。

二是为社会主要矛盾转化后满足人民对法治的新期待新要求和提升法治国家标准提供了理论依据。十九大报告提出,中国特色社会主义进入新时代,我国社会主要矛盾已经转化为人民日益

增长的美好生活需要和不平衡不充分的发展之间的矛盾。社会主要矛盾的转化折射在法治领域,即表现为人民日益增长的高质量高标准法治需要与现行法治供给能力不足以及法治发展不平衡之间的矛盾,这一判断使法治建设和法治发展的方位更精准、重点更明确。

三是把全面依法治国上升为新时代坚持和发展中国特色社会主义的基本方略。党的十五大把依法治国确立为党领导人民治理国家的基本方略,十八大把法治确定为治国理政的基本方式,十九大进一步把坚持全面依法治国上升为新时代坚持和发展中国特色社会主义的基本方略。从领域方略到全局方略,显著提升了法治在社会主义现代化国家建设中的地位和作用。

四是深入推进依法治国和法治建设各领域的理论创新。例如,明确提出以良法促进发展、保障善治;将科学立法、民主立法的原则发展为科学立法、民主立法、依法立法;提出深化司法体制综合配套改革新命题和全面落实司法责任制新任务;丰富社会主义法治文化内涵,强调树立宪法法律至上、法律面前人人平等的法治理念;提出法治国家、法治政府、法治社会建设相互促进的观点;等等。

党的十九大关于中国特色社会主义法治理论的创新点还有许多,由于时间关系,暂时就讲这几点。希望大家认真学习党的十九大精神,以习近平新时代中国特色社会主义思想为指导,深入推进法理研究,加快法理学转型升级。

二、关于法理研究的基本问题

我认为,法理学作为法学体系的基础,有三个核心概念,即法律、法治、法理。我们关于法律和法治的研究已经相当深入,而关于法理的系统研究则刚刚起步。为了使法理研究初始阶段的目标更为明确，在较短时间内形成研究成果，为相关法理学教材的改编和清新法理学实验教材的编写提供有益的学术资源，经过与同志们的讨论，集思广益，我将现阶段法理研究的基本问题亦即重点问题归纳如下：

1. 法理是什么？什么是法理？也就是法理的概念问题。不同学者可能有不同的定义，如将其理解为"自然法""法律原则""事物本质""法的美德"，等等。我们倾向于遵循既有法理学教材的研究方法，亦即英国法学家哈特开辟的语义分析方法和学术传统，对具体范畴（如权利）不轻易下定义。因为任何定义在科学上的意义都是有限的、片面的，我们要着重对法学家们关于"法理"概念（或类似概念）的理解和观点进行系统梳理，从中归纳出法理的基本语义或定义清单。

2. 法理的体系。在研究法理丰富要素的基础上，形成一个法理体系，并对法理体系进行分类，如核心法理、基础法理、具体法理等。关于这一点，美国法学家贝勒斯的研究进路值得借鉴，他的《法律的原则》一书，在理论阐述和具体分析的基础上，把普通法主要法律部门所包含的法律原则按照一定标准列出清单，使读者一目了然。我们可以借鉴他的方法，按照核心法理、基本法理、具体法理的层级整理出一个法理清单，即法理体系。

3. 依据法理的存在（表现）形式进行"淘宝"。法理的载体包括概念、命题、论述、谚语、经典名句、文本、案例、事例等。我们要善于运用不同方法、在其不同存在形式中发现法理或法理要素。例如，我在《法理：法理学的中心主题和法学的共同关注》一文中所摄取的那些法理：法典就是人民自由的圣经；公正是一种完善的理性；法律是最保险的头盔；法无授权不得为；法无禁止即自由；正义不仅要实现，而且应当以人们看得见的方式实现；无救济，则无权利；没有诉权，就没有法律；法律不保护权利上的睡眠者；法律的生命在于其实施，法律的权威也在于其实施；民众对权利和审判漠不关心的态度对法律来说，是一个坏兆头；法律为未来作规定，法官为过去作判决；等等。为了研究法理，应当进行大数据的搜集。

4. 法理的意义和功能。我在《清华法学》的论文中讲了三个方面的意义和功能，实际上不仅限于文中提及的三个方面，还需要研究者继续梳理并深化拓展，探求法理在理论与实践中究竟扮演了何种角色，探明为什么现在特别强调立法、执法、司法、法律生活及对外法律战中都要讲法理。各界人士都试图将法理视作行为正当与否的论据，用法理来争夺话语权。我们需要找到法理在这些实践中的意义所在。

5. 中国传统法学和中华传统法律文化中的法理。古代法学作品和古代法律典籍以及体现法律文化的重要判例当中，都有法理的呈现。它们是重要的理论资源，其中包含的词语、概念、命题、判断、论述、谚语，为我们提供了极其宝贵的法理宝库，亟须我们挖掘。

6. 西方法学和法律文化中的法理。自古希腊、古罗马至今，西方的法学家和法律人讲了许多经典法理，西方法律文化、法律思想中以各种载体存在的法理，需要深入开发和整理。其中要重点关注西方法学流派对法理的研究及贡献；当代西方法理学的法律原则理论及其对法理研究的意义；法教义学与法理的关系；中、西方法学和法律文化中法理的比较研究。

7. 非西方国家法学和法律文化中的法理。在世界范围内，除了西方法学和法律文化外，还有其他许多国家和地区的法律文化比较发达、较有特色，如印度法律文化、阿拉伯法律文化、伊斯兰法律文化、非洲法律文化等，这些法律文化当中也有不少值得挖掘的法理。

8. 马克思主义经典作家，尤其是中国党和国家领导人重要论述中的法理。党的十八大以来，习近平总书记发表了一系列有关厉行法治、全面依法治国、建设法治中国的重要讲话、谈话、批示等,其中就有丰富的法理,要全面梳理。我在《法理:法理学的中心主题和法学的共同关注》一文中已进行了初步梳理。

9. 法治实践中的法理、生活中的法理、案例中的法理。法理不仅存在于法学著作和法律文本之中,还存在于案例之中和人民大众的法律实践和生活之中。电影、文学、戏剧当中有不少属于法律题材或关涉法律生活的内容,也都承载着法理。老百姓心目中的和不断践行的法理也需要我们厘清。尤其是古今中外经典案例中都包含深刻的法理。事实上,也正是因为蕴含法理,才成为经典案例。美国、日本学者出版过的经典案例集(有的已经翻译为中文出版)便是很好的研究素材。

10. 各部门法领域的基本法理。宪法、刑法、行政法、民法、商法、经济法、环境法、社会法、国际法、诉讼法等法律部门都有其基本法理和具体法理,需要在分析研究的基础上,特别是法理学与法律学协同研究的基础上,列出法理清单。在这个过程中提高各部门法律学的法理意识,同时提高法理学深入部门法学概括法理的水平。在概括部门法和部门法学的法理时,要注意区分基本法理和具体法理。

11. 法治各领域、各环节的基本法理。例如,依法执政、依宪执政的法理,立法、守法、执法、司法、法律监督中的基本法理,有关这些环节的法律文献中的法理、司法解释中的法理。古今中西法的动态运行过程中形成了丰富的法理,也需要我们梳理和概括。

12. 法理思维的本质特征。我们不仅要一如既往地研究法律思维和法治思维,还要研究法理思维。法律思维是以权利义务为基本单元的分析思维,法治思维是基于对法治的崇尚、信仰、敬畏而形成的治理实践思维,而法理思维则是法律思维和法治思维之上的高级思维,属于真理性、价值性、普适性思维。对法理思维的本质、特征需要进行初创性研究,以解释和厘清法理思维与法律思维、法治思维的关系。

13. 中心主题与基石范畴的关系。我们提出构建“以法理为中心主题，以权利为基石范畴”的教材体系，“以法理为中心、以权利为本位”的法学理论体系。那么，如何实现法理中心和权利本位的结合呢？这是法理学转型升级的关键所在，也是难点所在。

14. 法理何以以及如何成为法理学的中心主题。在此基础上，如何使法理学教材法理化，亦即如何使法理教材化。这虽然是操作层面的问题，是技术性问题，但却是非常关键的。没有切实可行的方法和技术，以法理为中心改编现有法理学教材的思想和设想就难以落实，编写新教材亦将难以起步。我们要围绕法理的本体论、价值论、方法论进行理论构建。关键的问题是：中心主题与基石范畴（权利）的关系、法理中心与权利本位的关系，在什么意义上以及通过什么方法使它们能够有效地关联起来？“法理”是一个中国概念，如果再附之以中国版的权利理论和中国版的“权利本位论”，那么，我们的法理学就有可能成为 21 世纪具有世界意义的中国版法理学。

15. 如何理解法理中国。我们提出迎接中国法学的法理时代和中国法治的法理时代，提出用法理来定义法治、用法理中国来表征法治中国，提出以法理精神推进法治现代化。这里有许多需要研究的问题，例如，法理中国与法律中国、法治中国的关系，“法理时代”“法理中国”的科学性、正当性，“法理中国”的认知、认同与实践，“法理中国”概念的比较优势（区别于“法理美国”“法理英国”等），如何解读“法理时代”“法理中国”，等等。

16. 法理中国、法律中国、法治中国和法治现代化的内在逻辑。法理中国作为法律中国和法治中国的界定者、导向者和评价者，要厘清其内在逻辑关联。

17. 开展法学与哲学、文学、伦理学、文化学、经济学、社会学、心理学、思想史等的交叉学科研究，从中发现和凝练法理，或者提出法理议题。

18. 注重在互联网、云计算、大数据、人工智能、基因工程等现代科学技术理论与应用中(特别是与法律、法治、法学的交汇处)发现法理或法理议题。

三、关于《法理学》实验教材(征求意见稿)

我在《清华法学》的论文中提出,以“法理”为中心主题的法理学必将重新审视中国法理学的研究内容、知识体系、理论体系和话语体系,开展一次法理学体系的“全民健身行动”。当前,以教材为主要载体的中国法理学知识体系过于臃肿,混杂了许多与法理学的中心主题无关紧要的内容。对此,必须“忍痛割爱”,下决心把那些“非法理”“伪法理”的内容以及可有可无的常识从法理学体系中剔除出去,形成一个法理主题更加鲜明、法理论题更加科学、理论逻辑更加严谨、学术形象更加清爽的法理学。我们将以改编国家统编的法理学教材、重构法理学体系的探索实践,努力实现“清新法理学”的目标。实际上,这就提出了编写一本以法理为研究对象和中心主题的清新法理学教材的任务。提交给本次会议的《法理学》提纲是根据我对法理学体系的理解,参照我的《法哲学通论》体例拟定、经过征求部分同志意见修改而成的。我认为,法理学教材要阐述和讲授的就是三个问题,即法理、法律、法治。教材不同于专著。第一,要建立在基本共识的基础上,不然大家都不用,就失去了编写教材的意义。第二,要与改革开放近40年来已经形成的法理学教材体系和法理学传统相衔接,保持法理学知识体系和理论体系的连续性,采取渐进方式变革。第三,尽可能以法理的思维和方式去阐述法理学基本概念、基本问题,这样就能达到“以法理为中心、以权利为本位”的目的。

法理研究：新时代中国法学新图景*

经过苏州会议和长沙会议的推进，“法理研究行动计划”取得了突破性进展，本次会议将继续在宏观层面推进法理研究，之后将进入分领域研究。这里，我代表“法理研究行动计划”秘书处向南开大学校领导和法学院领导的大力支持表示感谢和敬意。

本次会议将对“法理研究行动计划”启动以来的阶段性进展进行总结，与会代表先交流研究体会和遇到的问题，然后围绕“法理与法理学”“法理与法理思维”“法治运行环节中的法理”“部门法中的法理”“古今中外经典中的法理”开展专题研讨。

首先，我先对 2017 年 7 月以来，特别是 2017 年 12 月苏州“法理研究行动计划”启动会议以来取得的阶段性成果作个简要报告。主要体现为七个方面：

1. 发表了一批以“法理”为研究对象和主题的高水平研究成果。

2. 举办了一系列高水平学术研讨会。

3. 修订出版了第五版《法理学》教材。

---

* 本文系作者 2018 年 8 月 4 日在南开大学法学院、浙江大学法理研究中心、《法制与社会发展》编辑部、国家“2011 计划”司法文明协同创新中心、吉林大学全面依法治国研究中心共同主办的“新时代法理的理论想象”暨法理研究行动计划第三次例会上的致辞。

4. 组建了一支以法理研究为共同兴趣的学术团队。

5. 编辑出版了《法理文丛》系列著作,第一卷《法理复兴之端》即将正式出版。

6. 组建了一系列学术平台,包括在浙江大学成立了法理研究中心。

7. 创办了"法理学堂"的线上线下一体化模式。

这里,给大家介绍一下刚刚闭幕的"法学范畴与法理研究"学术研讨会的盛况。这次会议是以纪念1988年"全国法学基本范畴研讨会"召开30周年为契机,回顾并全面系统总结了30年来法学基本范畴研究的新成果。其宗旨在于,以习近平新时代中国特色社会主义思想为指导,进一步深化法学范畴研究,将法学范畴研究与法理研究紧密结合,创新发展中国特色社会主义法学理论。我在致辞中将会议的主题词概括为"纪念""深化""对接"。第一个关键词是"纪念",纪念"全国法学基本范畴研讨会"召开30周年。30年前的全国法学基本范畴研讨会是具有历史意义的会议,其增强了中国法学界的范畴意识、理论意识、体系意识,促成了法学研究范式的变革,推进了法律观、法学观、法治观的升华,助推了法学和其他学科的学术对话,具有重大的意义。第二个关键词是"深化",深化法学范畴研究。理论和实践的发展亟须深入开展法学范畴研究。1988年以来,特别是党的十八大以来,法治建设和法治改革实践在中国特色社会主义法治道路上全面推进和拓展,新情况、新经验、新观点、新话语需要有新范畴去概括、去凝练;新兴学科和交叉学科的出现必然产生大量的新概念、新范畴,也必然需要凝练出新的概念和范畴。此外,法学方法论的进步引发对传统法学概念的重新解读,对西方法学的一些概念范畴也需要进行必要的审视。在深化概念范畴研究的过程中,有的概念范畴被净化,有的被扩容,有的被重新解读,也有更多的概念范畴有待于科学化、精致化、逻辑化、体系化。第三个关键词是"对接",长春会议把范畴研究与法理研究放在一个主题之内，体现了主办方推进两个研究对接的设想。这种对接有客观的必然性和必要性。首先，法理就是一个法学的基本范畴，法学的基本范畴有很多，法律、法治、法理可以说是最基础、最统领的范畴。从法律到法治再到法理，体现了法治现代化和法学科学化的实践逻辑、历史逻辑和理论逻辑的一致性。其次，法理研究与其他范畴研究是相辅相成、相得益彰的，法理赋予其他法学概念人文意蕴和科学精神，揭示其时代意涵，可以说，是法理范畴润养着其他范畴，使其更具理性和德性。同样，其他法学范畴的深入研究也必然会丰富法理范畴的内涵，使法理范畴更具认知基础和实践基础。再次，法理研究的范围十分广泛，深入的法理研究在每一个领域都会创造出、引导出更多的新范畴。最后，通过"范畴研究"与"法理研究"的对接，促进"以权利为本位"向"以法理为中心"的法学理论跃升，对中国特色法学体系的构建无疑有着进步意义。数十位名家大咖、数十位青年才俊出席这次会议并做大会或分论坛报告。大会报告由"法学范畴研究与新时代中国法学""法理学核心概念与法学概念体系""法理与法理学"三个主题单元组成，并以"权利范畴与权利本位""法理与法治""法学范畴的实践维度""法学理论与前沿方法"为主题分别设置了分论坛。会议气氛热烈，与会学者为共同推进法学范畴研究和法理研究、构建中国特色法学理论体系和法理话语体系，进行了广泛而深刻的理论探讨。

一年来，法理研究不仅取得了一系列成果，而且形成了比较成熟的研究模式，例如：概念分析模式、论域研究模式、法典分析模式、案例分析模式、文本阐释模式、实证研究模式、比较研究模式等。

总之，以"法理"为法理学中心主题和法学共同关注，为中国法理学和整个法学的发展开辟了新路径，法理研究已经成为中国法学新常态。今后的法理研究思路应当更加开阔，研究领域应当更加全面,研究模式应当有所创新。从现在开始,法理研究从全面、系统的研究方式,逐渐向分散的、专业的方向转型和扩展。秘书处准备每两个月或一个季度安排一次讨论会,已经确定2018年11月在杭州举办“公法中的法理”研讨会,12月在上海举行“私法中的法理”研讨会,其他专题待定。欢迎大家撰写文章或研究报告,积极参与每一次的研讨会。

寻找法理概念的科学共识 *

“山海相依水连天,万里银波云如烟。”在美丽的“东海之滨”青岛,我们热盼已久的“法理的概念”学术研讨会暨法理研究行动计划第十次例会隆重开幕了。首先,我代表中国法学会学术委员会、“法理研究行动计划”秘书处、浙江大学法理研究中心、《法制与社会发展》编辑部,向会议的顺利召开表示热烈祝贺！向莅临会议的各位专家学者表示诚挚欢迎！向山东大学校领导、法学院领导和全体会务人员表示衷心感谢!

借着开幕式的机会,我想就这次研讨会的背景、宗旨和预期,谈谈我的想法。

“法理研究行动计划”的前九次例会,从“法理”的整体性面向逐渐走到了“分领域”研究,从“初识法理”慢慢开始“懂得法理”,从“发现法理”渐渐学会“挖掘法理”。这一路走来,虽然“摸石头过河”,边探索、边前行,但是法理研究却取得了惊喜的成果,得到了法学界同仁的点赞和鼓励,得到了法理学和部门法学的热议和支持,法理研究不仅是一个新的学术热点,也步入了法学研究的新常

---

* 本文系作者 2019 年 6 月 15 日在山东大学法学院、浙江大学法理研究中心、“法理研究行动计划”秘书处、《法制与社会发展》编辑部、《山东大学学报(哲学社会科学版)》编辑部、《中国法律评论》编辑部共同主办的“法理的概念”学术研讨会暨法理研究行动计划第十次例会上的致辞。

态。作为行动计划的发起者和推动者，我和秘书处所有成员一样，像守护一棵幼苗的成长一样珍惜法理研究的每一步前进，而前九次会议就是这步步前行的一串串脚印。“推进法理学理论创新”“新时代中国法理研究”“新时代法理的理论想象”这前三次会议，以新时代精神点燃法理研究的理论热情；“公法中的法理”“私法中的法理”“经济法中的法理”“知识产权法中的法理”这四次会议，以分领域问题激活法理基因；“法理思维与法律方法”“法理研究的方法论”这穿插其中的两次会议，则以方法论创新为法理研究注入理论活力。九个不同的议题种下了相同的法理信念，也打造出法理研究别开生面的新境界！

本次会议是“法理研究行动计划”的第十次会议，我们再次回到了理论的起点、思想的初心，回到了法理研究最根本、最核心、最原点的问题，即“法理的概念”。就像今年 4 月下旬我在接受《中国法律评论》的采访时所说的，“什么是法理？各种各样的说法都有，但是远没有达成共识，没有形成一种简明的、精准的理论概括，也就是说没有形成一种定义式的概括，现在还都是论说式的概括”。我们的研究要想再深入，我们的理论要想再拓展，我们的步伐要想更稳健，就不能不直面这个前提性的问题，就不能不触及这个“硬骨头”。在我看来，现代法学有三个核心概念，即法律、法治、法理。长期以来，法律概念就是法学理论研究的主题，而法理学也常常被称为研究“法律是什么”和“法律应该是什么”的学问。同样，法治概念不但是闪耀在中西法学思想史中的一颗明星，并且也为当代中国法学所聚焦、为法治实践所关注。新时代中国特色社会主义法治思想更是强调了法治概念、法治体系在中国法治实践和法学理论中的独特价值。与法律、法治这两个概念相比，我们对法理概念的重视还不够、眼界还有限、发掘还不多，它仍然是并将长期是我们需要下足苦功、力图攻克的理论堡垒。从另一个意义上讲，它也是一个如耶林所言的“新的好望角”，必将使我们领略到更多迷人的法学风景。于是，我们这场会议必将是“法理研究行动计划”成长历程中的一个重磅会议，肩负着重要的理论使命，具有意义非凡的学术价值。

我们常说，理论是学术会议的灵魂。一个成功的学术会议，取决于会前的理论筹划和准备、会中的理论引导和对话、会后的理论总结和传播。可以说，这次研讨会的理论准备工作是比较充分的。2018 年年底，山东大学法学院郑智航教授就向秘书处提议，希望承办一次“法理研究行动计划”的会议，而当时我们也正在讨论召开一次“法理的概念”专题研讨会。于是，这个想法很快就达成共识，并落实为一个学术会议的理论规划。今年年初，“法理研究行动计划”秘书处、浙江大学法理研究中心、山东大学法学院与《法制与社会发展》编辑部共同召开了“法理的概念”学术研讨会筹备会，开展了深入而有效的讨论，就有关议题达成了一致意见，并通过“法学学术前沿”微信公众平台第一时间发布了会议公告。上个月，在“法理研究的方法论”学术研讨会之后，几家主办单位又召开了第二次筹备会议，集中研讨了这次会议的理论准备和学术安排，为本次会议的召开奠定了良好的思想和方法论基础。更重要的是，中国法学界特别是理论法学领域的专家学者高度关注本次会议，他们围绕会议主题和参考议题撰写了论文，准备了发言提纲，提供了中外法理研究的原始资料，还有许多学者在会前就与我进行了沟通。大家从不同角度针对法理概念提出的真知灼见，为本次研讨会取得预期效果夯实了理论根基，也必将使本次研讨会绽放出无限的思想光芒。据我了解，这次会议的理论总结和推广工作也得到了充分布置，“中国法律评论”“法学学术前沿”“法制日报”等微信公众号将在第一时间发布会议资讯并报告会议成果，《法制与社会发展》编辑部将在 7 月初刊发研讨会述评，其他新闻媒体也将作出形式不同的报道，请大家关注。

“法理研究行动计划”开展以来，一直秉持守正创新、自由平等、民主理性的学术传统。我希望所有的与会者，无论是资深法学家还是青年学者都能尊重和珍视这一传统，在研讨会期间，坚守马克思主义立场、观点和方法，以习近平新时代中国特色社会主义思想为指导，不忘法治初心，牢记法学使命，立足当下、面向未来，传承本来、学习外来，为助推新时代良法善治、构建中国特色法学体系，共同努力推进法理概念的科学共识！在第一次筹备会上，与会者一致希望通过本次研讨会能够形成一个具有广泛共识的法理概念或者定义式表述，还给这个概念预备了“青岛共识”的称号。我相信，我们即将迎来的是一场高水平对话和交流，必将见证一次高规格的学术盛会和盛典！让我们拭目以待！

法理概念的"青岛共识"*

2019 年 6 月 15 日至 16 日，由中国法学会法理学研究会、中国法学会学术委员会指导，山东大学法学院、浙江大学法理研究中心、"法理研究行动计划"秘书处、《法制与社会发展》编辑部、《山东大学学报》编辑部、《中国法律评论》编辑部联合主办的"法理的概念"学术研讨会暨"法理研究行动计划"第十次例会在青岛召开。来自全国各地百余位著名法学家和中青年法学研究人员和法律工作者出席会议。经过全体与会者的共同努力，本次研讨会取得了具有里程碑意义的成果，其成果集中体现为会议所达成的关于法理研究和法理概念的理论与方法论共识。根据会议纪要和我的感悟，我将这些共识概括为"青岛共识"，共十条。

一、开展法理研究意义重大而深远

第一，开展法理研究，必将推进良法善治。良法善治的精神实

---

* 本文系作者 2019 年 6 月 16 日在山东大学法学院、浙江大学法理研究中心、"法理研究行动计划"秘书处、《法制与社会发展》编辑部、《山东大学学报（哲学社会科学版）》编辑部、《中国法律评论》编辑部共同主办的"法理的概念"学术研讨会暨法理研究行动计划第十次例会上的总结讲话。

质和核心要义集中凝结在“法理”概念之中,因为“法理”凝结了法的价值、法的美德、法的传统、法的通理、法的公理等,“法理”也呼应着法的理论、法的实践、法的历史、法的精神。可以说,“法理”是良法善治的晶体,良法善治是当代中国法理体系的精髓。推进法理研究,必将校正法治实践的价值指向,引领中国法治朝着良法善治的方向健康发展。只有把法治领域的范畴研究与法理研究联结起来,把全面依法治国和法治中国建设夯实在体现人类文明共同成果的现代法治概念和法理信念的基础上,建立在马克思主义法治概念和法理信念的基础上,建立在中国特色社会主义新时代法治概念和法理信念的基础上,才能通向良法善治的光明大道,才能获得人民的信仰、参与和拥护。

第二,开展法理研究,必将推进法理学的转型升级和方法论变革。法理学转型升级的着力点和标志在于:以“法理”为中心主题的法理学将以实践为导向,更加关注法治实践和法律生活,更加关注部门法学,从而更加贴近现实、更接地气;必将更加重视对中国特色社会主义法治理论的研究;必然更加关注传统法律文化;必将推进中国法学进一步扩大开放,促进法治文明的互鉴;必将推进法理学乃至整个法学对古今中外法学及相关学科经典作品的法理思想和信念开展系统而深入的研究;必将重新审视中国法理学的研究内容、研究方法、知识体系、理论体系和话语体系,开展一次法理学体系的“全民健身行动”。法理对于法学方法、法律方法的意义,首先就在于它催生出一场思维革命。法理思维更新了原有的法学思维格局,使法学思维呈现为法律思维、法治思维和法理思维的三维融合。法理像是一粒神奇的种子,将它播撒于法学方法、法律方法的土壤中,便成长出法理思维这一具有生命力和创造性的思维模式。法理思维不仅与法律思维、法治思维一样成为新时代法学方法论和法律方法论的重要研究对象,而且把法学思维方式提升到新的层次,让法学的思考有了正当的标尺、价值的指向、意义的依托。当把法理作为法理学的研究对象时，作为对象的法理与作为方法的法理必将同时迸发出无限的精神创造力，助推法理研究不断地开辟新天地。

第三，开展法理研究，必将推进法理学研究与部门法学（法律学）的相互促进相互发展。以往，法理学对部门法学的关注和支持明显不够。法理学中心主题的研究定位必将牵动部门法学法理化。首先，部门法学的研究对象和范围将进一步优化，部门法理学（部门法哲学）研究将成为中国法学知识和理论新的增长点和创新点。其次，部门法学研究范式亦将出现新突破。近年来，“法理”已经引起了部门法学家的共同关注，关于部门法法理的研究成果也日益丰盛起来。

第四，开展法理研究，必将推进法学学科与其他学科真正而有效的对话和融合。以“法理”为中心主题的法理学，强调的是法学应当深入人的现实生活，总结生活的常识、提炼生活的规律、挖掘生活的智慧。这些工作是所有学科的根本任务。强化法理研究，也就在强调对所有学科的共同前提和根本任务的研究。这既会增进法学学科对人的现实生活的认识和理解，又会推动法学学科与其他学科在现实生活的认识方面达成更多的共识。

二、法理研究是中国法学界的共同事业

法理应当成为法理学的核心研究对象和中心主题，它是法理学的逻辑起点，是法理学安身立命之本，是法理学走向复兴之机。法理不是法理学的孤芳自赏，它的生命基因在部门法学中被激活，作为法律原理、法律学说、法律方法、法律教义、正当根据的法理在宪法、行政法、民法、商法、经济法、知识产权法、社会法、环境法、刑法、诉讼法、国际法等部门法学研究中被需求、被关注、被热议，法理已然是并将永久是法理学和部门法学的共同关注。法理是古老

的，也是现代的。一千九百年前的《汉书》留下法理的第一个脚印，追本溯源、求索法理的历史逻辑必为法史学之重任；新时代中国特色社会主义法治思想内涵法理的未来前程，守正创新、书写时代的法理代码必是中国法学之共同使命。法理是中国的，也是世界的。法理是法治中国的理论表达和话语结晶，扎根本土、立足实践、体现特色是法理中国的必由之路；法理是全球法治的文明成果和价值共识，放眼世界、文明互鉴、存异求同是法理国际化的必然趋势。因而，法理研究是法理学与法律学（部门法学）的科学桥梁，是法律史学与时代法学的理论契合，是中国法学与国际法学的锦瑟和鸣。法理研究，委中国法学界以重任，唤起法学理论之自省，任何一位学人都是这份事业的参与者；寓中国法学者以担当，实现法学方法之变革，任何一个学科都是这份责任的承担者。

三、法理研究需要多样化的方法

在新时代背景下，法理研究已成为我国法学研究中的显学。深入推进法理研究并取得更加丰硕成果，必须在坚持马克思主义法学方法论的前提下，采取多样化研究方法。择其要者（体现共识的看法）概括如下：

（一）语义学方法

法理研究的一个突出问题、瓶颈性问题是对“法理”及相关概念使用的混乱。语义学分析方法能够克服这一研究弊端。通过合理使用这一方法，澄清学界概念使用的误区，规范基本概念的用法，法学界才能在同一理论平台开展有效的、有价值的法理研究，也才能够为哲学社会科学和公共治理提供一个共享的“法理”概念。

（二）中国哲学方法

有数千年历史传统的中国哲学为法理研究提供了扎实的学术根基和丰富的学术资源。“法理”这一本土概念的形成与中国哲学的“天学”“天道”“天理”思想有内在关联，与中国哲学的“道”“理”“公理”“情理”等范畴高度契合，与中国哲学的“仁、义、礼、智、信”伦理信念更是融为一体。所以，法理研究引入中国哲学范畴研究必将是如鱼得水。本次会议上，有的学者认为，“天”是中华民族独有的概念，也是中国法理学一个本源性的概念。也有学者认为，“道”是中华传统文化中的终极性概念、最高的范畴。这些思想和研究为我们运用中国哲学方法研究法理提供了思路。构建我国法理学范畴体系和法理思想体系，应高度重视这些堪称思想逻辑起点的中国哲学范畴的研究。

（三）教义学方法

法理研究最常体现于各个部门法学领域运用的规范分析、逻辑分析、条文解释、体系解释等教义学方法中。教义学方法是开展法理研究最常见、最基础的进路。各个部门法学当中的教义学方法为法理研究提供了广泛的用武之地。

（四）跨学科研究方法

单纯的教义学方法在法理研究中也有局限，因此，文学、历史学、政治学、经济学、社会学、管理学、军事学等跨学科研究方法也是法理研究不可或缺的。多学科跨学科研究方法和理论资源的引入，将开阔法理研究的视野，厚植法理研究的基础。

（五）个案分析方法

法理研究还广泛体现于个案分析或案例解析场合。对案例中的法理研究是一种常见且重要的方法，彰显出法学学科的实践性与应用性。事实上，案例既是法理产生的土壤，也是挖掘法理的宝藏，更是法理创新的主要来源。

此外，在当今高科技背景下，人工智能、互联网、云计算、大数据等方法也为法理研究提供了新的科技手段，将极大促进法理主题的深入研究和系统研究。

四、法理研究要汲取广泛的历史、文化和实践资源

当代中国的法理研究并不是“白手起家”，而是具有丰富的历史文化资源和当代法治实践资源。

（一）传统中国的法理资源

“法理”一词的内涵在古代中国经历了一个不断演变、丰富、完善的过程。“法理”一词最早出现在一千九百多年前的汉代，最初有“司法机关”之意，演变为律文所蕴含的正当依据（北魏），后上升为治国理政的根本原理（南朝）。到了唐代，“法理”由司法官运用于司法判决之中，其意涵多指法意、法条、法律智慧等。在宋代，“法理”的意涵更为丰富，包括三个面向：一指法律条文；二指天理与国法；三指断案时的法律原理。尽管传统中国的“法理”概念与现代的“法理”概念存在一定的学术差异，但从基本含义上来说，作为法律条文蕴含的观念、规律、价值追求及行为正当性依据，它们相差无几。法理作为词语、概念、话语、理论，是祖先留给我们的极其宝贵的精神遗产。

（二）马克思主义的法理资源

马克思主义经典论著（包括“新马克思主义”论著）中蕴含着博大精深的法理思想和法理概念、命题、论述，值得我们深入探究和

采撷。马克思主义法学理论中国化当代化的经典文献更是不可多得的法理宝库,值得我们潜心研究和提炼。

(三)西方的法理思想资源

西方经典法理学论著中有许多对法理的精深研究,西方法学家们的历史性贡献值得称赞。他们关于法的精神、法治理念、自然正义、自然权利、法律原则、法的道德性、法律权威、法治文明以及法律与利益、法律与传统、法律与正义、法律与逻辑等论题的研究内涵丰富、分析透彻、洞见深刻,我们要在全面梳理的基础上,凝练法理范畴、强化法理研究。

(四)世界其他法律文明的法理资源

法理是世界共享的精神财富,也由世界不同文明所贡献。例如,阿拉伯世界法律文明、印度法律文明等中都积淀着丰厚的法理资源。在法理研究中要树立文明多样性观念,确立包容性立场。

(五)法理的实践资源

中国共产党成立以来,矢志不渝地探索新民主主义法制和社会主义法治道路和基本制度,形成了新民主主义法制理论和社会主义法治思想。新中国成立 70 年来,我国法治建设经历了“社会主义法治新纪元”“依法治国新时期”“全面依法治国新时代”三个历史阶段。特别是党的十八大以来,以习近平同志为核心的党中央奋力推进全面依法治国、建设法治中国,不仅取得了历史性成就,而且提出了一系列法治新命题、新理念、新思想和新话语,创造性地发展了中国特色社会主义法治理论。习近平总书记的系列讲话充满法理意涵和法理话语,是中国法学得天独厚的法理资源。

五、应在中国学理范畴体系中把握法理意涵和精髓

“法理”既是一个地道的法学概念，也是一个在范畴体系中发展的文化概念，我们需要在“法理”与“道”“理”“天理”“原理”“条理”等其他中华文化范畴的关系中，深刻理解“法理”的意涵和精髓。

（一）法理与道

“道”可以说是中华传统文化中最具形而上色彩的范畴，在构建法理学的范畴体系时应加以吸收，这样不仅可以体现法理的中国特色，而且可以对世界法理学有所贡献。学者们认为，“理”就是诉说出来的“道”，“法理”某种程度上就是“法之道”。

（二）法理与理

“理”在秦汉之前并不常用，汉代以后才被广泛应用，到宋明时期，“理”就具有了道德与合法性的意义，成为论证社会制度、社会行为正当性的反思性标准，并与其他语词相结合，比如天理、伦理、道理、义理等。我们需要在“理”的整个概念内涵的演变中理解“法理”的含义，以及法理与“义理”等相近概念的含义。

（三）法理与天理

“天理”这个概念和法理有着特定的联系，也是中国法理学的一个本源性概念，在今天仍有研究的价值。学者们认为，天即自然，理即理念、原则、法则，因此，中国的天理有“自然法”之意，提供了法理的正当性来源。法理是天理概念体系中的一环，我们需要进一步研究“法理”与“天理”的关系。

（四）法理与原理

清末民初以来，学术界多将“法律原理”作为界定法理的核心词汇。世上的万事万物都应有其存在和运作的原理，法律也有其原理即法理。法律原理是在综合各种法律现象的基础上，由学者所抽象并为社会所认同的有关法律基础、法律根据、法律判准的基础性、普遍性原理，此为法理之要义。

（五）法理与条理

“条理”作为法律概念首次出现在《大清民律草案》，“条理”与“法理”分别是民国初期大理院和国民政府最高法院民事裁判的法源。中国近代民法典从“条理”到“法理”的变迁，其所包含的内容种类与意涵发生变化，但并无本质不同。对它们的理解，既不能广及抽象模糊的自然法理或一般原理，也不可推及空泛的一般伦理原则。

六、定义法理概念的方法是多维的

对法理概念的探究是法理研究的重头戏，这一学术任务的目的不在于达致统一的法理定义，而在于通过不断加深的概念探索获得对“法理”越来越明晰的理解。不过，法理研究进行到现阶段，我们更需要在法理基本概念上达成共识，尝试对法理概念作出定义式的阐释是必要的。总体来看，定义法理概念的方法是多维的。

（一）法理概念的分析框架

概念分析为我们研究法理概念提供了适恰的方法工具，参照学界已有的对“法律”“法治”“权利”“责任”等概念分析的经典范例，可以大体确立“法理”概念的分析框架：一是针对“法理”这个语词（及其对应外文）的语义和语用分析；二是针对“法理”概念所指称事物/对象的分析或反思；三是结合主体创建、使用和解释法理概念时所预设的主观立场、取舍标准和评价尺度展开分析；四是把“法理”概念置于法学概念（如法学、法律、法制、法治等）与“广谱”学理概念（天理、情理、原理、公理等）之中进行关联和体系性分析。

（二）法理概念的性质或类型

分析法理概念的一个前提性问题是，法理究竟是一种什么性质的概念，或者说，法理是哪种类型的概念。性质或类型定位是研究法理概念的基础步骤。既有的研究表明：首先，法理是一个“家族性”的原型范畴。不同法理之间存在层次、程度、结构方面的差异，有些属于核心法理、典范法理，处于法理概念的核心和中心，有些则相对边缘。其次，法理是一个“诠释性”范畴。法理有描述性法理、评价性法理和决断性法理之分，对这些不同类型的法理需要研究主体进行不同的诠释。再次，法理是一个本质上“可争议”的范畴，是法学当中的“普洛透斯面孔”，而非一个轻易可以确定的范畴，鉴于此，法理概念分析要防止独断论。最后，法理是法学的“基石性范畴”。从经验上看，法理源于法学、法律和法治，但是要深刻把握法学、法律和法治，构建以法律、法治和法理为支架的法学概念体系和学术体系，又必须借助法理。

（三）定义法理概念的方法和限度

法理的概念分析可否凝结为一个相对清晰、鲜明、稳定的共识性表述，这是我们能否获得法理定义的关键。从方法上看，对于“法理”进行定义的方法包括：（1）内涵定义，即从法理的特征、属性、功能角度来定义；（2）外延定义，即从法理所指涉对象的角度对其子类或亚类进行列举；（3）功能定义，即从法理的理论和实践功能角度来定义；（4）关系定义，即从法理概念与其他概念、事物（法律现象、法律规范、法律价值)和实践的关系角度来定义。

对法理概念进行定义或定义式阐述,难免存在“一切规定都是否定”的风险,有其内在的局限性。但是,定义也是不能拒绝的,它是我们开展法理研究的阶段性理论结晶,是我们取得对法理基本一致理解所必须经历的节点,更是进一步研究法理的基本出发点和主要坐标系。

七、法理可以有不同的定义式表述

在法理研究中,“法理是什么”是处于金字塔顶端的问题。任何关于法理的规定性定义都是封闭式的,将陷入一种“非此即彼”的本质主义误区,阻断法理知识生产的开放性,而且容易导致思维专制和话语霸权。我们的共识是:我们不能、不欲,也不必提出一个唯一的本质主义的法理概念。但是,一种关于法理的指称性概念是可以期待的。这意味着,我们要建立的是一种多元而非一元的法理观,以确保不同理论范式之下的法理研究能够多元共存、交流互鉴。从会议成果和前期法理研究成果来看,学者们在不同的学术范式、理论框架、问题意识、逻辑起点之下尝试为法理概念作出的定义,是具有科学性和理论魅力的。它们可以概述如下:

1. 法理作为一个统合概念,至少有以下基本语义:法之道理、法之“是”理;法之原理,法的学理、学说;法之条理;法之公理;法之原则;法之美德;法之价值;法理学。

2. 基于“理论”和“理性”的二分,可以对“法理”作名相定义(nominal definition)和实质定义(real definition)的区分:对于前者,“法理”是指法的理论,尤其是法的原理;对于后者,“法理”是法律的正当性理据、法律规范条文的逻辑理路和法律作为实践的理由。

3. 法理既包括法律的内在理由(回应法律的内在逻辑问题),也包括法律的外在理由(包括规则之外的道理),还包括作为方法的法理(反思性的法理思维)。

4. 从作为法律之内在根据来理解法理概念,“法理”可以被视为法律的内在原理和内在规律,为法律的存在、运行及效力提供正当性、合理性根据。法理可以指法律中所蕴含的道理,法本身的合理性、可接受性和正当性,法律实施中的合规律性。

5. 法理通常指法律原理,即有关法律基础、法律根据、法律判断的基础性、普遍性原理。

6. 法理是法治行为正当的依据及其逻辑有效的论证,法理是法律内在的原因性的根据。

7. 法理通常指事物的当然之理,或法之一般原理,实际上就是我们所说的法的基本精神。

等等。

八、法理可以根据不同的标准划分不同的层次

法理是一个包容性概念,兼容并蓄、包罗万象,各种法理概念、命题和论语构成了一个内涵丰富、结构严谨、层次鲜明的法理体系。我们认为,依法理的不同性质、地位和意义,法理体系可以从纵向上分为不同层次,而划分层次的方法亦是多元的:

1. 根据法理发挥作用的射程,可以分为三个层次:一是通贯法律生活、法律体系、法治体系的核心法理;二是各个法律部门和法律领域中核心概念与核心原则构成的基本法理;三是具体法律问题所涉及的具体法理。

2. 根据法理强调的不同价值,可以分为三个层次:一是法律(实在法)中所蕴含的道理,侧重强调的是法律的合目的性;二是法本身的合理、正当、可接受(合正当性),侧重强调的是法律的正当性;三是法律实施过程中的合规律性,侧重强调的是法律运作的合规律性。

3. 根据“法”与“理”的关系，可以分为三个层次：一是关于法的“理”(reason of the law)，即法律的正当性理据；二是法中的“理”(reason in the law)，即法律规范条文的逻辑理路；三是法律作为“理”(law as the reason)，即法律作为实践的规范性理由。

4. 根据法理的不同来源，可以将法理分为个案中的法理、实在法中的法理、程序中的法理和形而上的法理。

5. 根据法理的不同性质，可以分为描述性法理、规范性法理、教义性法理、理论性法理四个层次。也可以分为作为理念的法理、作为法源的法理、作为制度的法理和作为方法的法理。

6. 根据法理适用的空间范围，法理可以分为普适性法理、共同性法理和差异性法理三个层次，抑或公理、通理、殊理。

九、法理研究已经处于常态化、正在迈向协同化，并必将呈现出更加美丽的学术理想图景

受历史条件制约，再加上学术研究固有的阶段性局限，中国法理学长久以来遮蔽了“法理”问题，未能认真对待“法理”作为法理学的核心概念(范畴)和中心主题。尤其是一直未能凝练出融通法理学和部门法学的共识性“法理”概念，以致未能妥善解决法理学内部的纷争，未能有效引领部门法学发展和回应法治现实需求。

进入21世纪以来，中国法理学界逐渐清醒地认识到，构建法理学知识体系、理论体系、学术体系和话语体系，“法理”不能继续处于“缺席或半缺席”的状态。我们应当努力强化法理意识、认真对待法理问题、共同推进法理研究，以在新时代实现法理学的转型升级和中国法学的全面现代化。

在“法理研究行动计划”的推动下，法理研究已经步入正轨，并成为法理学研究的新常态和中国法学的共同关注。然而，法理研究是一项长期的系统工程，需要坚持不懈地推进，努力推动“传统

与创新、多维与高维、整体与细节、语境与情境、自主与开放”等多维度深化和拓展,而且要注重“从抽象到具体、宏观到微观、重点到全面”的转向,深入中国法学各部门、法律运行各环节、法治体系各面向的具体法理论题之中。与会学者一致认为,要在法理研究常态化基础上,继续推进法理研究协同化,构建法理研究学术共同体。

与会学者还相信,随着“法理研究行动计划”的深入实施,法理研究一定会呈现“体系化、科学化、国际化、中国化、大众化”,或者说展现“科学化、公理化、时代化、民族化、实践化、大众化、跨界化、全球化、经济化、系统化的壮丽图景,使法理成为一个生命力饱满、创造力充盈、穿透力强大的新兴知识场域”。

十、深入推进法理研究需要组织机制创新

为了进一步扩大共识、凝聚力量,更高水平地推进法理研究,我们需要不断推进组织形式和工作机制创新。例如,在集思广益的基础上,制定法理研究规划,设定法理研究的目标、进程和抓手等;加强“法理研究行动计划”秘书处与各学科各领域法学研究会、高等院校、科研机构等的合作,推动更多法学研究会、法学院校和科研机构关注、支持和参与法理研究,形成法理研究的共同合力;积极拓展与政法机关等法律实践部门联系,推进法理研究与法治实践的结合,把立法、执法、司法、普法、守法实践中的法理宝藏发掘好、凝练好、利用好,以实践供养法理创新,以法理支撑实践发展;加强法理研究平台建设,持续举办专题学术研讨会并撰写高水平研讨会评述,持续编辑出版“法理文丛”,推荐发表高水平法理研究论文;加强“法理学堂”建设,推进与各类媒体特别是新媒体的协作,做好法理研究学术成果、研究信息、会议公告等的宣传推送;抓紧建设法理研究数据库,并向学界和社会开放,实现法理资源共建

共享;进一步加强“法理研究行动计划”秘书处建设,汇聚更多中青年学者参与秘书处工作,完善秘书处组织体系和工作机制,确保“法理研究行动计划”可持续发展。

法理思维是法学思维的深刻变革*

迟日江山丽，春风花草香。由华东政法大学科学研究院、华东政法大学法律方法研究院、浙江大学法理研究中心、“法理研究行动计划”秘书处、《法制与社会发展》编辑部、《法律方法》编辑部共同举办的“法理思维与法律方法”学术研讨会暨法理研究行动计划第六次例会在沪胜利召开了。首先，我代表“法理研究行动计划”秘书处，并代表浙江大学法理研究中心、吉林大学《法制与社会发展》杂志社，向各位专家和嘉宾莅临本次研讨会表示热烈欢迎！向陈金钊教授领衔的会务组全体同志和志愿者表示由衷的感谢！

“法理研究行动计划”组织的每一场学术研讨会都坚持解放思想、求真务实的学风，坚持自由、民主、多元、开放的学术规范，坚持真理面前人人平等的学术美德。基于这样的传统，此时此刻，我以一个普通与会者的身份，就本次研讨会的主题所涉及的核心议题之一“法理思维的基本特征”略抒己见，与大家交流。

我认为，现代法学有三个核心概念，即法律、法治、法理，它们

---

* 本文系作者 2019 年 3 月 16 日在华东政法大学科学研究院、法律方法研究院，浙江大学法理研究中心、“法理研究行动计划”秘书处、《法制与社会发展》编辑部、《法律方法》编辑部共同主办的“法理思维与法律方法”学术研讨会暨法理研究行动计划第六次例会上的致辞，后以《法理思维的基本特征》为题摘要发表于《法制日报》2019 年 3 月 20 日。

共同构成法学体系的理论支点。可以说,整个法学知识体系、理论体系、话语体系都是以它们为基石铸就的。在法学史上,对法律的研究最早、最为系统、最为深入,经典论述很多,以法律概念为支点的法律理论体系早已形成且定型。而对法治的研究则相对薄弱,尤其是在中国,直到改革开放新时期,中国共产党力倡依法治国(以法治国)、厉行法治,建设法治国家、法治体系,推进法治中国和法治强国建设,法治概念才名正言顺地进入法学研究的视野。经过40年的理论探索,以法治概念为支点的中国特色社会主义法治理论体系也已经形成并日渐成熟。与已经在路上的法律研究、法治研究相比,法理和法理概念的研究却刚刚起步,但也兴起了一波波热潮。进入新时代以后,在习近平新时代中国特色社会主义思想的指引下,中国社会发生了从“法律之治”到“良法善治”的历史性转型。我们将怎样从理论上科学地表达这一转型的本质呢?我认为,“法理”就是这样一个能够精准表达“良法善治”的现成的概念。值得一提的是,“法理”却不是一个信手拈来的装饰性概念,它既承载着良法善治的实践性价值,也预示着中国法学在理论上的转型升级。“法理”应该是法理学的中心主题,并应该成为中国法学的共同关注,如今这一主张已经取得了法学界越来越多的认可,中国法学家群体对法理概念的理论自觉已经形成。从这些意义上说,“法理”研究不但体现了法学概念科学发展的规律,而且彰显了中国特色社会主义的新时代特征,也表明了中国法学家在传承中创新、在坚持中发展、在求真中尚善的学术品格。

正是在把握新时代法理复兴的历史逻辑和理论逻辑、适应良法善治之实践需要的基础上,我们发起了“法理研究行动计划”。这个计划启动以来,秘书处已经举行了5次例会暨学术研讨会,每次会议都深化和拓展了法理研究,我相信本次会议也必将产生预期的成果和效果。

法理思维是在法理研究过程中新近提出的一个概念,反映了法学思维和法学方法论(法律方法论)研究与实践的最新成果,也标志着我国法理学研究的深化和拓展。

在我看来,法理思维具有反思性、规范性、实践性、整合性等鲜明特征。对这些特征的阐明,将使我们更加深切地认识到,法理思维是一种超越法律思维和法治思维的新的法学思维范式,并将引发法学思维发生质的飞跃,推动法学方法论的深刻变革。

反思性。法理思维是典型的反思性思维。反思,顾名思义,就是复而思之,反过来而思之。用哲学家的专业语言来说,就是"思想以自身为对象反过来而思之"。以思想作为研究对象,就是要对已经形成的法学原理以及法律公理、法律原则等进行再认识,使之既经受语言的、逻辑的、修辞学的检验和校正,又受到文化传统、社会价值和时代精神的洗礼和考验。以反思的思维方法对待法律及其运行中的问题,不仅关注法律当中的具体规则、条文等,而且更加关注这些规则存在的根据及其正当性、合理性、合法性问题,即深藏于这些规则背后的社会价值问题、经济和社会发展目标问题、公共政策问题、正义或道德公理等;关注使这些规则构成法律体系的那些"操作系统",即连接、架构法律规则的那些体制和机制问题;关注这些规则得以制定和适用的推理方法,诸如利益衡量、价值衡平、法律推理、法律论证、法律批评、法律选择等。在社会转型和法制变革的历史节点,反思性思维往往会演变为批判性思维、革命性思维;而在社会和谐、法制安定的时代,反思性思维往往表现出科学的论证能力和有益的创造能力。这意味着,我们要在法律的有效性之上提升法律的合规律性、合目的性,我们要在法治的程式性之上强调法治的体系性、生动性,我们要在法理的法源性之上增强法理的说理性、论辩性。归根结底,法理的反思性特征正是新时代中国法治蓬勃生命力的一个注脚。

规范性。法理思维属于规范性思维的范畴。这里所说的"规范性"并不是通常用来表明法律基本特征的概念,而是用来表达法理思维属于对待法律秉持“内在思想”“内在观点”“内在陈述”等特征。换言之，我们要始终做到不把目光偏离于实在法体系，而是将我们心中的法律看作我们生存的“重力”。法理思维是由法律主体等自觉的理性主体践行的思维方式，其思维参照系首先是法律规范以及建立在法律规范和法律规范体系之上的法律关系、法律行为、法律责任、权利义务等基本概念和无限丰富的具体法律概念；其次是关于法律制度、法律原则、法律政策、法律原理和法律秩序的目的论、正义论、合理论等赋予法律和法律体系以规范性意义的因素（尤其是在法律论证和法律辩论过程中实施的法理思维，一点也离不开这些因素）。两种参照系的结合不是偶然性的、外在的、机械的组合，而是必然的、内在的、有机的融合，并由后者向前者提供深度理解的理由和意义，彰显法理思维独特的主体性、目的性、范导性优势，使法律的结构既保持开放性又避免恣意。正如麦考密克、魏因伯格等人所指出的：“把被认为是有效的实体法的东西限定于那些在正式的法律渊源中明确建立的规定，这对法律的分析方法是很有价值的，因为它勾画出一条相对直接的、按照逻辑上理想化的形式重构法律体系的途径。然而，法律体系的开放结构和尽可能多地包容实质问题的实际必要性，都倾向于把那些可以被说成是从该体系中产生的或者是它的制度性前提的实际有效的因素（例如法律原则、法律的目的论等等）看成那个法律体系和法律秩序的实在的组成部分。”[1]因而，法理思维是以“法理念之网”为牵引的，而绝不是天马行空，如断线的风筝一般，“任尔东西南北风”。

实践性。法理思维属于实践思维、实践理性或实践推理的范畴。自从 20 世纪 60 年代实践哲学复兴以来，在法律生活中，尤其是在法律适用过程中，实践推理（practical reasoning）十分流行，进而成为法学研究的热点，国际法律哲学和社会哲学协会（IVR）数次把“法律与实践理性”“法律的实践推理”作为其世界大会的主题，很多法学家(例如麦考密克、魏因伯格、拉兹、波斯纳等)热衷于把法学研究同实践哲学范畴联系起来,以"实践理性"重构法学思维,把"实践理性"作为法律推理的上位概念,或者干脆用"法律的实践推理"取代"法律推理"。

作为实践性思维,法理思维与认知性"理论思维"有着明显的不同。认知性"理论思维"是关于对象"是什么"的思维,而法理思维则是关于主体(行为者)"应当做什么"的思维,还要关注做什么、怎样做,怎样追求特定的目标,因而具有强烈的"实践性"。按照耶林的说法,理论思维的出发点在"因果性",而诸如法学等实践思维的出发点则是"目的性"。我们常说,法学是一门实践智慧,法律是定分止争的实践理性,是公正与善良的艺术。这些说法均表明了法理思维绝不是"真理指向"的,而是"目的指向"的,即以某种前置目的为起点、由一定目的驱动、选择实现目的之方法、力图实现这一目的的思维过程。麦考密克等法学家把"实践"概念、"实践理性"(实践推理)引入法理学分析,使人们有可能把法律现实与人的实践活动联系起来,尤其是与法律人的法律实践联系起来,使法律的运行不但稳定有序,而且有着良好的价值方向。由于法理思维的实践理性,它必将引导"法律教义学"升华为"法教义学",也必将引导"法律社会学"回归"法理社会学"(或"社会法理学")的本原。

整合性。法理思维作为一种法学思维范式,整合性是其独有的特征。法理思维的整合性体现在诸多方面:

首先,法理思维包容了法律思维和法治思维。法理思维既以法律思维和法治思维为基础,又包容了法律思维和法治思维,并以实现对法律思维和法治思维的超越为目的。法学思维(或涉法思维)有法律思维、法治思维和法理思维三种主要形态,它们有所区别,又互相联系、有机统一、依次递进。我们平时说得比较多的是法律思维和法治思维,法理思维是随着法治文明的进步和法理研究的深化而形成的新的思维范式。

法律思维实质上就是规则思维。作为规则思维的法律思维，概括而言就是权利义务思维，是能够做什么、可以做什么、不能做什么、禁止做什么的思考和推理。这是法律人最基本的职业思维。法治思维的实质是依法治理、依法办事的思维方式，是把对法律的敬畏、对规范的理解转化成思维方式和行为方式，其关键是想问题、作决策、办事情要守规则、重程序，做到法定职责必须为、法无授权不可为，尊重和保护人民权益，自觉接受监督；牢固树立宪法法律至上、法律面前人人平等、权由法定、权依法使等基本法治观念，彻底摒弃人治思想和长官意志，不搞以言代法、以权压法、以言废法；努力营造办事依法、遇事找法、解决问题用法、化解矛盾靠法的法治环境。法治思维是法治职业共同体和各级领导干部必须养成的思维方式。法理思维的实质是基于对法律、法治本质意义和美德的追求、对法律精神和法治精神的深刻理解，以及基于良法善治的实践理性而形成的思维方式。法理思维比法律思维和法治思维有着更多的想象力和更大的思维空间，它把民主、人权、公正、秩序、良善、和谐、自由、尊严等价值精神融入法律和法治之内，因而更具包容性、综合性、协调性和公共理性。法理思维，作为新的思维范式，比法律思维和法治思维提出问题和解决问题的能力要强很多，任何能够在法律思维和法治思维范式中得到解决的问题，也可以在法理思维范式中得到解决，但反过来却办不到。

其次，法理思维是借助综合因素进行的整全性思维。正如德沃金所说的，就典型的法官思维模式（他称之为“赫拉克勒斯理想模型”）而言，法官在面对最难解决的疑难案件时，他可以不适用规则而适用一般原则，即使在适用一般原则有困难时，还可以诉诸更广阔的超出法律范围的政治道德原则或理想。整全性思维可谓“哲学级的”思维范式，这种思维既能回应司法权的历史传统，又能回应普遍的、终极的道德价值，这种道德价值为法律哲学、道德哲学和政治哲学所共同关注。不过，这并非“万物皆法”，而是更加强调法官在裁判中的“释法说理”,注重作为已然之法的判决能够“深入人心”。

最后,法理思维还具有重要的社会整合功能。全面依法治国,要坚持依法治国、依法执政、依法行政共同推进,坚持法治国家、法治政府、法治社会一体建设。这意味着,法治不仅仅是国家的事、政府的事、公务员的事、法律人的事,而且也事关社会中每个人的生活,法治不是居于生活世界之外,而是构成生活世界本身。而这样的“构成”,也不是人为的添付、移植、搭建,而是从文化结构中合乎逻辑地生成。全面依法治国,就是要使法理泛在于生活世界,把法律人职业的“法感”,借助法理播撒在法治的每一个环节,转变为人民的法律意识、公正感受、法治理念。通过法理思维,无论是法律经验还是法律逻辑,无论是法律原则还是法律政策,无论是法律目的还是法律技术,无论是法律专家的专业意见还是普通公众的公正感受,都将尽可能得到整合并力争获得广泛共识,进而推动法学研究和法治实践的发展进步。

法理既是法理学的研究对象,也是法理学的核心范畴,法理既是一种理念,也是一种方法。法理思维集范畴(概念)、理念、方法三者于一体,所以其在法理研究中的地位特殊、意蕴深刻。反思性、规范性、实践性、整合性并未全面描绘出法理思维的全貌,只算是它的四个切面吧。

注　释

1　N. MacComick & O. Weinberger, *An Instituional Theory of Law: New Approaches to Legal Positivism*, D. Reidel Publishing Company, 1986, p. 118 – 119.

全面推进法理研究的若干问题*

经过两个来月的筹备，在全国两会期间，“新时代中国法理研究”学术研讨会暨法理研究行动计划第二次例会在领袖故里长沙顺利召开。中南大学法学院和“法理研究行动计划”秘书处为本次研讨会进行了充分准备和周到安排。我代表与会全体同志向中南大学法学院的各位领导和同志表示衷心感谢。

这次研讨会仍然是一个内部性会议，即主要由“法理研究行动计划”成员、基本任务承担者参加的会议，主要任务是交流苏州会议以来各自任务的进展情况以及遇到的问题。在大家交流发言之前，我先就法理研究的现状和当前主要任务、“法理研究行动计划”的进度安排等，谈几点认识和意见，供大家参考。

第一，推进法理研究的必要性和紧迫性。当下，我们面临着一个突出问题，即法学发展和法治实践对法理的强烈需求与法理研究不充分、不平衡之间的矛盾。法治中国确确实实需要法理的支撑，法学教育也需要法理去提升，建构法学体系更迫切需要法理为其理论基石。各个学科都有一个理论爬坡的问题、怎么上层次的

---

* 本文系作者 2018 年 3 月 10 日在中南大学法学院、《法制与社会发展》编辑部、国家“2011 计划”司法文明协同创新中心、吉林大学全面依法治国研究中心共同主办的“新时代中国法理研究”暨法理研究行动计划第二次例会上的致辞。

问题，还有法学理论体系如何转型升级等问题。另外，现在的大学生，无论是研究生还是本科生，对理论的需求不是说教式的旧话、套话，而是高度凝练的、具有感染力的法理言说和论证。而我们的法理研究，作为法学市场的供给侧，还不能满足需求侧各方的需要。我们的法理研究刚刚起步，既不充分也不平衡。我们这次会议就是要全面推进法理研究。全面推进法理研究，最主要的是要深入研究，而深入的前提仍然是如何理解和把握法理，包括法理的渊源和来源、法理的表现形式、法理的载体等。全面推进就是全方位拓展，从法理学层面的法理研究拓展到各个部门法学层面的法理研究。“法理研究行动计划”的骨干成员来自各个法学部门，有法理学的、有法史学的、有公法学的、有私法学的、有社会法学的，法理研究可以实现全方位拓展。全面推进也是加快推进，我们要利用三五年时间大幅度提高法理研究的水平，推进法理中国建设。

第二，法理研究目前面临的主要任务。首先，什么是“法理”？这是大家比较关心的问题，也是不断提出的问题。这很正常，因为过去“法理”在法理学处于缺席或半缺席的状态，在部门法学和法律实践中更是罕见其踪影。

提出“什么是法理”，恐怕不只是寻求一个法理定义。我们现在的研究还不足以给“法理”下一个定义，还没有达到给“法理”下定义的学术水平。现在仍然是分析阶段。我比较欣赏语言哲学、语义分析方法。我们不必急于以定义思维去回答什么是法理，而是要对法理这个概念进行精细的语义分析。分析法理这个概念的形成与历史沿革，被使用的语境、场景、文本，包括法理的文化背景等。要注意到，我们是把“法理”作为一个概念来讲，法理实际不是一个纯粹的词语，更重要的，它是一个科学概念、一种法治理念。所以，要从概念、理念的角度去理解法理，而不要简单地从词语的角度去理解法理，那就会陷入“定义偏好”。现在，很多学校的本科教学不讲知识体系和理论体系，只是告诉学生一大堆词语或概念的定义。让学生背定义,应对考试。所以,当我们给本科生讲法理的时候,他们想要的只是定义,而不是有关法理的知识体系、理论体系、话语体系。这是很悲哀的。当然,在深入研究的基础上,可以在法理学教科书中对“法理”下个定义或给出定义式表述,毕竟不只是学生,法治工作者、公务员等也需要这样一个定义或表述。我想,在适当的时候,我们将推出一个法理定义。不过,即使有这个定义,其意义也是有限的。正如在世界范围内关于“法”尚无一个统一的定义,也许有数十个、上百个定义。每个定义都只是关注法的某个要素、某一方面,所以,每个法的定义其意义是有限的。针对各种各样法的定义,哈特指出:“这些定义初看起来既是启发人的,又是迷惑人的,这些讲法更像是关于法律的某些不应被忽视的真理的巨大夸张,而不是冷静的真理。他们投了一道光亮,使我们看到了法律中所隐藏的许多东西,但是这道光是如此之亮,以致使我们对其他东西视而不见,从而使我们还是没有一个对整体的清楚看法。”[1]所以,在研究的初始阶段,我们不要急匆匆地给“法理”下定义。否则,它会限制我们的研究。我们脑子里边需要有“法理”这样一个观念、这样一个概念、这样一个理念,什么是法理我们大体上得知道。不然,就不知道自己的研究对象是什么。关于法理,大体上的理解是:法理就是法律条文、法律制度所蕴含的观念、规律、价值、正当性理据,或者如孟德斯鸠所说“法的精神”,以及有关良法善治的原则。或者如《北京大学法学百科全书:法理学·立法学·法律社会学》所说,法理就是“hows and whys in the law”。我过去也给法理下过定义:“法理主要是指法学家对法律的各种学理性说明、解释和理论阐发,这种学理性解释(法理)能否成为具有法律效力的法律渊源,取决于各个时代和各个国家的法律规定和法律传统。在法律发展早期,如古罗马时代,法学家的著作中所阐发的法理成为具有法律效力的法律渊源之一。在现代,各个国家一般不承认法理是具有直接法律效力的法律渊源,但却是具有说服力意义上的法律渊源。”这主要是从法理的法源地位来定义法理的。在《清华法学》的那篇论文中，我提出对法理的新见解，即“法理”作为概念，体现了人们对法的规律性、终极性、普遍性的探究和认知，体现了人们对法的目的性、合理性、正当性的判断和共识，体现了人们对法律之所以获得尊重、值得遵守、应当服从的那些内在依据的评价和认同。

现在，有一种说法：法之理在法律之外。付子堂教授写过一篇文章《法理是法律之外的理》。我认为，这种说法不对，至少是不全面。实际上，法理既存在于法律之外，也存在于法律之内，更存在于法律之基。每个条文、每部法律、每个法律体系的根基，都体现着法理、内含着法理。

“法理”作为概念，也是新的法律观、新的法治观、新的解释系统。用库恩的观点，一个新概念的出现就是一种新的世界观诞生。科学的革命在于提出新概念，一个新概念的形成、提出，意味着科学由原来的那个阶段提升到了新的阶段。我们现在提出作为新概念的“法理”以及包括“法理思维”“法理话语”“法理中国”“法理社会”等，都体现出认识上、观念上的升华。黑格尔曾说：“一个核心概念在各向度上的逻辑展开，就是理论的全部。”对“法理”这个概念的全方位阐释必将构建出一个崭新的法理学。

刚刚说了一大堆关于法理概念的话。那么，法理在哪里？怎么去发现法理？这也是大家提得比较多的问题，也许是困惑大家的问题。

“法理在哪里？”这个问题引出三个层面的问题。一是如何发现法理。古今中外已经被凝练出来的法理格言、金句、命题、论语成千上万，它们集中体现了人类在法治领域的崇高理念和深厚智慧，这些我们一定要继承下来。继承的前提是发掘、梳理、浓缩。二是如何凝练（提炼）法理。我们不能局限于前人已有的法理格言、金句、命题、论语，而是要根据法治文明发展，特别是中国特色社会主义法治建设的实践，不断地去凝练新的法理。习近平总书记凝练了很多：“法律是治国之重器”“良法是善治之前提”“公正是法治的生命线”“法安天下、德润人心”“依法治国前提和关键是依宪治国”“法律的生命力在于实施”等。法学界也凝练出不少法理。例如，“法是‘理’与‘力’的结合”“法律的真谛在于对权利的确认和保护”“义务来源于权利、服务于权利、服从于权利”“包容性秩序”“权利不能越界，权力不能任性”等。但是，这些提炼、凝练还不够。相对于成千上万个已知的法理金句、格言、命题、论语，我们当代中国的法学家还需再努力。三是如何清晰地说透法理。邱本老师今天上午讲到阐述法理，我认为很有见地。发现法理后你能不能说清楚？特别是在新的历史条件下，把已有的东西说得更符合时代精神、融入时代精神，说得非常清晰，让别人认同和接受，即能够扩散、传播。发现、提炼（凝练）、阐释，都不是简单劳动，其实就是一种创造或再创造。更重要的创造是对既有的法理发现、凝练、阐释进一步概念化。在过去的法学研究中，我们塑造了、凝练了不少法言、法语、格言，但是锤炼出来的概念、命题比较少。这说明我们的学术创造力不够。我们能否提炼出、锤炼出像正义、自由、人权、发展权、隐私权、环境权、人格权等概念以及类似“驭大国者以法理为本”“法是公平正义的艺术”“法律面前人人平等”“法无明文规定不为罪”“人权神圣”“宪法至上”“良法善治”等思想含量极高的命题，是检验学术创造力的标准。

关于法理的论述、论语，我想再讲几句。学习和研究思想家、政治家的论述、论语、论著，很有意义。我给研究生上课都向他们推荐堪称经典的论述、论语、论著。我建议年轻人首先要深入研读马克思主义经典著作。我 21 岁开始读马克思主义经典，包括《共产党宣言》《法兰西内战》《哥达纲领批判》《反杜林论》《国家与革命》等。前几天，我重读《共产党宣言》，其中“一个幽灵，共产主义的幽灵，在欧洲游荡”，写得多好啊！30 岁的马克思、28 岁的恩格斯，那样一种共产主义博大胸怀，他们对人类美好的憧憬多么震撼人心！

毛泽东同志的很多论著都是经典，他在中国人民政协会议第一届会议上的开幕词中讲道："我们有一个共同的感觉，这就是我们的工作将写在人类的历史上，它将表明：占人类总数四分之一的中国人从此站立起来了。""让那些内外反动派在我们面前发抖罢，让他们去说我们这也不行那也不行罢，中国人民的不屈不挠的努力必将稳步地达到自己的目的。"这些话语时刻在我的脑海中浮现。

习近平总书记的诸多讲话，也是当代马克思主义经典之作。例如，2013 年，他在就任国家主席时的讲话感染了亿万人民。他讲道："中国梦是民族的梦，也是每个中国人的梦。只要我们紧密团结，万众一心，为实现共同梦想而奋斗，实现梦想的力量就无比强大，我们每个人为实现自己梦想的努力就拥有广阔的空间。生活在我们伟大祖国和伟大时代的中国人民，共同享有人生出彩的机会，共同享有梦想成真的机会，共同享有同祖国和时代一起成长与进步的机会。有梦想，有机会，有奋斗，一切美好的东西都能够创造出来。全国各族人民一定要牢记使命，心往一处想，劲往一处使，用 13 亿人的智慧和力量汇集起不可战胜的磅礴力量。"

当然，经典不限于马克思主义，法国《人权宣言》、美国《独立宣言》、《世界人权宣言》等政治法律文献以及各种著名的演说宣言也是经典。我建议要多从经典当中发现法理、提炼法理。我讲过，看我们现在的一些法律法规，你可能感受不到什么法理味道，也几乎没有金句、格言。但是，你看看《法国民法典》《德国民法典》《日本民法典》《联合国宣言》《世界人权宣言》，以及联合国的重要法律文本，你就可能感受到"法理泛在"。人家制定一部法律往往十年甚至数十年，修改一个法律条文，也用很长时间。每句话都在推敲、每个字都在打磨。仅从语言上看，就有很多法理的金句、格言、论语。再一个就是案例，特别是经典案例，也是法理的主要来源，是法理的藏身之地。我们也要重视案例中的法理研究。

注 释

1 H. L. A. Hart, *The Concept of Law* (*Third Edition*), Oxford University Press, 2012, p. 51.

法理研究的方法论问题*

我们这次会议是“法理研究行动计划”第九次例会，也是一次学术研讨会，是以“法理研究的方法论”为主题的研讨会。我们都知道，“法理研究行动计划”从2017年12月2日在苏州大学正式启动。当时我说：“玉鸿教授，你们那里是咱们‘法理研究行动计划’的起航地，能不能看作我们‘法理研究行动计划’的‘红船精神’。”当时胡玉鸿院长非常支持，苏州大学的主要领导也很支持，我们选择在党的十九大召开之后一起赶到苏州参加了第一次会议。到现在，“法理研究行动计划”的例会已经进行到第九次，6月就要进行第十次例会了。在此期间，前三次例会主要是“面上”研究，即让大家都对法理给予关注。所以，我们重点讨论了一些宏观的问题，诸如，“什么是法理?”“如何提炼法理?”“如何发现法理?”“如何开展法理研究?”前三次的会议主题都是宏观的。第四次“公法中的法理”在浙江大学召开，接着“私法中的法理”在上海召开，再接着是“法理思维与法律方法”，在华东政法大学那里主办。后来，我们在广州召开了“经济法中的法理”。昨天上午，“知识产权与相关权利

---

* 本文系作者2019年5月26日在浙江大学光华法学院、浙江大学法理研究中心、浙江大学司法文明协同创新中心、“法理研究行动计划”秘书处、《法制与社会发展》编辑部共同主办的“法理研究的方法论”学术研讨会暨法理研究行动计划第九次例会上的致辞。

的法理”学术研讨会，也就是第八次例会，在武汉召开，为期一天半的时间。

我们今天这个研讨会的主题是“法理研究的方法论”。关于法理研究方法论，讲了许多年。我们过去讲法学研究的方法论，讲得比较多的是辩证唯物主义、历史唯物主义的方法论，或者像有些学者所说的“实践哲学”的方法论，在这个方法论之下还有许多基本的、具体的研究方法。这两年，在青年学者中间讨论比较多的是“法教义学”的方法、“社科法学”的方法，还有左卫民教授提倡的“实证主义”方法，等等。就法学当中某一个问题的研究方法而言，简单套用法学研究的方法论是解决不了问题的。法学研究的方法论还要针对法学研究当中的具体论题而展开。比如人权研究的方法论、宪制（宪治）研究的方法论，再如现在很热的党内法规研究的方法论等。这些研究都要有针对性比较强的研究方法，要适应研究对象的本质、性质、特征等。这样有针对性的方法才是管用的。就像中医，要对症下药，再开处方，要确定是伤寒、痢疾、痨病，还是什么别的病，不然就治不了病，甚至把人治死。所以，提出法理研究的方法论这个问题，就是让大家针对法理研究的特殊性，找到与法理的性质和特征相适应的方法论或者说基本方法。这是讨论过程当中应该聚焦的一个前提问题。

关于法理研究的方法路径。当人们把“法理”作为一个对象来关注的时候，法理研究实际上就存在不同的路径。像中国政法大学的舒国滢教授，在做法理研究的时候，并没有按照传统的法教义学方法进行，而是先从法理的思想渊源入手。我知道，过去他从罗马法入手梳理西方法理，现在他研究朱熹的“理”与当代中国的“法理”。“法理”是个本土概念，把这个本土概念的文化渊源、思想渊源搞清楚了，才能知道在中国为什么会出现“法理”这个概念，而在西方却没有对应的概念。我们老祖宗2000年前就凝练出了“法理”这个概念，在这之前就有“道”“理”“仁”“义”等法理性质的概念,非常了不起。我认为舒国滢教授目前的研究思路很好。胡玉鸿教授的研究也很有意义、很有收获。“法理”这个词的广泛运用是在民国以后,或者说清末至民国这个时期,胡玉鸿教授从清末一直梳理到民国。这样的梳理,对我们开展法理研究非常有帮助。另外,我国台湾地区学者黄源盛提出了脉络化的研究方法,他以脉络化方法研究中国法理。我还没搞清楚他这个脉络化的方法具体是一个什么方法,他用了这个词,可能研究史学的学者用这个概念多一些。我想,他可能是指寻根探源的方法,类似于观念史的梳理,关注思想脉络的形成发展,就像我们现在研究习近平总书记的“法治三新”(全面依法治国新理念新思想新战略),也关注“法治三新”形成和发展的脉络一样。我们整理了“习近平法治思想印迹”,从他担任河北省正定县委副书记开始,哪一年、哪一月、哪一天讲了什么与法治有关的话,作了什么样的批示,参加了什么法治活动。这样一梳理,他从“依法治县”“依法治市”“依法治省”再到“依法治国”的将近 40 年的法治经历和法治思想就展现出来了。现在,习近平总书记在多个会议上提出“释法明理”问题,明确提出要讲清法理、事理、情理,多次使用“法理依据”“法理事实”等概念。全国人大的立法规划和民法典制定的规划里边也明确提出,既要讲体系又要讲法理。最高人民法院也明确要求法官在裁判文书当中阐明法理。在这种背景、这种情况下,我们从事法学理论研究特别是研究法理学的学者,必须把法理搞清楚、把法理说清楚。而要说清楚法理,拿出清晰的法理概念,方法论和方法问题是非常重要的前提。我个人在《清华法学》那篇文章里提出了三种方法,大家都比较熟,我不再重复了。

关于法理研究的方法和方法论,我想简单讲四个观点。

第一个观点,对象决定方法。研究的对象不同,采用的方法也往往不同。举例言之,以法律体系为对象的研究,和以法治体系为对象的研究,在方法论和方法上必然是不同的。研究法律体系就是研究规则体系，研究法治体系既包括规则体系，又包括规则的运行体系。研究规则体系，分析方法很管用，而研究运行体系，法律社会学方法、多学科的方法则非常有用。所以，对象决定方法。就法理研究来讲，我们研究的对象是“法理”。这个法理，既包括一般性的法理，也包括法律制度各个领域、法律运行各个环节当中的法理；既包括中国古代的法理，也包括当代中国的法理；既包括西方源远流长的法律文化传统中的法理，也包括当下整个国际社会通行的一些普遍性法理。在这种情况下，我们怎么考虑、如何选择研究方法？比较的方法、史学的方法、考古学或者文献学的方法等，这些方法可能都要用得上。我们既要研究书本上的法理，也要研究实践中的法理。我们研究书本上的法理，如经典著作中的法理、法律典籍中的法理、司法判决以及司法案件中的法理，也研究公共生活当中、日常法律生活当中的法理。这些不同法理的研究也必然要求不同的研究方法。此外，具体到一个问题如何研究？我就以研究“公序良俗”为例，把“公序良俗”作为一个基本法理研究。这个时候，我们就要选取最适合对“公序良俗”这个法理进行解读、梳理的方法。我提出这样一个问题：什么样的习惯、什么样的惯例、什么样的习俗，能够称为“公序良俗”？一个时代有一个时代的具体标准，一个民族有一个民族的具体标准。中国古代的“三纲五常”，肯定是那个社会的公序良俗，因为那个时候“三纲五常”是整个社会的信条，也当然充当了法理的检验标准。当代中国，《民法总则》规定民事法律行为不能违背公序良俗，此处的“公序良俗”又是指什么？或许，社会主义核心价值观就是检验的标准，当代中国的社会主义核心价值观就是当代中国的核心法理。这种结合文化背景的比较方法对研究“公序良俗”而言是有益的尝试。

第二个观点，立场决定方法。立场、观点、方法三者往往是统一的，没有无立场的方法，立场决定着方法。那么，我们现在研究法理，立场是什么？我想有三个。第一，推进“良法善治”。我们之所以提出法理问题，是因为我们经历了“有法可依、有法必依、执法必严、违法必究”的形式法治阶段，已经建成了法律体系，已经提出了依法治国、依法执政、依法行政、依法办事等理念。但在新时代中国，我们不只要依法而治、实现法律之治，而且要良法善治、实现良法而治。同时，这个良法善治也不仅指政府通过法律治理社会，更重要的是指整个社会主体和政府一起运用法律实施共治。第二，推进“法理中国”，我提出“法理中国”的概念，主要是这么考虑的。大概是1989年的时候，我的导师王子琳先生承担了国家教委博士基金项目“法律社会学”。1991年他出版了国内第一部《法律社会学》专著。这本专著由王老师主编，我作副主编。那时候我们提出了“法理社会”的概念，第一次对“法理”作出解释。后来我说，我们不仅需要一个法理社会，也需要一个法理国家。再后来，我在《清华法学》上发表论文，明确提出“法理中国”。最初始的缘由是习近平总书记、吴邦国委员长等都强调要讲法理。在中央政法工作会议上，习近平总书记又再次强调了法理问题。当然，推进法理中国还有另外一层意义。习近平总书记在哲学社会科学工作座谈会上指出：“我们不仅要让世界知道‘舌尖上的中国’，还要让世界知道‘学术中的中国’、‘理论中的中国’、‘哲学社会科学中的中国’，让世界知道‘发展中的中国’、‘开放中的中国’、‘为人类文明作贡献的中国’。”这里，总书记提出了非常重要的理念，即从“舌尖上的中国”到“理论中的中国”。按照这样的思路，我们可以说，从规则上的中国、法律上的中国到法理上的中国，同样是一种理论上的进步和层次上的提升，实际上也将明显地提升中国在世界上的法治形象。第三，推进中国法学的科学化和现代化。说小一点，就是推进法理研究（狭义的法理研究）在中国法学当中的主题化和中心化。这意味着，法理学以“法理”为中心主题，整个中国法学以“法理”为共同关注，成为整个中国法学都高度关注的主题。无论是民法、刑法，还是其他法律，要讲灵魂性的东西、精神层面的问题,都不能离开法理研究。民法典首先要确立民法的灵魂,刑法典要确定刑法的灵魂,所谓灵魂就是它们的核心价值、内在精神。法理既是法律体系的灵魂,也应当成为部门法学研究当中的主题。我们常说要"主题鲜明",实际上就是指导向正确、价值彰显、具有灵魂。

第三个观点,要在研究范式的层面来理解方法论。关于法学方法论,通常说是关于法学研究方法的理论,倒过来说就是"论法学研究的方法"。我们今天说的"法理研究的方法论"也可以倒过来说"论法理研究的方法"。但是,我们不要把方法论仅看成研究方法的一种理论、一种认识,那只是一个方面,更重要的是一种研究范式。作为一种研究范式,它肯定要有核心的概念、革命性的概念、标志性的概念。因为一个概念就像一个芯片一样,概念提炼得越精准,就如同芯片做得越精致,内涵也就越丰富。我们手机的芯片只有 7 纳米,却能够储存几亿兆的东西,确实是"一统天下"。如果我们能够提出这样的概念,而这个概念能够包容很深刻、很丰富的思想,那是相当了不得的成就。像马克思的"剩余价值"概念、"实践"概念,像制度经济学的"交易费用"概念,像萨特的"存在"和"虚无"概念等。能够提炼出纳米级的概念,就能够引领一个时期的研究,也就能够确立一种新的研究范式。所以,法理研究的方法论,实际上是要探寻法理研究的范式。无论是思维的范式,还是我们所说作为研究方式意义上的方法论,我看主要还是在解决思维和存在的关系问题。恩格斯在《反杜林论》里边讲过,思维和存在的关系是全部哲学的基本问题。大家想一想,为什么思维和存在的关系就那么重要?在我提出权利和义务作为法学基本范畴的时候,引用过恩格斯的这个观点,提出法哲学的基本问题应当是法学的基本矛盾或根本矛盾,而法学的基本矛盾就是权利和义务的矛盾。德国法哲学家耶林提出的"法学乃权利义务之学"的命题,同样深刻地回答了这个问题。该命题一方面说明了法学是围绕着权利和义务而展开的,另一方面引申说明了权利和义务及其相互关系是法哲学的基本问题。孙国华先生也说过,“权利、义务的矛盾是法学的基本矛盾”。那么,在法理研究中,我们要处理的“思维和存在的关系”是什么?什么是法理内在的基本矛盾?这个问题既是方法之问,同样也启迪着范式之问。

第四个观点,法理研究要“进得去”“出得来”。在上面三个具有方法论意义的前提观点之下,我们来探讨法理研究的一些具体方法,包括研究的路径,也包括研究的入口和出口。我们怎么进入,又怎么出来?也就是要先进入到这个研究对象之中,然后再出来对这个研究对象进行概括,只进去出不来不行,若没进去就在外边,就更不行。所以,我觉得哲学的奥妙就在这里,让你进去还能让你出来,带着问题进去,带着成果出来。像美国康奈尔大学校训所写的那样:“从这里走进来,你将获得更多的新知,从这里走出去,你将更加有益于人类社会。”这个校训富含深意,在你入学进入校门的时候,欢迎你成为新生,告诉你从这里能够获得新知;当你毕业走出校门的时候,祝贺你顺利毕业,告诉你要有利于人类社会。我们研究法理问题也得这样,走进去获得新知,出来时以新知使学术界获益。

法理研究的方法是多样、多元的。我们的研究对象的属性和特点是复杂的、多样的,这就决定了研究方法也必然是复合的、多元的。它不像一个非常小的问题,可能有一个方法就管用了。我想至少有这样一些研究问题的方法。一个语义分析方法,或者语言哲学的方法。这个方法非常管用。我原计划在浙江大学为研究生讲授哈特的《法律的概念》。关键不在于哈特的研究结论是什么,关键是让学生们学会语义分析的方法,以此来分析问题、阐明问题、透视问题。另一个应该是实践理性的方法,或者实践哲学的方法。从实践出发到理性认识,把我们法治领域的做法变成一种经验,然后把经验上升为一种理论命题,特别是法理型命题。大家注意到，我现在表达习近平总书记的法治思想的时候，一般不用“论述”而是用“论语”，论述可能是长篇大论，但论语则是论述的浓缩。孔子的学生们把记录他老师的那些话称为《论语》，就是孔子思想的精华集。那么，我所说的“实践理性的方法”，就是把我们当代中国正在做的、已经做的事情，已经证明是成熟的做法和经验上升为理性认识，形成理论命题。这样，在法学界就有话语权和影响力，在国际上也就有了话语权。比如关于文明问题，亨廷顿提出“文明冲突”概念，写了一本《文明冲突论》。我们虽然批评《文明冲突论》，特别是基督教和伊斯兰教文明的冲突论，但是，如果拿不出比“文明冲突论”更有思想性和影响力的命题和话语，批评就总是居于弱势。现在，习近平总书记提出“文明互鉴论”。经过传播，“文明互鉴论”成为世界性话语，那多好！还有“普世价值”，我们都不讲“普世价值”，都在否定“普世价值”，但是效果不明显，说服力不强。现在，习近平总书记提出“共同价值”概念，在第七十届联合国大会上，习近平总书记十分鲜明地提出：“和平、发展、公平、正义、民主、自由是全人类的共同价值，也是联合国的崇高目标。”这个命题一下子震撼了全世界。“共同价值”与“普世价值”的区别是什么呢？“普世价值”是西方人把自己的价值观说成是普遍适用于全人类的，进而强加于人类社会；“共同价值”是文明互鉴基础上形成的价值共识。我们研究法理，就应当能够提出这种标识性的概念和命题。从法律和法治实践深入进去，然后带着概念和命题从实践中走出来。

此外，问题导向也非常重要。我们写文章聚焦的可能有宏观的法理问题，也可能有非常具体的法理问题。比方说“定分止争”，好多人写成“定纷止争”，把分配意义的“分”即权利义务界限的“分”写成纠纷性质的“纷”，这就是不懂法理。讲到法理，我习惯用“本原”，法理是法律法治生活中的“本原”，指法律法治生活中本原性、根本性的东西，这个“原”是“中原”的“原”。所以，我们研究法理也常遇到微观的问题。“定分止争”可能是管子最早开始讲的，这个概念博大精深，我们整个权利义务的概念，就是从“定分止争”里来的。这是经典中的法理研究。而研究案例中的法理，就不能用研究经典文献中的法理相同的方法。所以，我认为，一定要针对自己研究的法理问题去选择最好的方法。最后一点，法理研究也必须有技术层面的方法，例如逻辑的方法、修辞的方法等。要拿出一个法理的概念，这首先得有逻辑，这些法理概念所包容的一些要素，以一种什么样的逻辑排列出来，成为一个定义，或者成为一个定义性的表述。另外，要有修辞的方法，怎么样表述得精准、有感染力？法理概念与法律概念不一样。法律是规则的总和，是一个中性的概念。而法理，虽然也不能说带有多大的主观性，但是它毕竟需要有感染力，需要有穿透力和解释力。这样修辞就派上了用场。在青岛会议之前，我们应当力求拿出来一个法理的概念、定义，既在逻辑上合理，又在修辞上精练。

总之，我们要好好讨论、对话，把法理研究的方法论和方法搞明白。方法论就是法理研究的重器。

法教义学的出路在法理*

经过几个月紧张而有序的主题策划、学术准备和会务筹备，“法理与法教义学”学术研讨会暨“法理研究行动计划”第十二次例会终于在大家的期盼中如期召开。首先，我代表“法理研究行动计划”秘书处、浙江大学法理研究中心、《法制与社会发展》编辑部，向参加这次会议的各位专家学者、老师和同学表示热烈欢迎，向本次会议的东道主中国政法大学的各位领导、各位同志表示衷心感谢，向组织筹备会议的工作人员和志愿者表示衷心感谢！

“法理研究行动计划”自 2017 年启动以来，得到了法学界各领域专家同仁的支持和参与，赢得了全国许多高校师生的关注和点赞，至今已经成功举办了十一次例会。我们聚焦新时代中国法学理论创新，以法理打开理论新思路、凝聚学术新共识、摸索研究新范式、催生话语新增量，促进了学科间对话与交融，提升了法学界的理论自信，体现出法理在我国法学成长中的独特魅力。

今天，我们来到中国法教义学的研究重镇，也可以说是“大本营”中国政法大学，以“法理与法教义学”为主题，召开“法理研究行

---

* 本文系作者 2019 年 11 月 23 日在中国政法大学法学院法理学研究所、浙江大学法理研究中心、“法理研究行动计划”秘书处、《法制与社会发展》编辑部共同主办的“法理与法教义学”学术研讨会暨法理研究行动计划第十二次例会上的致辞。

动计划”的第十二次例会，意义非凡。我们将走入“以法理为中心主题”的法理学深处，检验法理的真理和价值，探究法理学的命运和前途，我们将试图以本次会议为契机，就法理与法教义、法理学与法教义学等难度系数很大的学术问题进行真诚的学术对话。

下面，我围绕会议主题简单谈四个方面的看法，也是提出四个论题，供与会的专家学者交流探讨。有些观点很不成熟，个别观点或许片面，希望大家批评指正，尤其是欢迎从事法律教义学研究的青年学者批判。

第一，从理论上探求法理与法教义学的关系，将拓展法理学更为广阔的理论空间，激活法理学研究方法的生命活力。这是本次研讨会的首要目的。“法理与法教义学”这个会议主题实际上蕴含着更为多元的概念关系，至少包含法理与法教义、法理学与法教义学、法理与法教义学、法教义与法理学、法律教义学与法教义学这五对关系，其中最重要的、基础性的是法理和法教义。在“法理研究行动计划”第十次例会（“青岛会议”）上，与会专家学者从不同角度解析和阐释法理概念，提出的法理概念不下十来种。依我的理解，“法理”作为词语和概念，体现了人们对法的规律性、终极性、普遍性的探究和认知，体现了人们对法的目的性、合理性、正当性的判断和共识，体现了人们对法律之所以获得尊重、值得遵守、应当服从的那些内在依据的评价和认同。也就是说，法理概念有三重语义和意义，一是法的基本原理，二是法的核心价值，三是法的实践理由。也有人借助中国古代“理”的概念，将法理理解为“法之固然”“法之所以然”“法之应然”，也很有道理。我对法教义没有进行过深入研究，但是我倾向于认可雷磊教授从不同理解中提取的“法教义最大公约数”，即围绕现行实在法展开的一般性权威命题或原理。也有学者从法理产生的历史脉络中窥见法理与法教义的同根同源性，认为古罗马法学家的法律学说，是法理的雏形，也是后来被固定在实在法中的法教义的最初根脉。由是，法理与法教义相伴相生,在实践的土壤中成长,在理论的脉络中延伸,在时代精神和民族精神的滋润下相互渗透。此外,中国古代律学与法教义学在方法上的相似性也引发了诸多学者的关注。对这五种关系的研究,必将产生出更多新的理论增长点,概念分析与历史方法的结合,中西法学方法的互鉴,都必然从更高层次上深化法理研究,为法教义学注入思想活力和更为科学的认知,同时也将丰富和完善法理学的方法体系。尤为值得一提的是,我们现有的部门法律教义学研究,远远没有达到中国古代律学的发达水平,目前出版的法律教义学的著作似乎都无法与《唐律疏议》相提并论。在当代中国,如何为法律教义学寻找更为广阔的研究空间,如何汲取中国古代律学的养分以发展和完善法教义学的方法,恰应是我们这个时代法理学者和部门法学者的共同关切。

第二,从封闭走向开放,应当是法教义学面向未来的发展出路。从研究范式上看,法教义学具有天然的保守性和封闭性,正如有的学者所言,它是"法学之内的学问""法律之内的学术",也是法学家"独特的技艺所在"。2018 年春季,我和舒国滢教授在浙江大学光华法学院小礼堂进行过一场主题为"法学何以成为科学"的对话式演讲,实际上主要围绕法教义学而展开。根据舒国滢教授的考察,法教义学的思想和方法渊源来自罗马法。而根据雷磊教授的考察,教义学观念首先起源于古希腊医学,随后古希腊哲学和古罗马的"规则法学"继受了相关观点并予以创新,形成了法教义学。如此说来,法教义学也有两千年的历史了,它产生于成文法不甚发达的时代。据西方法学史研究,早期罗马法的渊源主要是法学家的学说(doctrine),是法学家关于法律问题的权威性论述和解答,由于具有官方所承认的法的效力,逐渐形成一种"常说"或"通说"。而早期的法学主要是研究法学家学说(通说)的学问,所以可称之为"法教义学"。后来随着法典化时代的到来,法教义学逐渐从对权威通说的研究转向为实在法的解释和体系化建构,以致演化为条文主义、教条主义，从而有了概念法学、规范法学、纯粹法学等。雷磊、车浩等都作过这方面的考察。法教义学因其“公理体系的美梦”而在历史上受到人们的诟病，封闭性也一直是法教义学身上难以剥掉的一块胎记。以忠实于实在法为信念、以坚守法学家自己的阵地为使命的法教义学，如果不面向时代精神开放，不与其他范式包容，必将在故步自封中越走越窄，直至最终无路可走。法教义学是一门精湛的科学，对于科学立法、严格执法、精准司法和学术体系建构有不容忽视的学术价值和实践意义，但是，如果仅仅把自己的研究对象和研究方法局限于实证的规则、法条，而不深究规则背后的历史文化因素、思想理性、时代精神、价值基础，特别是不考虑这些规则形成和发展的规律与理据，那它充其量只是一种“浅科学”，因为科学的本质和标志在于对规律的认识。科学就是对事物存在和发展的理论探究和理论概括，只有不仅仅是描述现象而同时也重视揭示规律，这样的学问才能称为“深科学”。马克思主义法学是一门科学，根本原因在于它揭示了法律存在和发展的规律、法律与其他社会现象的关系、法的时代精神和人类理性。从这个意义上说，法教义学必须从封闭中走出来，向时代开放、向未来开放，经由法理注入新的思想活力，揭示法律、法学的概念和命题之中的思想、理念、价值，始终保持对时代精神和民族精神的敏感性，始终保持对法之实然性、必然性、应然性的新鲜感，才能脱胎换骨、转型升级，真正成就其科学的理论品格、在未来前程中焕发更大的精气神。我记得今年春天，舒国滢教授曾言“治学如治玉，学者如匠人”。凑巧的是，“法理”之“理”字，最原始的含义便是“玉之纹理”。对匠人而言，“理”在玉中，治玉必须尊“理”、将其视为最高的原则。这与法教义学将实在法视为教条颇有相近之处。不过，匠人忽视了一点，“玉之理”并非固化于玉石中，而是得之于水文、地理、环境，并随其而变化。匠人所得玉石之切面，不过只是彼时彼刻的固态化，却并非“理”之本质。同样，法教义学者应该比匠人更高明，不仅读懂“法教义”之一时之理、偶然之理、实然之理，而且更能参透“法理”之规律之理、必然之理、应然之理，兼具“通达天地之思想”与“精雕细刻之技艺”。在这个意义上，我非常赞同舒国滢教授的观点：法教义学的出路在法理。

第三，法教义学是一种法学研究范式和法学思维方法，但并不能也不应当成为一门独立的学科。法教义学可以从两个角度来理解，即“作为知识的法教义学与作为方法的法教义学”“作为知识的法教义学是围绕一国现行实在法构造的‘概念—命题’体系，而作为方法的法教义学是一种受一般权威拘束的思维形式（‘教义法学’）”。[1]“概念”“体系”“思维方式”是其最明显的特征。我个人认为，法教义学主要是一种研究范式，它本身有其特定的适用范围、科学价值和实践用途，它在精确分析法律概念、科学解释法律规则、命题，进行缜密的法律推理等方面独具优势。同时，它在理论和方法上有助于克服部门法学与法理学“两张皮”的困境。但需要注意的是，它是研究法律的一种方法和法律适用的方法，也就是说是一种法学方法和法律方法，而并不存在学科意义上的法教义学。譬如，现在我们所讲的宪法教义学、民法教义学、刑法教义学，分别属于宪法学、民法学、刑法学，并不存在宪法教义学、刑法教义学、民法教义学等独立学科。正是在这一意义上，部门法律教义学类似于中国古代的律学。而通常所说的一般的法教义学，研究统贯于法律体系和法学体系的概念和命题，属于法的一般理论，也就是说我们今天所称的法理学。以我之管见，法教义学属于法理学当中的分析法学，或者说属于法律修辞学范畴。鉴于此，法教义学可以细分为部门法律教义学（法律教义学）和一般法教义学（法教义学），分别隶属于部门法学和法理学，却不具有单纯的学科独立性。顺便说一句，将法学教义学区分为“法教义学”和“法律教义学”，有其学术根据和特殊意义。我在若干论文和演讲中对此有过论述，这里不重复了。

第四，解放思想、深入反思，推动法教义学话语体系的中国化变革。近年来，“法教义”一词在法学论著中时常出现，也有一些学者主张在法学中普及“法教义学”的方法。但实际上“法教义”和“法教义学”这两个概念都需要推敲、均值得反思。我个人认为，需要反思的至少有三点：

其一，“法教义”这个概念本身模糊不清或者存在争议。对什么是教义、什么是法教义、什么是法教义学，法学法律界并没有形成清晰的概念和阐释。甚至主张“法教义学”的学者也没有说清楚法教义究竟是指实在法的法条，还是概念、命题，抑或学说、通说，不同学者的理解存在很大差异，远未达成共识。若专门研究法律教义学的学者都没有共识，更难期待法学界更加普遍的共识了。

其二，“教义”一词的宗教色彩与当代中国法学话语体系及语境不相兼容。从既有的研究来看，法教义学（法律教义学）应该是从德语（juristische dogmatik，或者 rechtsdogmatik ）译过来的词汇。中央编译局在翻译马克思和恩格斯合著《神圣家族》一文时曾用“法律教义”这个译名；[2]留学德国的我国台湾地区学者曾将其翻译为“法律教义学”，但后来改译为“法律释义学”或“法律解释学”。[3]对法教义、法教义学等外来概念，我们应保持反思批判精神，要追问“为什么要使用‘法教义学’‘法教义’的说法呢”？据我所知，古汉语中也大量使用“教义”一词，归纳起来，其含义大体是指某种思想理论或学问学说的基本宗旨、义理或核心思想，更多用于指称礼教名教教义，尤其是儒教教义。具体而言，一是指礼教、名教的旨意。南朝梁任昉《为卞彬谢修卞忠贞墓启》：“陛下弘宣教义，非求效於方今。”《北史·薛辩传》：“砥行砺心，困而弥笃，服膺教义，爰至长成。”唐朝王维《为王常侍祭沙陀鄯国夫人文》：“教义所及，忠信弥笃。”二是指某一宗教所信奉的义理。南朝梁沈约《究竟慈悲论》：“释氏之教义本慈悲。”三是指某一个宗教所讲述的中心，引申为“信仰”“信条”“戒律”等含义。最初的翻译者是否借鉴了中国古代经典中的“教义”说法，我们不得而知。但在古今中国的话语体系中，教义往往与礼教、佛教、基督教教义等相关，我们用“法教义”概念就容易使人产生宗教化的联想，这必然会动摇法教义学的科学性，动摇对法教义学科学外观的感受，这恰恰与法教义学的原初的释法名义的主张相悖。

其三，法教义学就是以法教义为对象的学问，既然法教义这个概念模糊不清或易生歧义，法教义学的研究对象也必然难以把握，难以成为一门受到人们普遍认可和尊重的学科。

基于这三重反思，我提倡用更恰当、更清晰、更易懂的术语作为法教义学的替代概念，或者忍痛割爱，放弃法教义学的概念而回归到法理学或法律科学。其实，我们中国古代的律学、西方的注释法学、分析法学，我国台湾地区学者的法律释义学，都比法教义学的概念清晰。我们能不能用中国话语来取代法教义学？法教义学由于其概念的模糊性，严重影响了人们对它的认知和接受，如果能用一个替代的概念来表征法教义学这种研究范式，可能会更好一些。因此，我认为，法学领域应当开展一场“去教义化”的学术反思活动，使法律科学讲地道的中国话，讲中国人能够听懂的话，建构为法学界所普遍接受的学术话语。法教义学作为一门有吸引力的科学，在中国法学的舞台上应该有足够的自信，不需要任何“洋气”来获得术语上的安全感和话语权。远在牛津大学访学的郭晔博士也很关注本次会议，前期参与了会议筹备，她说：“法教义”这个词就像化了浓妆的少女，用人为的粉饰遮住了她原有的青春活力和纯真之美；或者像穿了黄金盔甲的将士，奢华并没有展示出威猛的雄姿，却只能背负沉重的负担。“教义”的话语人为地增添了作为科学的法学学问本身的烦恼，不如摘掉伪饰的面具，从而使科学更轻松、更受欢迎。

总而言之，法教义学是一个具有科学价值、理论内涵、方法吸引力的法学研究范式，应该勇敢地甩掉西方的话语镣铐，在中国法学越来越强劲的现代化征程上、在“法理”越来越成为中国法学共同关注的舞台上发挥其应有的学术作用。此外,法教义学并不是唯一的法律科学,研究法教义学不能有排他性思维,在学术论战中不应该唯我独尊,事实上其有限的能力无法承载法学的全部。我希望通过这次会议,为法教义学开展一场认识反思和话语变革,使其合理地中国化、现代化,更加包容地投入中国法学学术体系当中,让法教义学自信地在中国法学中绽放科学的光芒。

以上是我关于这次研讨会主题的若干不成熟的,甚至可能带有偏见的一些观点,欢迎大家批评指正。

注 释

1 雷磊:《什么是法教义学? ——基于 19 世纪以后德国学说史的简要考察》,载《法制与社会发展》2018 年第 4 期。

2 本译文出自马克思、恩格斯《神圣家族》:“‘情感和良心’干涉法这个事实使‘批判家’有足够的根据在谈法的地方谈情感和良心,在谈法律教义的地方谈神学教义。”参见《马克思恩格斯全集》(第 2 卷),人民出版社 1957 年版,第 124 页;《马克思恩格斯文集》(第 1 卷),人民出版社 2009 年版,第 300 页。

3 如我国台湾地区学者颜厥安 1998 年时曾说:“‘Rechtsdogmatik’原本常译为‘法教义学’,此乃师法 Dogmatik 在神学中之意义,但笔者认为用于法学中就不甚妥当。”参见颜厥安:《法与实践理性》,中国政法大学出版社 2003 年版。

笔尖上的法理神韵*

“传千古法魂义理，写天下锦绣文章”是新时代中国法科学生的学术情怀和专业使命。在盛夏时节，我们聚首京城，迎来法学界又一盛事——“全国法科学生写作大赛”正式启动了。首先，我谨代表中国法学会学术委员会、中国法学会法学教育研究会，并以我个人的名义向大赛的顺利启动表示热烈祝贺！向牺牲暑假休息、莅临会议的各位专家学者表示诚挚欢迎！向发起大赛的湖南大学领导、老师和全体会务人员表示衷心感谢！

借着大赛启动的良机，我想就法律写作、法科学生写作能力培养等问题，谈谈我的看法，供大家参考。

今年是中华人民共和国成立70周年。新中国成立初期，为适应新民主主义法制和社会主义法制建设迫切需要，由党中央和中央人民政府统一规划，经过院系调整，组建了“五院四系”，形成了全国高度统一、布局较为合理、功能相对区分的政法人才培养体系。但从20世纪50年代后期开始，由于各种不正常的原因，政法院校陆续被下放、停办直至撤销、解散，法学教育在风雨飘摇中坠落，至“文化大革命”期间，法学教育备受摧残。“文化大革命”结束

---

* 本文系作者2019年8月16日在湖南大学发起的“全国法科学生写作大赛”启动仪式暨“新时代法科学生写作能力培养高峰论坛”上的主旨报告。

以后,随着对法制重要性认识的不断深化,随着整个社会的法制需求日益迫切,法学教育进入了一个快速恢复、迅猛发展的时期。党的十八大之后,习近平总书记进一步指出:“要加强法治工作队伍建设和法治人才培养,更好发挥法学教育基础性、先导性作用。”在习近平总书记重要指示的引领下,中国法学进入了高质量发展阶段。经过40年的恢复、重建、改革和发展,中国特色法学教育体系已经形成,法学教育的“中国模式”已经形成,与法学教育的美国模式、欧洲模式呈三足鼎立格局。但是,法学教育还不能完全适应全面依法治国、建设法治中国的需要,职业伦理教育薄弱,培养模式相对固化,教学内容滞后,教学方法单一,应用型、复合型法治职业人才培养不足,涉外法治人才培养机制尚未形成,等等。在各种短板当中,写作能力低下无疑是最为明显的。其原因是多方面的,基础教育严重忽视学生写作能力培养,相当一部分法学院系不开设法律写作课,开写作课的也往往是偏于法律实务的技术性写作,对于法律写作的思想性和逻辑性则关注不足,以至于我们的毕业生不会写文章,不会写讲话稿,甚至不会写起诉书、辩护词、判决书,这不能不引起法学教育界的关注,并采取各种措施予以改变。

我认为,写作是法律人的基本功。法律人,无论是立法者、法官、检察官,或是律师、法律顾问,在其职业活动中需要以书面的形式表达自己的法律意见,记载特定的法律事实和法律关系。因此,法律表达能力是法律人必备的重要能力。写作对于提高学习能力和工作能力也大有益处,毛泽东同志曾谈到,写文章可以“锻炼头脑的细致准确性”。法律写作或者说法学写作,是一种最能体现语言与表达、思想与修辞、逻辑与说理、理论与实践、思辨与对话、文字与诗意的创作活动。

法律写作有五个要素,即知识、思想、语言、逻辑、修辞。

知识。对于写作而言,法律专业知识具有基础性。完备的法律知识是法律人的重要标识。无论是关于法律的起源、法律的本质特征、法律的效力、法律要素、法律体系、法律运行、权利义务、法律行为、法律关系等方面的知识,还是公法学、私法学、社会法学、国际法学的规则、原则、程序、技术等的知识,均是法律人的基本修养,因而也是法律人写作的基础和基本功,正是法律的知识使法律写作区别于经济学写作、新闻学写作等。一个没有良好法律修养的学生是写不出好的法学文章和法律文书的。所以,在法学教育中课程体系、教材体系尤其是核心课程教学至关重要。

思想。对于法律写作而言,思想是其灵魂,写作的过程就是思想提炼和表达的过程,全部写作都是围绕思想而展开的。没有思想的写作是苍白无力的。马克思把思想比作大海,他说,“在惊涛骇浪的思想海洋上,我进行过长期的浮游和探索,我在那里找到了真理的语言,并紧紧地抓住了被发现的东西”,此语道破了思想的历程和思想的浪漫。马克思还说过,“哲学家们只是用不同的方式解释世界,而问题在于改变世界”,此语揭示了思想的真谛和思想的价值。拿破仑有一句名言,“世上有两种力量:利剑和思想;从长而论,利剑总是败在思想手下。”这正说明产生思想和形成思想体系的重要性。法学教育要特别重视马克思列宁主义法律思想、中国特色社会主义法治理论、新时代中国特色社会主义法治思想和法学理论教育,重视古今中外法学经典的传授,要重视中国古代法律思想和西方法律思想的研究性教育,使学生们通今博古、择善而用。我们既要让学生成为精巧的“法律工匠”,也要让他们成为高明的法律思想者,养成分析问题、反思认识、批判不合时宜的理念和制度的能力和习惯。

语言。语言是文本的元素,包括单字、词语、术语、概念、成语(谚语)等。语言是人类描述事物、表达感受、交流思想的工具。任何思想的形成和传播,如果离开了语言这个工具就无法实现。而且,对于任何一种思想理论而言,它的基本词语、术语是否清晰,关键性概念是否准确,直接决定着思想理论自身的科学性。因此,法律写作过程要十分注意对基本词语、术语、概念等的提炼和界定，注重对各种重要范畴的阐释，并力求做到使各种词语、术语、概念的关系既经受得起逻辑的分析，也经受得起经验的验证。我们时常发现，在重大的法学争论中，有些参与讨论者所使用的词语、术语、概念往往是经不起严格的逻辑分析和经验验证的，它们或者是包含着一些自相矛盾的因素，或者是莫名其妙、标新立异的杜撰，这种情况下就要善于运用语义分析和语言哲学的方法，校正语言使用中的错误与不当。历史上，很多思想家都强调语言对于思想表达的意义。马克思说过："语言是思想的直接现实。正像哲学家们把思想变成一种独立的力量那样，他们也一定要把语言变成某种独立的特殊的王国。"海德格尔曾经说过，语言是法律的存在根基。蒂尔斯玛说，"没有多少职业像法律那样离不开语言"，"道德和习俗也许是包含在人类的行为中的，但是法律却是通过语言而产生的"。丹宁勋爵法官也曾指出："要想在与法律有关的职业中取得成功，你必须尽力培养自己掌握语言的能力。语言是律师的职业工具。当人家求你给法官写信时，最要紧的就是你的语言。你希望使法官相信你的理由正确，所依靠的也是你的语言。"准确、精练的语言表达是法律人必须具备的职业技能素质，而深刻的、雄辩的、创造性的语言表达则是法律人优秀的法律思维能力和高超的法律表达能力的具体体现。

在人类法律文明史上，楔形文字凝成《汉谟拉比法典》的传奇，古拉丁文留下"十二铜表法"的神话，汉字则铸就了《唐律疏议》等中华法系经典。每个民族的法律创作成了萨维尼所谓"民族精神"和孟德斯鸠"法的精神"的重要基础。古今中外法学大师们写就数以百千计的法学经典，成为当代人取之不尽、用之不竭的思想精华和学术资源。当代中国的法科学生也应当有这种历史大作为。

逻辑。逻辑是写作的精髓，如果说语言是人们用来表达和交流思想的符号工具，那么，逻辑则是思想的规律、规则；如果说词语、术语、概念等语言元素是珍珠，那么，逻辑就是把珍珠串联在一起的金线。柏拉图曾把荷马史诗与城邦法律比较，称赞城邦的法律才是最伟大的诗篇，因为法律体现了正义、理性、逻辑和语言的完美结合。在法律生活世界，逻辑最鲜明地体现在法律推理之中。首先是形式推理，形式推理要获得有效性、合理性，即推理的确实性、无矛盾性，必须遵循形式逻辑；而形式逻辑中，概念是最重要的构成要素，形式逻辑中的判断和推理是以严密、一贯、清晰、语义明白无误的概念为要素，并从概念开始的，即由概念而判断（命题）而推理。其次是辩证推理，辩证推理是一种比较复杂的推理方法。与形式逻辑比较，辩证逻辑更重视概念，它以哲学反思的方法对待概念的形成和发展、概念与现实、概念与概念的联系，转化概念自身的矛盾（也是对象自身的矛盾），并通过概念的这种思维形式反思思维内容的矛盾。法律推理是一种创造性的法律实践活动，也必定是一种创造性法律写作活动。

修辞。这里的修辞，不只是写作技巧，而且是哲学意义上的修辞。这种意义的修辞，对于写作而言，不是富丽的装饰或者炫彩的花边，它实际上是思想理路在语言中的绽放。通过修辞，思想的意义成为可理解、可论辩、可接受的；经过修辞，思想的维度能够被拓展、被深化、被升华；透过修辞，思想的真理才能有价值、有深情、有力量！法律写作离不开透彻的思想，而思想要彻底、有说服力、能打动人，就不能没有修辞。一篇称得上佳作的文学作品，可能修辞是畅快的、飘扬的、婉转的，而一篇法学的精品力作，修辞该是理性的、规范的、可证成的。原因在于，文学之思求意境，而法学之思求正当，这便是思想与修辞的“门当户对”。所以，修辞构成了法律写作不可或缺的要素，因为它不仅是逻辑的外壳、知识的符号、语言的外衣，更扮演了思想的眼睛。修辞，如同礁石，充满力量的滚滚而来的思想浪涛，只有撞上它，才成就真正的崇高和壮美！

那么，法科学生该如何提高写作能力呢？

第一，推进“三维融合”，提升法学思维能力。法学思维包括法律思维、法治思维和法理思维。在法律实践和法学研究中，长期以来，只有法律思维这个概念。党的十八大报告提出“提高领导干部运用法治思维和法治方式深化改革、推动发展、化解矛盾、维护稳定能力”，党的十八大以来，习近平总书记强调，各级领导干部要做尊法学法守法用法的模范，提高运用法治思维和法治方式的能力，努力以法治凝聚改革共识、规范发展行为、促进矛盾化解、保障社会和谐。法治思维，作为一个创新性概念进入法治理论和法学理论体系。最近几年，随着良法善治理念的普及和法理研究以及法学方法论研究的深入，“法理思维”概念脱颖而出。“法理思维”概念的提出极大地开放了法学思维的空间。写作的过程也是法律思维、法治思维和法理思维“三维融合”的过程，能够把这三种法学思维方式有机结合起来、融合起来，一定能够产生创新理论，提高法学文本的学术品位和思想境界。

第二，注意法律写作的特殊性。法律写作不同于煽情的文学创作，而是有其独特风格与审美品位。法律语言逻辑严密、简洁明快、对称均衡，富有节奏韵律。法律语言经过提炼、加工，已经演变成不完全等同于“日常语言”一套的复杂的行业语言。拉德布鲁赫曾指出：“法律的语言是冷静的：它排除了任何情感的声调；法律的语言是刚硬的：它排除了任何说理；法律的语言是简洁的：它排除了任何学究之气。”正是这种简洁冷峻、精确严格，形成了法律的清晰表达和独特的语言成就。尤其在西方法学史上，法律在历史的演进过程中曾经成为语言的范本之一。《拿破仑法典》甚至成为了文学家的语言范本。据说，法国文学家司汤达每天早上工作前要读几段拿破仑法典，以“找找风格”与语言的节奏。茨威格特在《比较法总论》中说，我们在诵读法国民法典时，就可以感受到拿破仑的参与使法典“渗入了他那种伟大气魄，而法典的语言也因之而充满力量并激动人心；直截了当一扫教理式的推断”。在法律写作中,要形成谨慎的文风、思辨的意识、批判的精神,以及对真理的追求,把思想写成定型的语言文字,提高严谨准确性。

第三,要关注社会现实,在实践中提炼智慧。法律写作属于非虚构写作,是以现实为基础的。无论是倾向于理论研究的学术论文,还是致力于解决现实困境的实务文章,都必须以问题为中心、以问题为导向,带着问题进行针对性研讨,再通过写作将问题体系化、层次化、清晰化。霍姆斯说:“法律的生命不在于逻辑而在于经验。”其实,对于法律写作也是如此。法律写作如同法律裁判,也要坚持“以事实为根据,以法律为准绳”。脱离社会实践,单纯依靠思维的推敲和形而上学的烦琐论证的作品无异于“无源之水、无本之木”,所得出的结论即使看似高深,也不过是“屠龙之术,凌空蹈虚”之言。法律不是居于生活世界之外,而是构成生活世界本身。这就决定了法律写作也必须深植于社会生活。

第四,法律写作要注重以文会友、交流汇通。法律写作不是孤芳自赏的吟风弄月,而是直面社会问题的公共书写,是“铁肩担道义、妙手著文章”的公共担当。“奇文共欣赏,疑义相与析。”写作必然是个反复思考、不断修正的过程,也是一个互相交流的过程。文章是私人的劳动产品,需要展示出来才能成为社会产品,达到其经世致用的目的。在此意义上可以说,法律写作比任何写作更需要交流和讨论。这是我们主办全国法科学生写作大赛的目的与初衷。法学院作为培养法治人才的第一阵地,我们希望联合但不限于在场的中国所有的重要法学院一起推动,共襄盛举,召唤四方法科学子,让他们自由思想、自由创作、自由评论、自由分享,在切磋琢磨中互助互进,并引导养成自由民主、平等理性、公开公正的学风学统。因此,大赛的成功举办也需要在座的每一位法学院的领导和老师们的共同努力。

我希望年轻一代的法学学子们,不忘法治初心,牢记法学使命,立足当下、面向未来,为助推新时代良法善治、推动全社会的法治共识书写自己的锦绣答卷,贡献自己的力量!

杜甫有诗云:“笔落惊风雨,诗成泣鬼神”,法律写作则是比“惊风雨”“泣鬼神”更伟大的创作。我相信,在大家的努力下,我们即将看到的是全国各地法学才俊的百舸争流、百花竞放,迎来的是一场场高水平法律写作竞赛的场景,我们法学人才培养机制的这一次重大创新,一定会开花结果,一定会春华秋实。

法律的生命和价值在于实施*

在《中华人民共和国行政诉讼法》颁布三十周年之际，由中国法学会行政法学研究会、中国政法大学法治政府研究院、《中国法律评论》杂志社发起举办的“推动中国法治进程十大行政诉讼典型案例发布会暨纪念行政诉讼法颁布三十周年研讨会”隆重举行，我代表中国法学会向发布会和研讨会的召开表示热烈祝贺！向为行政诉讼法治和法治中国建设做出理论贡献、制度贡献、实践贡献的各界法律人士表示崇高的敬意。

三十年前，即 1989 年的 4 月 4 日，在政治体制改革的大潮中，第七届全国人民代表大会第二次会议审议通过了《中华人民共和国行政诉讼法》。这是我国社会主义民主政治发展中的重大事件，在社会主义法治建设道路上具有里程碑意义。《行政诉讼法》的制定实施，填补了我国诉讼制度的空白，完善了中国特色社会主义司法制度。

我国建立行政诉讼法律制度的根本目的，是通过司法权对行政权的制约监督，防范和纠正违法行政行为对群众利益的侵害，保

* 本文系作者 2019 年 3 月 31 日在中国法学会行政法学研究会、《中国法律评论》、中国政法大学法治政府研究院联合举办的“推动中国法治进程十大行政诉讼典型案例发布会暨纪念行政诉讼法颁布三十周年研讨会”上的致辞。

护公民、法人和其他组织的合法权益，保护人权，促进行政机关公正执法、文明执法。三十年来，在党的领导下，在人大的监督下，在各级人民政府的支持配合和社会各界的支持帮助下，各级人民法院忠实履行宪法和法律赋予的司法职能，认真贯彻执行行政诉讼法，积极开展行政审判，依法审理和审查了大量的行政诉讼案件和非诉行政执行案件，切实保护了公民、法人和其他组织的合法权益，促进了行政机关严格执法、依法行政，为保障经济社会发展，为全面实施依法治国基本方略，加快建设社会主义法治国家做出了重大的贡献。

在过去三十年，行政诉讼法在实施中彰显价值，也在实施中完善发展，演绎了法律的生命力在于实施的中国故事，也印证了法治的进步不仅在于立法，也在于司法推进的法治文明发展逻辑。今天会上即将发布的十大行政诉讼典型案件在正确实施行政诉讼法、切实保障人权、有效制约公权、促进官民和谐、推进法治事业发展进步等方面发挥了历史性作用，做出了历史性贡献。值得我们纪念，值得我们褒奖。

同志们，我国的行政诉讼是一项比较年轻的法律制度，行政审判是一项充满活力和生命力的事业。让我们以这次发布会和研讨会为契机，站在新的历史起点上，深入学习习近平全面依法治国新理念新思想新战略，认真贯彻执行行政诉讼法，共创依法行政、公正司法、依法治国的美好未来！

探究法理之“公”道*

“法理研究行动计划”自2017年12月正式启动以来，受到法学界的广泛关注和积极参与，燃起了法理学界“以法理为中心”的科学热情，触发了法律学各学科“以法理为共同关注”的思想热潮，并取得了一系列具有标志性和显示度的研究成果。其中，最具有影响力和融贯时代精神的成果是国家精品教材《法理学》第五版的出版发行。这本教材充分彰显法理学是“法理之学”的学术本质，它以法理为其中心主题和研究对象，实现了新时代法理学教材的转型升级。在我们国家，法理学教材是法理学知识体系、理论体系、话语体系的主要载体。所以，法理学教材的内容变革、范式转换和体系建构对于法理学和法学体系的发展命运具有深刻、深远的意义。

“法理研究行动计划”先后召开过三次整体性面向的研讨会，围绕什么是法理、如何发现法理、如何提炼法理、如何开展法理研究、如何实现法理研究与法学范畴研究的对接、如何在法理学与法律学的结合上构建新时代中国法理体系等议题，进行了深入而热

* 本文系作者2018年11月3日在浙江大学光华法学院、浙江大学法理研究中心、浙江大学公法与比较法研究所、《法制与社会发展》编辑部共同主办的“公法中的法理”学术研讨会暨法理研究行动计划第四次例会上的致辞。

烈的讨论，凝聚了广泛而科学的共识。在此基础上，从现在开始，“法理研究行动计划”将从整体性面向研究转向分领域专题研究。这一转向既是法理研究深化和拓展的必然要求，也是构建法理中国的必由之路。

我目前策划的专题性研究有二十多个。把哪一个作为首选专题呢？经过行动计划秘书处的调研、讨论和协商，我决定以“公法中的法理”为第一个专题。“公法”，特别是其中的宪法和行政法，蕴藏的法理资源十分丰富，既有的研究基础较好，浙江大学光华法学院作为公法研究的重点基地又积极申请主办第一场专题研讨会。所以，我们就确定了由浙江大学光华法学院会同浙江大学法理研究中心、公法与比较法研究所和吉林大学《法制与社会发展》编辑部，一起主办本次研讨会。这里，我向主办单位表示衷心感谢。我将举办这样一个研讨会的想法与宪法学研究会会长韩大元和秘书长张翔、行政法学研究会会长马怀德和秘书长王敬波交流之后，他们均表示全力支持。这里，我也代表“法理研究行动计划”秘书处向宪法学研究会和行政法学研究会两家支持单位，表示衷心感谢！

由于参加本次研讨会的大多数同志没有参加过“法理研究行动计划”的活动，我想有必要就“什么是法理”“什么是公法法理（公法的法理）”简单说几句，以便使我们的研讨会主题鲜明、论题集中、聚焦精准。依我的理解，“法理”作为词语和概念，体现了人们对法的规律性、终极性、普遍性的探究和认知，体现了人们对法的目的性、合理性、正当性的判断和共识，体现了人们对法律之所以获得尊重、值得遵守、应当服从的那些内在依据的评价和认同。法理是一个综合概念，包容了一切美好的价值元素和法律公理；法理是一个文化概念，体现了法律和法治文化传统中定分止争、惩恶扬善、公平正义、法正民安的智慧和美德，积淀着法治文明的优秀成果；法理是一个具有普适内涵的概念，融通了古今中外关于法和法治的原理、理论、学说、共同价值；法理是一个实践理性概念，源于实践、在实践中凝练、在实践中运用、在实践中发展。在法律体系和法治体系中，法理几乎是无处不在、无时不有，它们像一个个精灵在法律的灵魂深处跳跃，它们穿越在法律体系的时空中，播扬在法律和社会生活的广袤领域，是它们激活了法律的生命之原，也是它们点燃了法治的理性之光。依据法理学对法理概念的学理解释，可以说：所谓公法法理，简而言之，就是公法的基本原理、公法的精神内核、公法的资格标准。公法之基本原理，指的是关于公法的本质性、规律性、终极性的认识结晶；公法之精神内核，指的是公法内在的目的性、合理性、正当性等价值元素和基本原则；公法之资格标准，指的是一部宪法或宪法性法律、行政法法律法规等之所以被承认、被认同为具有法律效力和权威的形式要件，亦即形式有效性和形式合理性。“公法法理”这一概念的语义和意义大致如此。因而，“公法中的法理”研讨会要着力围绕这三个方面展开讨论，而不要与关于公法的法理学研究混淆。

我想，“公法中的法理”学术研讨会应达到以下预期目标：第一，揭示或者说发现公法中的法理，把蕴涵在宪法、行政法制度规范中的法理揭示出来，以概念、命题、金句、论述等形式表达出来；第二，梳理公法法理，把已经发现和最新揭示出来的公法法理按照内在逻辑进行梳理、集成，形成新时代中国公法法理清单（体系），使人们对宪法、行政法的核心法理和基本法理一目了然；第三，对宪法、行政法中的核心法理、基本法理进行学理阐释，形成有关公法法理的新命题、新理论、新学说；第四，对古今中外的公法法理概念、命题、论述进行反思或比较，催生融通性法理命题或论语，促进公法法理推陈出新，构建新时代中国法理的话语体系；第五，探索和总结组织专题性法理研讨会的经验，为后续各专题性研讨会提供可复制、可推广的经验。

同志们，杭州是新中国宪法文本的故乡。1953 年 12 月 24 日至1954 年 3 月 17 日，毛泽东同志亲自率队，带领宪法起草小组在杭州完成了《中华人民共和国宪法》草案的起草工作。由于起草宪法的人员都是环西湖而居，所以也有一种说法，把“五四宪法”草案称为“西湖稿”。宪法文本起草期间，毛泽东同志发表的有关宪法的讲话和谈话饱含深刻的法理，比如，“治国，须有一部大法”，制定宪法是“立国安邦之大事”，“宪法是根本大法”，是“总章程”，是社会主义制度的“四梁八柱”，社会主义宪法应以“民主原则和社会主义原则”为根本，“搞宪法是搞科学”，要“坚持实事求是、简单明了”等，这些金句闪耀着法学真理的光芒。杭州也是法治中国的思想源头。当年，习近平同志主政浙江时首次明确提出建设“法治浙江”，“法治中国”是“法治浙江”命题合乎逻辑地放大、延伸和深化。今天，我们聚集在新中国宪法圣地和新时代法治中国的思想源头研讨公法法理，必然是激情满怀、灵感充盈，也必定是不忘初心、砥砺前行！

现代公法的核心法理 *

经过一天半会上会下、会内会外自由、民主、热烈、充实的发言、对话、讨论,“公法中的法理”学术研讨会即将闭幕。根据会务组的安排,由我对本次会议作个小结。

在开幕式致辞中,我提出本次研讨会应达到五个目标:第一,揭示或者说发现公法中的法理,把蕴涵在宪法、行政法制度规范中的法理揭示出来,以概念、命题、金句、论述等形式表达出来;第二,梳理公法法理,把已经发现和最新揭示出来的公法法理按照内在逻辑进行梳理、集成,形成新时代中国公法法理清单(体系),使人们对宪法、行政法的核心法理和基本法理一目了然;第三,对宪法、行政法中的核心法理、基本法理进行学理阐释,形成有关公法法理的新命题、新理论、新学说;第四,对古今中外的公法法理概念、命题、论述进行反思或比较,催生融通性法理命题或论语,促进公法法理推陈出新,构建新时代中国法理的话语体系;第五,探索和总结组织专题性法理研讨会的经验,为后续各专题性研讨会提供可复制、可推广的经验。我们的研讨会基本上达到了这五个目标,为

---

* 本文系作者 2018 年 11 月 4 日在浙江大学光华法学院、浙江大学法理研究中心、浙江大学公法与比较法研究所、《法制与社会发展》编辑部共同主办的“公法中的法理”学术研讨会暨法理研究行动计划第四次例会上的学术总结。

后续研究开拓了道路。

关于公法中的法理，我个人认为，主要体现为三个方面：

一是公法之基本原理，指的是关于公法的本质性、规律性、终极性的认识结晶，往往表现为概念、命题、论语、学说等。例如，宪法是国家宣言或纲领，像法国《人权和公民权宣言》、美国《独立宣言》、俄罗斯《被剥削劳动人民权利宣言》、我国《中国人民政治协商会议共同纲领》等；宪法是社会主义制度的"四梁八柱"，宪法是立国安邦的总章程、治国安邦的总章程；宪法是治国理政总依据、法律法规总依据；中国共产党领导是中国特色社会主义最本质的特征；公法是理与力的结合；"纵观人类政治文明史，权力是一把双刃剑，在法治轨道上行使可以造福人民，在法律之外行使则必然祸害国家和人民"；[1]把权力关进制度的笼子，就是要依法设定权力、规范权力、制约权力、监督权力。学说包括：人权学说、共和学说、"一国两制"学说；行政法学领域的控权论、保权论、平衡论、公共治理论。

二是公法之精神内核，指的是公法内在的目的性、合理性、正当性等价值元素和基本原则。诸如，民主是宪法的前提，宪法是民主的保障；人民主权、共和政体、公共治理；以人民为中心、以人民为主体，法治为了人民、依靠人民、保护人民、造福人民；建设富强民主文明和谐美丽的社会主义现代化强国；定分止争、惩恶扬善，以人为本、保护人权；权力源于权利、服务于权利、服从于权利；制约公权，分权制衡；法正民安；民尊国范；国家认真对待权利，人民认真对待法律；正当程序、比例适当、信赖保护、合理预期；自治、法治、德治三治融合；共建共治共享，共商共治共享等。

三是公法之资格标准、合法性理据，或程序性法理，指的是一部宪法或宪法性法律、行政法法律法规等之所以被承认、被认同为具有法律效力和权威的形式要件，亦即形式有效性和形式合理性。由国家制定、认可或批准；民主立法、科学立法、依宪立法；法律具有一般性、普遍性、连续性、稳定性；法律规则不含糊其词、不强人所难、不溯及既往；承认规则、违宪审查（合宪性审查）；宪法法律的生命在于实施、宪法法律的权威在于实施、宪法法律的伟力也在于实施；依宪执政、依宪治国；依法行政、严格执法、有限自裁；法官中立、律师自由、司法权依法独立行使，审理者裁判、裁判者负责；全民守法，没有不受保护的“例外”，亦没有不受处罚的“例外”。

注 释

1 习近平：《在省部级主要领导干部学习贯彻党的十八届四中全会精神全面推进依法治国专题研讨班上的讲话》，载中共中央文献研究室编：《习近平关于全面依法治国论述摘编》，中央文献出版社 2015 年版，第 37－38 页。

寻找法理之“私”芯*

首先，我代表浙江大学法理研究中心、吉林大学《法制与社会发展》编辑部，代表“法理研究行动计划”秘书处，向各位专家和嘉宾莅临本次研讨会并将发表精彩见解表示热烈欢迎！

今年是改革开放40年，是依法治国40年，也是法学复兴40年。在这个特殊的时间节点，我们召开“私法中的法理”学术研讨会有着特殊的时代意义。

本次研讨会是我发起的“法理研究行动计划”的一场重要的学术活动。党的十八大之后，我国法治发展实现了从形式法治到形式法治与实质法治融合的重大转型，即从有法可依、有法必依、执法必严、违法必究转型为科学立法、严格执法、公正司法、全民守法，并正在加快转型为良法善治。这一重大转型，同样标记了法学理论的转型升级。良法善治的目标导向使我们从法律的崇拜者，到法治的实践者，成长为法理的思想者，也必然使法学研究直面法理，因为良法善治的精神实质和核心要义集中凝结在“法理”概念之中，法理凝聚了法的价值、法的美德、法的传统、法的通理、法的

---

* 本文系作者2018年12月22日在上海交通大学凯原法学院、浙江大学法理研究中心、《法制与社会发展》编辑部、《交大法学》编辑部共同主办的“私法中的法理”学术研讨会暨法理研究行动计划第五次例会上的致辞。

公理等，可以说，“法理”是良法善治的晶体，把全面依法治国和法治中国建设夯实在国际社会公认的现代法治概念和法理信念的基础上，建立在马克思主义法治概念和法理信念的基础上，建立在中国特色社会主义新时代法治概念和法理信念的基础上，才能通向良法善治的光明大道。

法理研究首先要从法理学出发，但它的出发点不是它的全部风景，更不能代表它的终点。法理研究应该成为我们法学界共同的使命，是我们法学人一起点燃的一把火炬，是中国法学在新时代迎来的新的伟大工程。

在这样的背景下，2017 年 7 月，我在《清华法学》发表了《法理：法理学的中心主题和中国法学的共同关注》一文。在这篇论文中，我论证了当代中国法学开展法理研究的重大意义，并融合中西法理学说，提出了一个分析性法理概念。依我的理解，“法理”作为概念，体现了人们对法的规律性、终极性、普遍性的探究和认知，体现了人们对法的目的性、合理性、正当性的判断和共识，体现了人们对法律之所以获得尊重、值得遵守、应当服从的那些内在依据的评价和认同。正是这三者的统一，使我们坚信，法理包容了一切美好的价值元素和法律公理，体现了法律和法治文化传统中定分止争、惩恶扬善、公平正义、法正民安的智慧和美德，积淀着法治文明的优秀成果。在法律体系和法治体系中，法理几乎是无处不在、无时不有，我称之为“法理泛在”。该文发表之后，我就开始筹划在全国范围内、在各个法学部门开展法理研究的“法理研究行动计划”。2017 年 12 月 3 日，在苏州大学王健法学院，“法理研究行动计划”正式启动。一年来，这一行动计划受到法学界的广泛关注和积极参与，取得了一系列具有标志性和显示度的研究成果。包括：第一，国家精品教材《法理学》第五版的出版发行。这本教材充分彰显出法理学是“法理之学”的学术本质，它以法理为其中心主题和研究对象，实现了新时代法理学教材的转型升级，实现了法理学知识体系和理论体系的创新。第二，“法学范畴与法理研究”学术研讨会于2018年7月在长春召开。这次会议以“纪念”“深化”“对接”为关键词，纪念1988年在长春召开的“全国法学基本范畴研讨会”30年，共同回忆那场激情荡漾的学术盛会，持续深化法学基本范畴研究，有效推进法学范畴研究与法理研究的对接。会上和会后，有人说这次会议“与30年前的法学基本范畴研讨会一样，堪称中国法学新的里程碑”；有人说这次会议“开启了新时代中国法学的新征程”；还有人说这次会议“标记着中国法学的新纪元”。不管怎么说，有一点是可以肯定的，那就是这次研讨会对法理研究是一个巨大的、全面的推进。第三，围绕法理研究主题，发表了一系列高水平原创性的法理研究论文，例如，《如何理解法理》《如何凝炼法理》《如何发现法理》《法谚与法理》《论法理的普遍性：法之“公理”“通理”“殊理”》《民法中的法理》《经济法哲学：经济法的“法理”表达》《民国时期法律学者“法理”观管窥》《传统法典中的法理及其现代价值》《存在（理智上可辩护的）法律教义学吗》。可以说，“法理研究行动计划”顺势而行，开局良好。

“法理研究行动计划”启动以来，先后在苏州、长沙、天津召开过三次整体性宏观性面向的研讨会，围绕为什么要重视法理研究、什么是法理、如何发现法理、如何提炼法理、如何开展法理研究、如何实现法理研究与法学范畴研究的对接、如何在法理学与法律学的结合上构建新时代中国法理体系等议题，进行了深入而热烈的讨论，深化了理论、凝聚了共识、摸到了门径。天津会议之后，“法理研究行动计划”从整体性宏观性面向研究转向分域性专题性研究，以进一步扩展维度、增强力度、锤炼深度。2018年11月3日至4日，在杭州举办的“公法中的法理学术研讨会”启动了这一转向。今天，在沪举办的“私法中的法理研究”学术研讨会以及后续将要召开的经济法中的法理、环境法中的法理、诉讼法中的法理、国际法中的法理、法理思维和法律方法论、中西经典文献中的法理等研讨会，必将更加有力地推动法理研究行动计划的学术转向。我想，这一科学的转向必将充分展现法理研究的爆发力，只有把整体性宏观性研究与分域性专题性研究有机结合起来，法理研究才能拓展，才能深化，才能蔚然成风。

从时间维度来看，私法是人类历史上最早出现的法律；从文明维度来看，私法是人类法律生长的一颗种子；而从法理维度来看，私法是法理元素的萌发点，是法理要素的宝库。因而，我们说，私法是法的历史和逻辑的真正起点。正如恩格斯所言："在社会发展某个很早的阶段，产生了这样一种需要：把每天重复着的产品生产、分配和交换用一个共同规则约束起来，借以使个人服从生产和交换的共同条件。这个规则首先表现为习惯，不久便成了法律。随着法律的产生，就必然产生出以维护法律为职责的机关——公共权力，即国家。"[1]这一论述体现了历史和逻辑的统一，它不仅充分说明了在法的发展的历史过程中私法先于公法的事实，也深藏着公法、公权是为私法、私权而设立的思想。而这本身，也是一条精辟的法理。谈到私法的历史，我们便不能不提罗马法这一"私法地标"。罗马法作为古代私法的经典不仅提出和解决了许多涉及立法、执法、司法的方法问题，创造了精湛的诸如公法、私法、物权、债权、地役权、时效、代理等法律概念和术语，更重要的是提出了诸如契约自由、一物不二卖之类跨越文化和国界的法理命题，镌刻下千年不朽的法理精神。

回到当下，私法领域的基本法理（如规则非人格化、权利和义务对等、权利本位等）同样是现代法治的基础，私法中的人格权、财产权、平等权和自由更是公法权利的原型和现代权利体系的核心和基础。讲法治，基础在私法，基石在私权，基点在私法法理。

而就当代中国而言，加强对私法中的法理研究更是至关重要。具体而言，首先是编纂民法典的迫切需要。党中央、全国人大强调，民法典的编纂要坚持问题导向，既要讲体系，又要讲法理。这就要求我们去厘清中国民法的核心法理、基本法理、具体法理，构建中国民法的法理体系，为民法典的编纂提供法理资源和法理依据。进一步说，以法理为依归，第一步就是要以民法的核心法理为依归，像生命无价、人身自由、人格尊严、性别平等、产权神圣、契约自由、诚实信用、公平正义、公序良俗、环境正义、权利救济、定分止争等，都是中国民法中的核心法理。在核心法理之下，还有基本法理、具体法理。例如，物权法除了财产权神圣这一核心法理之外，物有其主、物尽其用、物权效率、物权公益、物权正义等则是很重要的基本法理。再以婚姻家庭法为例，男女平等、婚姻自由、一夫一妻、家庭和谐是婚姻法的核心法理，而离婚是以感情破裂为理由或是以婚姻关系破裂为理由则是下位的具体法理问题。所以，必须以精雕细琢之工，施独运匠心之力，把核心法理、基本法理、具体法理这些法理素材构建成有机的私法法理体系或系统，才能为民法典编纂储备一个强大的理论地基，才能以驭大国之重器挺立中国民事法律体系脊梁，才能以源源不断的法理清泉滋养民法典这棵参天大树根深叶茂。

其次是公正司法、文明司法的必然之势。最高人民法院 2018 年 6 月印发的《关于加强和规范裁判文书释法说理的指导意见》提出，裁判文书要阐明事理、释明法理、讲明情理和讲究文理，并从审查判断证据说理、认定事实说理、适用法律说理、行使自由裁量权的说理方面提出具体的要求。该意见把裁判文书释法说理作为深化依法治国实践和提升司法能力的基础工程，对提高司法产品质量和审判效率、推进司法公开、展示人民法院公正司法形象、改善人民群众公平正义获得感具有重要意义。很显然，这已经从法律适用的单线条、平面化要求，跃升至多维度、立体化导向，司法实践呼唤法理研究已经越来越迫切。我们知道，市场经济下民商事纠纷是案数最庞大、案情最复杂、案理最难说的，法理尤其是私法法理之所以被实务部门视为重中之重，正在于它们不但关系到单个案件的裁判,而且直接或间接地影响人民的满意度,影响人民对美好法治生活的向往。什么是法治领域的"美好生活的期待"?在我看来,习近平总书记的那句法理命题讲得最真切:努力让人民群众在每一项法律制度、每一个执法决定、每一宗司法案件中都感受到公平正义。而这一切都必将归结到法理上来,都必然要求在法理上说得对、行得通、办得好。从这个意义上讲,私法法理的研究势在必行。

最后,私法学创新发展的必由之路。最近几年,我国法学各领域呈现"教义化"倾向。综观而言,无论是"注释法学",还是"法教义学",对于法律精确化、体系化,对于正确理解和适用法律,对于法学学科体系的形成,都发挥着不可替代的作用,是法学之科学化发展史上不可或缺的一环。但是,在我国私法尚未发达如西方之盛景之际,便专注于实在法注释或实证分析,必将会枯竭其思想体系而退化为单纯的知识体系,而极端的"教义化"可能导致"和尚把经念歪"的不良局面。因此,我认为,我们不单要在原有的路径上追求立法的速度,也要在法理的沃野上寻求立法的质量,注重研究法律以及法律制定和实施的法理依据和法理支点,关注法律精神、法治理念,关注法律思维、法治思维、法理思维,致力于探究法律规则和法律制定背后的终极性问题、本源性问题、普遍性问题,以"法理"之研究,催生私法学之新的增长点,打开私法学思维的新境界,形成私法学研究新范式。"为学之道,必本于思。""不深思则不能造于道,不深思而得者,其得易失。"宋代思想家程颐的上述名言应当成为私法学乃至法学学科的学术箴言。

下面,我说一说"私法中的法理"学术研讨会应达到的预期目标:第一,揭示、发现民法、商法等私法中的法理,把蕴涵在私法体系及其运行中的法理揭示出来,以概念、命题、金句、论述等形式表达出来。第二,梳理私法法理,把已经发现和最新揭示出来的私法法理按照内在逻辑进行梳理、集成,形成新时代中国私法法理清单，使人们对私法之核心法理和基本法理一目了然。第三，对私法中的核心法理、基本法理进行学理阐释，形成有关私法法理的新概念、新命题、新学说、新话语。第四，对私法历史发展中形成并不断演化的法理概念、命题、话语进行反思或比较，促进私法法理推陈出新，构建新时代中国私法的法理话语体系。我想，这次研讨会既是一场私法法理研究成果的展示，也是私法法理之学的真正起航！

同志们，上海交通大学凯原法学院为这次研讨会进行了充分准备，创造了非常好的条件。我提议全体与会代表向上海交通大学的领导和法学院的同志们再次表示衷心感谢！

注 释

1 《马克思恩格斯选集》（第 3 卷），人民出版社 1995 年版，第 211 页。

法理学与民法典编纂 *

制定民法典是党的十八届四中全会作出的重大决策,是法学界和社会各界的多年期盼。制定民法典既是中国特色社会主义法律体系完善发展的重大任务,也是全面深化改革、全面依法治国、全面建成小康社会的战略举措。为什么要制定民法典,制定一部什么样的民法典,如何破解民法典制定过程中必将遇到的学理支撑、制度设计、方法论证等方面的问题,是法学界必须认真思考和科学回答的基本问题。在党中央和全国人大对民法典编纂方案进行顶层设计的初期,中国法学会就建议:制定民法典的工作主体是民法学家,但要真正制定出一部符合中国国情、中国经济社会发展规律,体现时代精神、人民意愿和法治规律的社会主义新型民法典,就必须动员全国法学界的力量,必须凝聚法学和相关学科的知识和理论成果。

在中国法学界,率先行动的是民法学家,法理学和其他部门法学紧跟其后,为制定民法总则和民法典各分则进行理论准备、调研准备、文献准备,向党中央和全国人大建言献策。法学界关于民法

---

* 本文系作者 2017 年 4 月 5 日在广州大学公法研究中心主办的广州大学"公法研究中心成立七周年志庆暨第七届公法高端论坛"上的致辞。该次论坛主题为"法典化、民法典和法治社会"。

典的研究是在三个层面进行的,一是法理学(法哲学)层面,二是法律学层面,三是法社会学层面。法理学层面的研究涉及民法典的时代精神、价值理念、核心概念、民法典与其他法律部门的关系等;法律学层面的研究侧重民法典的概念表述、制度设计、权利义务界定、逻辑结构等技术层面的问题;法社会学层面的研究侧重对我国民事法律活动和民事司法实践经验的调查研究,总结经验,提出问题,提供实证依据。在中华人民共和国第十二届全国人民代表大会第五次会议上,全国人大常委会副委员长李建国《关于〈中华人民共和国民法总则〉(草案)的说明》提到了这三种研究,指出:"在民法总则草案制定过程中,遵循了民法典的指导思想和基本原则,并注意把握以下几点:一是既坚持问题导向,着力解决社会生活中纷繁复杂的问题,又尊重立法规律,讲法理、讲体系。……"[1]这里,我想介绍一下在规划民法典和制定民法总则过程中是如何讲法理的、讲了哪些法理、法理学者开展了哪些重要工作、作出了哪些有意义的贡献。

第一,提出民法典应当着力解决的前提性问题。这五个问题是:

一是民法与宪法的关系。虽然在法律发展史上民法先于宪法而存在、民事权利体系是现代法律权利体系的原型,但正是因为民法不能有效保护私权而产生了宪法,并由宪法构成了民事权利体系和整个权利体系的人权和物权基石。所以,在当代中国制定民法典必须旗帜鲜明地"根据宪法"。

二是民法学基本范畴与法学基本范畴的关系。尤其应当注重在法律主体、法律行为、法律权利、法律义务、法律责任等法学体系和法律体系的核心概念上做到科学、精准,具有内在一致性和外在统一性,避免同一概念在民法与法理学和其他部门法学之间互相冲突,从而影响社会主义法制的内在统一性。

三是民法逻辑与法治逻辑的关系。法治逻辑是民法逻辑的起点,所以要把制定民法典作为全面推进依法治国,推进国家治理体系、治理模式和治理能力现代化的制度依托,作为实现保障人权、保护产权、维护公平、促进和谐、推进发展、引领风尚等法治核心价值的内在要求。

四是民法典与民事诉讼法的关系。20 世纪 80 年代我国制定《民法通则》的时候还没有民事诉讼法(民事诉讼法是 1991 年 4 月 9 日通过的),因此在《民法通则》中包括大量属于民事诉讼条文。当下,我国《民事诉讼法》经过 2007 年、2012 年两次修正已经日益完善,且有详细的司法解释,因而制定民法典应尽量避免民事实体法与民事程序法的重复,为《民事诉讼法》实现其程序价值留有足够空间。

五是民法与社会生活的关系。民法源于社会生活,回应社会生活需要,并引领社会生活方向。制定民法典要充分发挥其在解决道德领域突出问题中的作用,引导人们正确行使权利、自觉履行义务、切实担当社会责任和家庭责任。此外,在社会自治和国家公治、法的时代精神和民族精神、借鉴和创新、法理学说和民法学说、民法总则和分则等问题上也要推进共识。

第二,提出一系列关键性建议。2016 年 3 月初,我们在法理学研究的基础上向全国人大法工委正式提出几条关键的建议。

一是民法总则应体现时代精神,时代精神最核心的就是社会主义核心价值观。党中央已经决定要把社会主义核心价值观引入法治建设。制定民法总则怎么样能够体现社会主义核心价值观,值得认真考虑。比如说构建和谐社会,要不要作为基本原则;其他像自由、平等、公正、人权等如何有机体现在民法总则之中。

二是民法总则应当体现权利本位或权利精神,设立民事权利专章。民法总则的多个建议稿关于民事权利的规定过于简单,好像在“权利”面前民事立法过于敏感,好像一提“权利”就会怎么样。其实,民法总则实际上就是关于公民法人权利的一般规定,它保障的不单是狭义的民事权利，而且是通过民法的方法来保障公民、法人的权益。几个建议稿关于权利的规定过于简单、谨慎，而且局限于保证民事主体的传统民事权利，对中国经济社会发展和科技革命产生的新型权利关注不够。民法总则所规定的权利，不能与十年前、二十年前的权利规定没有太大差别。我们强烈主张单设民事权利一章。现在，我们看到的正是通过后的《民法总则》，第五章就是民事权利，一共 24 条，涉及广泛的权利，其中包括人身自由、人格尊严，自然人享有生命权、身体权、健康权、姓名权、肖像权、名誉权、荣誉权、隐私权、婚姻自主权、个人信息权、财产权、继承权、知识产权等权利。

三是建议放弃民事行为概念。这次通过的民法总则把民事行为概念放弃了。法理学者二十多年前就批评民法通则里面“民事行为”和“民事法律行为”这两个逻辑混乱的概念。当然，这一次虽然放弃了民事行为概念，但从民事法律行为的表述来看，还不够彻底。例如，《民法总则》第 133 条“民事法律行为是民事主体通过意思表示设立、变更、终止民事法律关系的行为”。加了“意思表示”，就把非意思表示的那些事实行为排除了，而事实上构成法律行为的并非一定是通过意思表示的。类似这样，一些基本概念还很模糊。

四是关于政策的法律渊源或效力问题。《民法总则》的几个建议稿，包括全国人大法工委形成的草案，都规定处理民事法律关系应该依照法律规定，法律没有规定的适用习惯，但不得违背公序良俗，这就把政策因素排除在民法典之外，我认为，这是不妥的。它放弃了《民法通则》的相关规定，也有违党中央强调要确保政策和法律一起有效实施的法治精神。

五是民法总则不同于一般法律的总则，全国人大制定的许多法律，特别是基本的法律、重要的法律，都有总则，总则是相对正本和附则而言的，它是一个法律本身的一些原则。民法总则是民法典的总则,甚至可以说是中国民事法律体系的总则,要为整个中国民法确立核心价值、基本原则、学理学说,所以制定民法总则,首先要对这个民法总则有一个定位,这是整个民法典、中国民事法律体系的基础。制定民法总则的过程是一个凝聚共识的过程,先是法学界的共识,然后是整个社会的共识。什么是共识?如何达成共识?所谓的共识,就是思想认识的最大公约数,就是各种利益的最大公约数。制定民法总则,就是要凝聚法学界和其他社会各界对民事法律的思想认识的最大公约数。由此,立法机关不必过分顾忌意见分歧和不同意见,而是要把握社会各界思想认识的最大公约数。有的意见是非常好的意见,尽管可能只是少数人的意见,但它可能是思想共识当中的最大公约数。共识不是一个量的概念,而是一个质的概念,所以我们讲凝聚共识,就像物理学当中讲凝聚一样是在质的层面讲的。

六是民法总则必须避免司法中心主义倾向。回顾《民法总则》的建议稿,它似乎是为司法服务的、为审判服务的。《民法总则》草案中曾存在严重的司法中心主义。民法总则和民法典的功能是规范民事行为、调整民事关系、保障民事权利,延伸的功能还包括促进经济发展、构建和谐社会等,司法只是当法律的上述功能发生扭曲之时才出现。所以立法不要一开始就以司法为中心。《民法总则》一开始的稿子里面有讲人民法院审理民事案件应该怎么样的表述。现在的《民法总则》里,虽然没有人民法院如何审理民事案件的表述,但是许多规定在讲如何处理民事法律关系,实际上就是讲人民法院如何处理,只是原来有“人民法院”的字眼,而现在没有了。司法中心主义有悖于民法总则的本质意义。

七是基于法理学的理论思维和中国特色社会主义法律体系的基本理论,对民商合一立法模式还是民商分立立法模式提出建议方案。我们认为商法是独立的法律部门,商法学是独立的法学学科。民法和商法的主要区别在于,民法(民法学)与商法(商法学)

的价值理念、基本原理、实践路径不同。民法及民事法治思维注重“物有其主”、偏重“定分止争”、专注公平正义，而商法及商事法治思维则强调“物尽其用”，偏重“物畅其流”，专注效率优先、兼顾公平；民法及民事法治思维注重侵权责任，商法及商事法治思维注重保险责任；等等。由于这些区别，民法典和商法典将构成市场经济和社会生活的“鸟之两翼、车之两轮”。在制定民法典之后商法典或商法通则的制定应当是势在必行、水到渠成。

注　释

1　李建国：《关于〈中华人民共和国民法总则〉（草案）的说明》，载《人民日报》2017年3月9日，第5版。

商法学科与商事法治思维*

本次年会以“商法现代化与民法典的编纂”为主题，选题现实意义重大，学术意蕴深厚。围绕本次年会主题和商法学研究，我讲几点意见，供同志们参考。

第一，商法学的学科定位：商法学是一门独立的学科，有独立的研究对象，有独立的概念（范畴）体系、知识体系、理论体系。民国时期商法就是六法全书（六个主要法律部门）之一。我国现行的法律体系之中，民法和商法共同构成一个法律部门；商法学是教育部确定的法学本科专业十六门核心课程之一；民商法是国务院学位委员会确定的研究生专业之一。总之，无论从法律体系、法学课程体系来看，还是从研究生学位体系来看，商法与民法都是平起平坐的，具有相对独立性。基于这样的现实，我不赞成把商法当作“民法的特别法”。如果民法学家坚持这种观点，那是民法“沙文主义”；如果商法学家有这种观点，那是自己不把自己当回事。我也不赞成继续争论民商分立或是主张民商合一的问题，而是要走独立商法的发展道路，这是社会主义市场经济所决定、所需要的，也是完善和发展中国特色社会主义法律体系和法治体系的必然要

---

* 本文系作者 2015 年 9 月 29 日在中国法学会商法学研究会 2015 年年会上的讲话。

求。商法的独特地位和作用更是由商品经济的一般规律所决定的。在马克思主义经典作家那里,商事规则先于其他法律规则出现,是人类社会进步和法治文明的首要标志。马克思在《资本论》中、恩格斯在《家庭、私有制和国家的起源》等论著当中均揭示了这种客观规律,他们指出:由于交换、市场,产品成为商品,私人劳动产品成为社会劳动产品,私人劳动成为社会劳动,由此引发了社会分工;社会并由此成为因分工而相互依赖、互为联结的有机社会(法社会学、法人类学所称谓的“连带社会”);自然资源和社会资源因交换和竞争而价值最大,且因交换和竞争而充满活力。从这种历史逻辑,我们清楚地看到与交换和自由竞争相关的商事规则是法律规则体系的原型,是最原初的法律规则形式。

第二,如何推进商法学学科建设。学科建设是法学及各分支学科的基础性、根本性、长期性任务。商法学既然是一门独立学科,就要认真思考商法学自身的学科建设问题。学科建设是商法学家和商法学研究会需要认真对待的基础性、战略性、根本性问题,在全面深化改革、全面依法治国、全面建成小康社会和经济全球化的背景下,商法制度创新、商事法治改革和商法学科建设,更是商法学界的重大历史任务和重大现实课题。我在知识产权法学研究会年会上提出学科建设的重点是建构三个体系、推进三个创新。我想,这个观点也适用于商法学科建设。就商法学而言,“三个建构”,就是建构具有中国特色、体现社会主义本质、符合市场经济规律和法治发展规律的商法学知识体系、商法学理论体系、商事法治话语体系;“三个推进”,就是推进商法学学科体系、课程教材体系、人才培养体系的创新。我建议商法学研究会的同志们认真研究一下,如何进一步解放思想、改革创新,奋力推进新商法体系建构和新商法学科体系建设。

第三,如何推进商法学的转型升级。随着中国特色社会主义法律体系的形成和完善,党中央适时地提出建设中国特色社会主义法治体系,并将此作为全面推进依法治国的总目标。法治体系是与法律体系不同的法学理论概念,从本体论上说,法治体系不同于法律体系。法律体系是指由一国现行的全部法律规范按照不同的法律部门分类组合而形成的一个体系化的有机联系的统一整体,法律体系是法律的规范体系,而法治体系则是法律的运行体系,一个是静态,一个是动态。法治体系不仅包括立法及其形成的法律规范体系,而且包括执法、司法、守法等法律实施环节,还包括保证法律运行的保障机制、监督机制和法治队伍建设,体现了全面推进依法治国的整体要求,特别是突出了法律的实施和实效。随着依法治国从形成法律体系到建设法治体系的转型升级,商法学也应当与时俱进,把研究重心转向商事法治,从商事法律研究提升到商事法治研究,就是说不仅要研究商法规则,更要研究商事立法、商事执法、商事司法、商法文化、商法与其他法律的对接(衔接)等,以此,为商事法律体系的完善和商事法治改革提供科学的学理基础,提升商法学在建设中国特色社会主义法治体系、全面推进依法治国中的话语权和影响力。

第四,深入开展商法精神和商事法治思维研究。20 世纪 90 年代初期,在党的十四大决定建立社会主义市场经济体制之后,由我和江平、李步云先生发起,在大连市召开了"市场经济与现代法的精神学术研讨会",在法学界掀起了法的精神研究的高潮,推动了法学领域的思想解放。在商法学界也有一些学者撰写了研究商法精神的论著,近期仍有这一主题研究的成果发表。但是与宪法学界、民法学界、刑法学界、诉讼法学界、环境法学界关于法的精神的研究比较,尚不够深入。我认为在全面深化改革和全面依法治国的新阶段,商法学界应当深入研究这个问题,这个问题的研究对于商法学理论创新至关重要。党的十八大提出法治是治国理政的基本方式,同时要求运用法治思维和法治方式深化改革、推动发展、化解矛盾、维护稳定。法治思维是具体的,不是抽象的,要落实为宪法思维(或如宪治思维)、民法思维、商法思维、诉讼法思维、法理学思维等。这就要求法学各学科都应深入研究本领域的法治思维,例如,商事法治思维是一种什么样的思维。要想让我们的领导干部、企业家、商人在市场经济活动中,甚至在社会活动中善于运用商事法治思维,我们就要告诉他们什么样的思维是商事法治思维。我从网络进行查询,了解到商法学界关于商法思维有不少思考与讨论,但是关于商事法治思维的专题研究不多。商法思维与商事法治思维有联系又有很大区别,正如法律思维与法治思维的一般联系与区别。我曾经将民事法治思维与商事法治思维进行过比较,试图寻找二者的不同特征。我认为,民事法治思维注重“物有其主”,而商事法治思维强调“物尽其用”;民事法治思维偏重“定分止争”,商事法治思维偏重“物畅其流”;民事法治思维专注公平,公平统领效率,而商事法治思维则专注效率,效率优先、兼顾公平;民事法治思维注重侵权责任,商事法治思维注重保险责任。

第五,商法典与民法典的关系。我注意到这次会议的议题之一是商法典与民法典。我认为,研究这个问题之前,在学术上应该确立这样一种基本观念:就社会主义法治经济和市场经济而言,民法典与商法典是“鸟之两翼、车之两轮”。因此,大家不要觉得现在党的十八届四中全会提出制定民法典,将来就不制定商法典了,这只是意味着民法典制定的动机更强劲、基础更好点,绝不意味着商法典不重要、没必要。在这个问题上不要过分依赖民法典,而要大力推进研究和制定商法典;不要把精力投放在如何在民法典中塞进商法的内容,寄希望于在民法典中切一块“蛋糕”,而是要自己制作商法典“蛋糕”。民法典不是民法体系、更不是私法体系,不可能包罗万象。商法学界前几年推进《商法通则》,草案已经形成,基础很好,需要继续推进。同时,要研究和论证制定商法典的必要性和可行性,组织专门小组着手起草商法典专家建议稿。我认为,商法学界和商法学研究会应该有强烈的商法典意识和坚持不懈的志向，就像民法学家和民法学研究会对民法典的执着那样，不达目的誓不罢休。现在，正在起草“十三五”规划，商法学界应当努力争取把制定商法典写进“十三五”规划当中。

家事法的核心法理 *

今年,是中华人民共和国成立 70 周年,而中华人民共和国第一部法律《婚姻法》也颁布近 70 周年(1950 年 4 月 13 日,中央人民政府委员会第七次会议通过,1950 年 5 月 1 日起实施)。在这个具有纪念意义的时刻,我们召开“家事法中的法理”学术研讨会,有着非凡的历史意蕴。

本次研讨会,是“法理研究行动计划”的第十一次例会。2017 年 5 月,我在《清华法学》发表了《法理:法理学的中心主题和中国法学的共同关注》。在这篇论文中,我阐述了当代中国法学开展法理研究的重大意义。同年 7 月,有关法理研究的第一次会议在这个宾馆召开,讨论并议定了《深入开展法理研究的基本问题》,为“法理研究行动计划”启动做好了充分的学术准备。今天,在这个具有纪念价值的法理研究发源地,我们举行“家事法中的法理”学术研讨会,有着别样的怀旧情怀。

我对家事法并没有专门研究,对其中的法理也只是略知皮毛。

---

* 本文系作者 2019 年 8 月 31 日在吉林大学法学院、吉林大学全面依法治国研究中心、吉林大学理论法学研究中心、浙江大学法理研究中心、“法理研究行动计划”秘书处、《法制与社会发展》编辑部、《当代法学》编辑部共同主办的“家事法中的法理”学术研讨会暨法理研究行动计划第十一次例会上的致辞与主旨演讲。

当年，我在吉大法律系上学时，婚姻法课程由法律系才华横溢、英俊帅气的李忠芳老师开设，他同时给我们上《家庭、私有制和国家的起源》《路德维希·费尔巴哈和德国古典哲学的终结》等经典阅读课程，这是我第一次接触马克思主义婚姻观、家庭观。李忠芳老师对马克思主义婚姻家庭观的阐述，给我留下了深刻印象，迄今记忆犹新。我下面的发言，也想以马克思主义婚姻家庭观为指导，结合新中国70年来婚姻家庭制度的变迁，特别是新时代婚姻家庭制度的新面貌，谈若干条婚姻家庭法理，与大家分享并请大家批评指正。

在谈具体的法理之前，我想，有必要对一个惹人争议而又引人入胜的前提问题谈谈我的理解，即婚姻以及建立在婚姻之上的家庭究竟是什么？关于这个问题，思想史上有许多有意思的论断。例如，哲学家康德说："婚姻就是具有物权意义的人格关系"；黑格尔说："婚姻实质上是伦理关系，是具有法律意义上的伦理性的爱"；罗素说："婚姻是两个人之间所能存有的最好最重要的关系"；弗洛伊德说："婚姻不过是性本能的一种表达和升华"；文学家高尔基说："婚姻是两个人精神的结合，目的就是要共同克服世间的一切艰难困苦"；冰心说："家庭是社会的细胞。有了健全的细胞，才会有一个健全的社会乃至一个健全强盛的国家"；思想家革命家马克思的夫人燕妮说："婚姻应当包括全部的精神生活。不然的话，婚姻只不过是庸俗的契约、生锈的锁链、互相的折磨。"可以说，这都是字字珠玑的婚姻家庭法理。当然，也看得出，不同的思想家、作家对婚姻家庭的理解、诠释与表达千差万别。不同的婚姻观实际上是不同世界观、价值观、人生观的映射，也可能是不同婚姻家庭处境的表白。

那么，从法理的视角看，婚姻和家庭究竟意味着什么呢？

婚姻家庭首先是一种规范性现象，这里的规范性主要指法律属性，如结婚要登记、离婚要手续、生育要准许（新生儿出生证）、死亡要证明（死亡证明），以体现婚姻家庭法律关系的产生、变化、终止，体现其合法性、正当性、国家意志性，表明婚姻家庭关系是受法律保护的，是神圣不可侵犯的。反过来讲，如同乐符是在五线谱中获得旋律的，婚姻家庭关系是在法律规范体系中得到演绎的，规范明确其范畴、赋予其意义、规定其逻辑，离开规范就无法有效识别婚姻家庭关系，任何人只要选择了婚姻，就被格式化为特定的由法律调整的婚姻家庭关系；任何人只要违背了这种规范，就无法正确地在社会中实现对婚姻的预期。除了法律的规范性，婚姻家庭还具有道德规范性、价值的规范性、习惯的规范性等。

其次是一种制度性的事实，就是说，它是由制度建构起来的社会关系，而不是自然生成的。婚姻家庭虽然是“人工的事实”，但不是由社会个体完全说了算的，而是嵌入国家社会制度框架之中，成为相对稳定的、客观的、受时空限定的存在。正因此，婚姻家庭领域充满着权利义务责任等制度因素，流淌着在历史中不断延伸的民族血脉，内生着在时代中日益鲜活的文化精神，蕴含着在时空中沉淀而成的法理珍宝。中国古人云：“婚礼者，礼之本也。”《礼记·昏义》中提到：“合两性之好，上以事宗庙而下以继后世也，故君子重之。”这都表明，婚姻是具有制度依赖性的事实。毛泽东同志曾将婚姻法喻为小宪法，以强调其在国家制度中的基础性、根本性、重要性。

最后是一种人类文明形态。恩格斯曾经把家庭、私有制和国家的出现视为人类社会从野蛮进入文明的主要标志。家庭之所以被戴上文明的徽章，并不在于它对男女之“性”的文明化，而在于它是人们为发展生产力而组成的最简单的社会合作单元，并将这种生产关系通过习惯或法律而固定下来。虽然社会分工的进一步细化使家庭在私有制社会生产中逐步隐退，但家庭依然间接地影响到整个社会的生产生活实践，成为社会关系中具有独立属性的分子。最直接的表现就是，诸多社会资源的分配都是以家庭为单位的，比如农村土地的分配、房产限购、户籍管理等。更进一步说，和睦、和谐、和气的“家风”已然是当代社会文明风气的写照，是社会核心价值的生动缩影。

从上述关于婚姻家庭的基本理解出发，我认为家事法中的法理包括婚姻家庭制度中的法理、婚姻家庭生活中的法理、婚姻家庭文化中的法理。我尝试用六个命题作个简要解析。

一、爱情为本

恩格斯在《家庭、私有制和国家的起源》中说道："如果说只有以爱情为基础的婚姻才是合乎道德的，那么也只有继续保持爱情的婚姻才会合乎道德""如果感情确实已经消失或者已经被新的热烈的爱情所排挤，那就会使离婚无论对于对方或对于社会都成为幸事"。这段论述精辟地揭示出"爱情为本"的法理内涵。具体而言，爱情是婚姻的种子，是家庭缔结的起点；爱情是婚姻的灵魂，是家庭维系的主线；爱情是婚姻的生命，是家庭破裂致命的创面。这就是说，爱情是婚姻的感性显现，婚姻关系正当与否的实质标准是爱情的存无。历史上，婚姻常常以经济利益、传宗接代为目的，甚至作为外交手段（如一度盛行的合婚、联姻），即使在特定时空条件下，婚姻在形式上得到承认具有法律效力，但婚姻自身内涵的实质价值尚未得到显现。根据社会学家的研究，婚姻的动机可归纳成经济、子女和感情三个因素。进入现代社会后，婚姻逐渐脱掉利益的外衣，直接露出"性感"的爱情本体，从本质上彰显了世界文明的进步和人类在价值观上的现代化。或者说，让婚姻以爱情为本，就是婚姻以自身为目的，真正使婚姻回到了它自身，这也是现代婚姻在法理上的升华。

二、婚姻自由

婚姻是建立在自由选择的基础上。正如一位作家所言：婚姻不是填空题,而是选择题,对象是互相选择的结果,从这种意义上说,婚姻也可以说是一种社会契约,“默契的契,约定的约”,也可以说是“合同”“情投意合”“志同道合”。婚姻自由的对立面就是包办婚姻、买卖婚姻、强制婚姻,社会主义新社会婚姻制度与旧社会婚姻制度最根本的区别就在于自由。过去都是“父母之命、媒妁之言”,婚姻自由往往被利益所绑架、被金钱所收买、被外力所支配。南宋诗人陆游“山盟虽在,锦书难托”与唐婉“世情薄,人情恶,雨送黄昏花易落”的词文,就是对违背婚姻自由的旧式婚姻制度或习惯的控诉。婚姻自由在通常意义上是指结婚自由、离婚自由,这已经成为通说。现在的问题是,在婚姻关系存续期间的自由如何体现、如何得到维系?只有起点和终点自由是不充分的。对婚姻法研究者来说,自由价值如何实现到婚姻关系存续期间,是现代婚姻法面临的法理挑战。一方面,进入婚姻是不是自觉地放弃了自由;另一方面,婚姻关系存续期间自由的范围能够有多大,例如,财产自由、性自由、生育自由等敏感性问题亟须从法理上回应。

三、一夫一妻

“一夫一妻”有三重意涵:一是就现阶段中国法律制度而言,婚姻家庭一定是一男一女之间的结合,是人与人之间的关系,“机器人”“电子人”“智能人”不能作为主体。二是一夫一妻是最道德、最公正的婚姻,因为无论是男人还是女人,都是世界上最宝贵的稀缺资源,尤其是女性资源更为稀缺。在这种情况下,即便一个人位高权重、腰缠万贯,都只能有一个妻子或者丈夫,这就使社会弱者、平民百姓们能够有婚姻的机会、享有合法性生活的权利,与旧社会的一夫多妻或者一妻多夫相比,具有重要的道德价值,是社会公平正义的底线。三是一夫一妻是对女性尊严的最大保护。就中国的婚姻制度历史来说,在相当长的历史时期,一夫多妻是常见的,正如有些宫廷戏剧中所演示的,女性在这样的制度背景下,不过是丈夫的玩偶、占有物,实行一夫一妻是对女性人身的解放,对女性人格尊严和人身权利的尊重和保护。

四、男女平等

男女平等是社会主义平等观在家庭领域的体现。在家庭里,夫妻之间是平等的,既包括机会平等(就业、教育、劳动)、规则平等、权利平等,又包括权利义务一致(在家庭领域中,可以说,没有无权利的义务,也没有无义务的权利)。当然,对许多家庭成员而言,某些行为究竟是权利还是义务这一问题并不存在。家庭成员之间在处理问题时,往往没有权利义务观念,只是依循习惯、承接传统、遵守美德。此外,家庭无论大小、贫富、强弱,成员之间男女平等,尤其表现在土地承包、财产处置、财产继承(男女继承家庭遗产平等)等方面。从法理上讲,男女平等一方面是对前现代社会男尊女卑、嫡庶有别等级观念的否定,另一方面是对现代社会充分尊重和保护妇女、儿童和老人等弱势群体权益的肯定,体现了人的尊严和权利平等的现代价值。现代诗人舒婷在《致橡树》中的诗句,"我必须是你近旁的一株木棉,作为树的形象和你站在一起。根,紧握在地下,叶,相触在云里",正是对男女平等的颂扬。归根结底,家庭之中男女平等也是法律面前人人平等的一个特写,具有始源性、根本性、前提性,其他五条法理必然蕴含着平等或者以平等为奠基。

五、父慈子孝

家是讲情的地方,也是讲礼的地方。《孝经》中说:"夫孝,天之经、地之义、民之行也。"孝道是中华传统美德的根本,所谓"百善孝为先”,就是强调父慈子孝是传统社会最基本的“礼”,是中华民族的经久不衰的“家风”。而在当代中国,父慈子孝也是重要的公序良俗,符合“友善”这一社会主义核心价值观的要求。一方面,子女对父母、对长辈讲孝道、尽孝心;另一方面,父母、长辈要对子女、晚辈讲仁道、施爱心。以《民法典》第六编“继承”第1130条第2款为例,“对生活有特殊困难又缺乏劳动能力的继承人,分配遗产时,应当予以照顾”,便闪耀着“慈爱”的法理之光。此外,“父慈子孝”要作广义理解,它不仅指长幼之间要尊重和爱护彼此,而且可以扩大解释为所有家庭成员之间的互爱互助。张爱玲有一句名言:“因为爱,所以慈悲”,“爱情为本”投影于现实生活便是“以慈悲为形”,而“慈悲”恰是对至情至爱的最高表达。中国古话说得好,“正家之道,始于夫妇。唯夫义而妇顺,乃起家而裕厚”。家庭成员中的每个人,无论夫妻、父母、子女,都应该学会用情义控制情绪,以慈心融化私心,凭真诚赢得忠诚,把法理渗入家庭。以此,家庭才能和睦相处、和谐共生、和和美美、其乐融融。

六、共建共享

虽然“爱情为本”,但婚姻并不是虚无缥缈的童话,却是实实在在的生活现实,而家庭更是需要建设、经营、维护的。家庭作为最小的社会共同体,也存在最简单的社会分工,但每个人都是共同体的责任主体和目的本身,因为是主体所以要主动参与家庭建设事业,因为是目的所以有权分享家庭资源成果。从深层次上说,共建共享不单是责任共担和利益共享,更是指家庭成员之间互为目的。换言之,任何成员不能把其他成员仅仅作为手段,而要尊重双方共同意志和彼此独立人格。举例言之,夫妻共同财产、家庭财产处理必须由夫妻双方共同决定,以共同意志决定共同行为。又如,生育权作为夫妻共享的基本权利,其行使理应建立在协商的基础上,不能把妇女贬低为传宗接代的生育工具,应当尊重女性在家庭生活中的独立人格。

以上六条法理是我对当代中国底蕴深厚的家事法法理的一个浮光掠影的解读,还有许多有趣的法理风景尚待领略、许多难解的法理议题值得商讨。与家事法相关的法理问题,必将激发更多的思想激辩。也期待着本次会议有相关精彩的讨论,为完善民法典相关内容提供有益的制度建议和法理支撑。

经济法治的核心法理 *

明代王邦畿有诗云:“奇花烂熳半天中,天上云霞相映红。”今天,恰逢木棉花开,正是南国芳春,“经济法中的法理”暨法理研究行动计划第七次例会在春意浓浓的羊城胜利召开。这次研讨会由华南理工大学法学院、浙江大学法理研究中心、“法理研究行动计划”秘书处、经济法 30 人论坛、《法制与社会发展》编辑部共同举办,得到了中国法学会经济法学研究会的大力支持。首先,我代表“法理研究行动计划”秘书处,代表浙江大学法理研究中心、吉林大学《法制与社会发展》编辑部,向各位专家和嘉宾莅临本次研讨会表示热烈欢迎!向张守文教授等经济法学研究会的负责同志表示衷心感谢!向蒋悟真教授领衔的会务组全体同志和志愿者表示由衷的感谢!

“经济法中的法理”是“法理研究行动计划”秘书处策划的首批重要主题之一,将这场会议放在改革开放最前沿的广东省召开,并由华南理工大学法学院来承办,可谓天时、地利、人和。改革开放 40 年为我国经济发展奠定了坚实根基,改革开放的春风在 40 年之

---

* 本文系作者 2019 年 4 月 20 日在华南理工大学法学院、浙江大学法理研究中心、“法理研究行动计划”秘书处、经济法 30 人论坛、《法制与社会发展》编辑部共同主办的“经济法中的法理”学术研讨会暨法理研究行动计划第七次例会上的致辞。

后依然暖入人心，我们的研讨会恰沐浴于春风之中，这是“天时”。广东既是我国的经济大省，又是我国地方法治的典型代表，并有着悠久的商业繁荣历史，这片土地必然孕育着深厚的经济法法理资源，这是“地利”。华南理工大学是一所著名的高等学府，其经济法学和地方法治研究基础雄厚、很有特色。“全国十大杰出青年法学家”蒋悟真教授加盟华工并担任法学院院长，必将为该校法学学科的振兴加足马力。我们有信心期待华南理工大学法学院在校党委和行政领导的关怀下、在蒋悟真院长的带领下、在全院师生的努力下，在新时代迎来新的伟大飞跃。这次会议又得到了经济法学研究会的支持和指导，汇集经济法学、法理学、经济学等领域专家共同聚焦“经济法中的法理”展开高端对话。这为“人和”。有如此的“天时、地利、人和”，本次学术盛会一定能够取得预期的收获，一定能够为经济法学的法理研究和经济法治的变革产生深远的影响。

这里，我就法理研究行动计划和本次研讨会的主题谈几点体会，与大家分享、交流、对话。

我在几个场合都讲过，现代法学有三个核心概念，即法律、法治、法理，它们共同构成法学体系的理论支点，可以说整个法学知识体系、理论体系、话语体系、学术体系都是以它们为基石铸就的。我国法学对法律、法治已经有系统而深入的研究，各类论著林林总总，但是，法理研究的意识还很薄弱，法理学长期未把法理作为自己的中心主题，部门法学也没有给予法理应有的关注，有些领域的法理研究几乎是空白。法理的缺位，一方面导致了法学研究的失衡，使法律、法治领域的研究略显僵硬乏力，一心追寻科学化的法学却离科学越来越远；另一方面也造成了我国法学对法治实践的理论供给的不足，中国特色社会主义法律体系形成后，部门化、分工化的中国法学在推进中国特色社会主义法治体系建设方面遇到了挑战甚至“瓶颈”，中国在法治现代化的道路上亟须法理的供养。中国法学要迈向科学化、现代化，必然离不开法理研究，这既是基础工程,也是灵魂工程。2017 年,我在《清华法学》发表了一篇 5 万多字论文,提出“法理”应该是法理学的中心主题,并应该成为中国法学的共同关注。之后,我发起了“法理研究行动计划”,得到了中国法学会一大批研究会和全国法学院校所的响应和支持。计划启动以来,已经举行了六次例会暨学术研讨会,前三次例会从宏观层面追问法理、发掘法理、阐明法理,大家用艰辛探索点亮了法理复兴之光。从第四次例会开始,法理研究逐步走向分领域、专题性、精细化的研究,越来越多的学者认识到法理研究的重要性、迫切性和基础性,中国法学家群体对法理概念的理论自觉已经形成。可以说,法理复兴之路已经铺就。按计划,类似的例会和学术研讨会将每两个月举行一次,预计用三年左右的时间,把法律运行各个环节、法律体系各个部门以及中外经典文献中的法理,进行全覆盖、有条理、系统化地研讨。

我们这次会议的主题是“经济法中的法理”,其不仅关注加快建设法治经济、推进经济领域的良法善治,而且也将为经济法学的学术体系和学科建设带来启发。实事求是地说,与民法学、商法学、刑法学等古老学科相比,经济法学在我国是一个相对年轻的学科,经济法学的知识体系、理论体系、话语体系、学术体系建设任务更加繁重,其中最基础、最关键、最前沿的工程毫无疑问应是经济法、法治经济与经济法学中的法理研究。本次会议的举办就是为了引起法学界,特别是经济法学界对法理问题的关注,深化中国特色经济法、法治经济中的法理亦即中国经济法学的法理研究。

下面,我就从三个视角、选取三个话题,就经济法、法治经济和经济法学的法理问题,谈几点粗浅认识。

一、经济法学的四个核心概念

“经济法”“经济法制”“经济法治”“法治经济”是经济法学中

依次出场的四个核心概念,它们也标志着经济法法理日益丰盈、逐渐深化、不断成熟的成长足印,是中国经济法学迈向现代化进程中的四个里程碑。

从法理的角度看,“经济法”是一个规则概念,它表现为规定经济活动主体权利义务以及政府在经济建设和经济管理中的职权职责的规则集合。“经济法制”是一个制度概念,它指向社会经济行为和经济关系的规范化、经济运行的制度化、经济体制的理性化。“经济法治”则是一个治理的概念。新中国成立以来,我国经历了从“经济管制”到“经济管理”再到“经济治理”的形态演变。经济治理相对经济管理而言,虽然只有一字之差,却体现出观念和体制的变革,其中最鲜明的变革就是实现了经济运行的行政管理到依法治理、经济活动的政策调整到法律调整,政府自上而下的单向度管控到政府和市场主体的共同治理,这些深刻变化意味着中国经济正在进入“善治”的境界。“法治经济”,则是一个目的性概念,它标志着经济的法治化、现代化,目的是要建立一个规范有序、充满活力、公平正义的经济秩序,彰显市场经济与现代法治深度融合所形成的制度优势和法理美德。经济法学中的这四个核心概念与现代法学中法律法治法理的三个核心概念相呼应,是经济法法理研究的逻辑起点。

二、经济法的五个价值理念

法理研究首先是面向价值的思考,我们探求经济法的法理,第一步也是要瞄准经济法、经济法制、经济法治、法治经济的价值根基。我认为,当代中国经济法法理根源于五个基本的价值理念:一是“以人为本,以人民为中心”,即经济建设和经济发展为了人民、依靠人民、经济发展的成果由人民共享。经济发展终究是为了人的发展,人民既是经济发展的目的,也是经济发展的动力,更是经济发展的依归。二是“以效率为基点”，社会主义初级阶段的经济建设和经济治理，还是把生产力进步、资源有效配置、财富永续增长作为第一要务，“把蛋糕做大做好”既是经济建设的铁律，也是分配正义的前提。三是“以公正为生命线”，经济关系的法理本质就是公平，包含机会公平（前置性公平）、自由而公平的竞争（过程性公平）、分配公正（结果性公平）等，着眼创造更加公正的营商环境，不断克服各种有违公平正义的现象，促进更高水平的制度正义。四是“以市场和政府为双轮驱动”，平衡发挥市场的决定作用和政府的调节作用，健全现代市场经济体系。五是“以新发展理念为纲要”，全力推进中国经济迈向创新、协调、绿色、开放、共享发展的新常态，全面推进经济率先实现现代化。上述五个价值理念相辅相成、缺一不可，既是中国经济发展的指挥棒，也是经济法和法治经济得以证成的法理前提。

三、经济法学法理概念、法理命题和法理论语

虽然经济法学的法理研究还在路上，但是法理却显现在经济法的各领域，可以说是“法理泛在”。概念、命题、论语是承载法理的重要形式和发现法理的关键渠道。经济法、经济法治、法治经济和经济法学中的法理概念和命题有很多。例如，经济人、市场主体、有限政府、责任政府、产权制度、税收法定、经济权力、市场失灵、交易费用、交易安全、经济安全、宏观调控、国家规制、调制适度、转移支付、社会利益本位、共享经济、社会福利、契约正义、经济民主、经济新常态等概念。法理命题则包括市场经济本质上就是法治经济，产权制度是社会主义市场经济的基石，有恒产者有恒心，产权平等保护乃是规范财产关系的基本原则，建立归属清晰、权责明确、保护严格、流转顺畅的现代产权制度，营造公平有序的经济发展法治环境，实行市场准入负面清单制度，看不见的手和看

得见的手两手都要硬，“白猫黑猫抓住老鼠就是好猫”，财产的优先保护与平等保护的对立统一等。

法理论语，即经典论述、权威性观点，这里是借用孔子的弟子们记录和编辑孔子语录的书名《论语》。经济法学、法治经济中的论语有很多，这里以习近平总书记有关经济建设和法治经济的论语为例。“加快建设法治经济和法治社会，把经济和社会纳入法治轨道”“法治经济的本质要求就是把握规律、尊重规律”“为企业家营造宽松环境，用透明的法治环境稳定预期，给他们吃定心丸”“法治经济建设的基础性工作是坚持社会主义市场经济改革方向，遵循社会主义基本制度与市场经济有机结合的经济规律，以保护产权、维护契约、统一市场、平等交换、公平竞争、有效监管为基本导向，不断完善社会主义经济法律制度，充分发挥市场在资源配置中的决定性作用并更好地发挥政府的作用”“公有制经济和非公有制经济都是社会主义市场经济的重要组成部分，都是我国经济社会发展的重要基础；公有制经济财产权不可侵犯，非公有制经济财产权同样不可侵犯；国家保护各种所有制经济产权和合法利益，坚持权利平等、机会平等、规则平等，废除对非公有制经济各种形式的不合理规定，消除各种隐性壁垒，激发非公有制经济活力和创造力”“健全以公平为核心原则的产权保护制度，加强对各种所有制经济组织和自然人财产权的保护，清理有违公平的法律法规条款。创新适应公有制多种实现形式的产权保护制度，加强对国有、集体资产所有权、经营权和各类企业法人财产权的保护”“必须以保护产权、维护契约、统一市场、平等交换、公平竞争、有效监管为基本导向，完善社会主义市场经济法律制度”“正确处理市场与政府的关系，使政府依法调控和治理经济”“加快转变政府职能，该放给市场和社会的权一定要放足、放到位，该政府管的事一定要管好、管到位”“以扩大开放促进深化改革，以深化改革促进扩大开放，为经济发展注入新动力、增添新活力、拓展新空间”“坚持社会主义市场经济改革方向，加快构建市场开放公平、规范有序，企业自主决策、平等竞争，政府权责清晰、监管有力的市场准入管理新体制”，等等。习近平总书记关于经济法、经济法治和法治经济的一系列论述堪称经济法领域中的法理论语。

综上所述，四个核心概念勾连起经济法法理的千头万绪，五个价值理念融贯于经济法法理的千丝万缕，三种法理载体述说着经济法法理的千言万语。它们是我们寻找经济法法理的思想线索，是我们探索经济法治和法治经济的法理指针，是我们建设新时代中国经济法学的学术遵循。限于时间关系，我谨以此抛砖引玉。

对环境法学的法理追问*

经过几个月的筹备,“环境法中的法理”学术研讨会暨法理研究行动计划系列第十三次例会、第二届环境法学前沿理论高端论坛,在宁波大学如期进行。我代表“法理研究行动计划”秘书处向各位专家表示热烈欢迎,对宁波大学、法学院各位领导和师生表示衷心感谢。这次会议是在具有里程碑意义的党的十九届四中全会闭幕正好一个月的时间节点召开,可以说是时机良好、意义重大。习近平总书记指出,坚持和完善中国特色社会主义制度,推进国家治理体系、治理能力现代化,是关系党和国家事业兴旺发达、国家长治久安、人民幸福安康的重大问题。党中央决定用一次全会就这个重大问题进行研究部署,是从政治上、全局上、战略上考虑,立足当前、着眼长远作出的重大决策。这次全会通过的决定,全面回答了在我国国家制度、国家治理体系上应当坚持和巩固什么、发展和完善什么这个重大的政治问题。习近平总书记讲,党的十九届四中全会的决定是一篇马克思主义的纲领性文件,也是一篇马克

---

* 本文系作者 2019 年 11 月 30 日在宁波大学法学院、浙江大学法理研究中心、清华大学环境资源与能源法研究中心、武汉大学环境法研究所、“法理研究行动计划”秘书处、《法制与社会发展》编辑部等共同主办的“环境法中的法理”学术研讨会暨法理研究行动计划第十三次例会、第二届环境法学前沿理论高端论坛上的致辞。

思主义的政治宣言书,是中国共产党在新时代的政治宣言书。

党的十九届四中全会决定的第十部分,在引言中明确提出了生态文明建设的重大意义,即生态文明建设是关系中华民族永续发展的千年大计,根本理念是必须践行“绿水青山就是金山银山”的理念,基本国策是坚持节约资源、保护环境,大政方针是坚持节约优先、保护优先、自然恢复为主的方针,发展道路是坚定走生产发展、生活富裕、生态良好的文明发展道路,终极目标是建设美丽中国。这一段引言十分清晰地为环境法学理论的创新以及构建中国特色环境法学确立了理论基础和基本遵循,集中体现了环境法治领域的基本法理,是本次会议的指导思想和基本遵循。希望这次研讨会在党的十九届四中全会精神的指引下开成一个高端的学术讨论会,开成一个法理学者和环境法学者集体学习党的十九届四中全会精神的研讨班,用党的十九届四中全会精神指导研讨会,用研讨会的成果丰富和深化党的十九届四中全会精神。

我也希望这次研讨会本着真诚的学术对话,在对话中凝聚共识,在对话中发展理论,在对话中为建设高水平的生态文明做出学术界应有的贡献。

本次会议有这么多的环境法学专家学者参会,我想向各位专家学者提出四个问题,也算是对环境法理的四个追问。我首先向吕忠梅教授以及各位环境法专家提出四个法理问题。

第一,如何解读人与自然是生命共同体?习近平总书记提出了“人与自然是生命共同体”这一科学命题。党的十八大以来,习近平总书记多次使用“共同体”这个概念,例如,“中华民族共同体”“人类命运共同体”“利益共同体”“责任共同体”等,也多次讲到“人与自然是生命共同体”。那么,应该怎样理解“人与自然是生命共同体”?

第二,环境法学的核心概念或基石范畴是什么?一门学科必须有自己的理论体系、学术体系。理论体系、学术体系表现为概念体系、范畴体系。一个成熟的学科、一门科学的学问必须有自己的基石范畴(核心概念)。马克思主义政治经济学的基石范畴(核心概念)是“剩余价值”,马克思主义哲学的核心概念是“实践”,西方制度经济学的核心范畴是“制度”“交易费用”等。环境法学要成为一个科学的学术体系、理论体系,它的核心概念究竟是什么?环境法学理论体系的基石、底座究竟是什么?

第三,如何理解环境正义?正义是哲学社会科学广泛使用的概念,甚至自然科学也时常使用“正义”概念。环境领域的正义,与经济领域、法治领域、道德领域的正义,是一种什么样的关系?在环境法学中,环境正义的精确内涵如何展示出来?

第四,环境法治领域中最具有共识的法理命题是什么,或者说法理格言是什么?在其他各个法治领域都有数量丰富的法理命题。例如,“匠万物者以绳墨为准,驭大国者以法理为本。”“夫法者,所以兴功惧暴也。律者,所以定分止争也。令者,所以令人知事也。法律政令者,吏民规矩绳墨也。”“法是‘理’与‘力’的结合。”“以公正的逻辑代替武力的逻辑是法律本质的全部所在。”“法官是法律世界的国王,除了法律就没有别的上司。”“法律是最保险的头盔。”“法无明文规定不为罪。”“法无禁止即自由。”“程序决定了法治与恣意人治之间的基本区别。”“无救济,则无权利。”“没有诉权,就没有法律。”“法律不保护权利上的睡眠者。”“法律的生命在于其实施。”“法律为未来作规定,法官为过去做判决。”等等。环境法中一定会有不少类似的法理命题、法理格言、法理金句。这次会议的一个重要任务,就是总结和提炼一些环境学中的法理命题,然后再凝聚我们的认识。

“生命共同体”深处的法理 *

会议议程上安排我作研讨会总结，我的想法是，这次会议的学术总结请吕忠梅教授来作。我重点结合吕忠梅教授上午提出的问题以及全天讨论中的热点问题，阐述若干理论观点，也是谈论环境法的基本法理。

第一，关于“人与自然是生命共同体”的命题。这是一个具有原创性的法理命题，是习近平总书记对人与自然关系的规律性阐释和科学定义。关于人与自然的关系，曾经存在“人是万物的尺度”“天人合一”“人类中心”“人与自然和谐相处”“人与自然和谐共生”“人从自然中来，人还要回到自然中去”等命题。“人与自然是生命共同体”的命题更具有哲学意涵。在这个命题中，“生命”二字是灵魂。从“生命”的角度，“人与自然是生命共同体”这个命题中，人与自然本身不可同日而语、相提并论，人是自然的极小极小的一部分。如果说自然是海洋，70 多亿人类也不过是海洋中的几滴水而已；人类几万年的历史，相对于自然的历史是极短极短的瞬

---

* 本文系作者 2019 年 11 月 30 日在宁波大学法学院、浙江大学法理研究中心、清华大学环境资源与能源法研究中心、武汉大学环境法研究所、“法理研究行动计划”秘书处、《法制与社会发展》编辑部等共同主办的“环境法中的法理”学术研讨会暨法理研究行动计划第十三次例会、第二届环境法学前沿理论高端论坛上的总结发言。

间，几乎是微不足道的。所以“人与自然是生命共同体”命题中的“自然”不可能是整个大自然。自然包括有机界和无机界，而这里的“自然”实际上是指有机界。从操作层面来讲，“人与自然是生命共同体”实际上是指人与其他生物的共同体，也就是说人与自然界中具有生命的这部分动物、植物的共同体。我觉得应该这样来理解“人与自然是生命共同体”。否则，“生命”两个字就可能会被泛化。总之，“生命共同体”其实是“生物共同体”，是人与其他生物(动物、植物)共生共荣的关系。

第二，关于环境正义。环境正义是一种新兴正义，与转型正义、全球正义、普惠正义等构成21世纪的正义体系。环境正义有三个依次递进的定律或原则：一是环境权利与环境义务(责任)的融合性，甚至可以说环境权利与环境义务是一枚硬币的两面；二是环境正义是一种“作为公平的正义”(罗尔斯语)，《联合国气候变化框架公约》所宣示的“共同的但有差别的责任”原则也诠释了环境正义；三是环境正义是一种可持续正义、永续正义、代际正义。

第三，关于环境权。环境权是不是环境法学的基石范畴，可以进一步讨论和论证。但有一点是可以肯定的：随着环境(生存、美好生活、全面发展)成为人民美好生活需要的核心要素，环境权已经成为人民的核心权利。以前我们把环境权作为生存权、发展权的下位概念，如今它已经成为一个与生存权、发展权同位的概念，而且更具时代性。不仅如此，环境权亦成为基本人权，与安全权、数字人权一道引领新一代人权，即一道引领“第四代人权”。

第四，关于环境法的价值。有学者认为环境法应该秉承整体主义理念，对法的安全、公平、秩序等价值作出新的诠释。我认为，法的核心价值包括秩序、自由、公平、效率、人权等，这些核心价值贯通整个法律体系和法治体系，构成法的核心价值体系，但在不同的法律部门、不同的法治领域，其价值指向和具体要求各不相同，它们在具体法律部门的价值体系中的位阶(位序)也不尽一致。例如,在经济法领域坚持效率优先,在刑法领域中坚持秩序(稳定、安定)是首要价值,在刑事诉讼法中人权价值是首要价值。我认为,环境法学对法的核心价值不是要作新的诠释或重新诠释,而是结合法的核心价值在环境法律和法治领域的表现形态和价值要求,进行具体的分析和评价。我认为要从整体与局部的关系来看待这个问题。一方面,整体是由局部(个体)组成的;另一方面,局部(个体)只能存在于整体之中。根据这种辩证关系,对“环境”既要坚持整体主义方法论,也要善于从局部出发,解决实际问题。吕忠梅教授引述的环境法理格言“环境法是地球行星家的法”也深刻揭示了环境法的价值功能。

第五,关于环境法的调整对象。我觉得没有必要继续纠结这个问题。在法理学上,环境法是一个独立的法律部门或部门法,无论是环境法学内部还是外部有何争论,无论全国人大常委会对法律部门的划分方式何时修改,包括宪法关于环境、生态文明、美丽中国等的规则,以及包括环境领域的法律、行政法规、地方性法规、规章等组成的环境法,已经是一个公认的独立法律部门。作为独立法律部门,环境法有其特定的、相对稳定的调整对象,有其鲜明特征的调整方法和调整机制。环境法的调整对象,究竟是人与人的关系还是人与自然的关系,抑或以自然为中心的人与人的关系,学界有不少争论。我认为,环境法调整对象是环境主体之间的关系,而不是主体与客体的关系,其调整机制是主体与主体之间的权利关系、义务关系、权利和义务之间的关系。

第六,关于环境法上的主体。如何理解环境法上的主体?从《环境保护法》第 2 条“本法所称环境,是指影响人类生存和发展的各种天然的和经过人工改造的自然因素的总体”,可以推导出,环境法中的主体就是环境领域的生存权主体、发展权主体,以及维护和保障其他主体生存权和发展权的义务主体。

第七,关于环境法的基石范畴或环境法本位问题。环境法是以权利为本位(中心),还是以义务为本位(中心)？基本上是四种观点:以权利为本位;以义务为本位;同意义务中心的立场,但不否定环境权概念;不承认“环境权”概念的存在与价值。我认为,从法理上,要区分价值理性与工具理性,并区分立法宗旨与立法技术。从工具理性、立法技术上看,环境法可能是规定义务在先或者规定具体义务较多,但不能由此得出环境法义务本位的结论。让我们思考和追问:为什么要规定保护环境的义务？这不就是为了保护和改善人的生存世界和生活环境,使人们能够呼吸新鲜空气、吃上未被污染的食品、喝上清洁无害的水,使人们的环境权利(环境权益、环境利益)受到保护吗？所以,环境法的出发点、落脚点是环境权利、环境人权,环境义务的设定是保障环境权利。用权利本位的法理命题来表达,就是“义务来源于权利,服务于权利,服从于权利”。

环境法学的研究对象是环境法,环境法学的核心概念是环境法律、环境法治、环境法理,以及相应的概念包括:环境立法、环境执法、环境司法,环境法治理念、思想和文化。这些概念是环境法学的“四梁八柱”。而环境法的基石范畴,我认为“环境权”是最佳选择。

这里,我所说的环境权不是一项单一的具体权利,而是一个权利体系;不仅仅是具体法律规定的权利,而且包括人民在环境生态领域应有的权利。环境权是人民美好生活之环境要素的法理表达。环境权是一项基本人权,这是一个法理命题。环境权不仅仅是单体个人的权利,而是作为类存在的人即人类的普遍人权;环境权不仅仅是人类的实在权利,而且是所有生物的“拟制权利”。当我们把环境权上升到基本人权、普遍人权的境界,环境权作为环境法学和环境法治的基本范畴就具备了无可争议的法理依据。把环境权作为环境法学和环境法治的基石范畴,更是实现生态环境领域良法善治的逻辑使然。

关于环境法学的研究对象，应该有新的话语表述。法学体系包括法律学、法治学、法理学，相应地，环境法学作为环境法律学，其研究对象是环境法律；环境法学作为环境法治学（环境治理学），其研究对象是环境治理、环境领域的法治体系；环境法学作为部门法学，其研究对象是环境领域的法理问题。

最后，我向环境法学界、当然也是法理学界提出三条建议：

第一，当务之急是深入学习党的十九届四中全会精神和全会通过的《中共中央关于坚持和完善中国特色社会主义制度　推进国家治理体系和治理能力现代化若干重大问题的决定》，特别是认真学习该决定“第十部分”有关生态文明建设制度、推进人与自然和谐共生的内容。上午我曾讲到，党的十九届四中全会决定里的相关论述是环境法领域根本性的指导纲领，将长期指导我们的理论和实践。

第二，加快构建环境法学的学术体系。当前，环境法学学术体系构建的任务还比较重。为了构建环境法学的学术体系，首先要推进环境法学理论创新。综合运用多学科、跨学科的研究方法和研究范式推进环境法学理论创新，为环境法学学术体系奠定深厚的学术基础，全面推进环境法律学、环境法治学、环境法理学的建设。

第三，这次会议有一个非常重要的成果，从今天开始法理学和环境法学将进入更加紧密合作的阶段，用吕忠梅教授的话说这是“热恋”。法理学与环境法学正处于“热恋”之中，期待它们有更美好的“婚姻”出现。

百年未有之大变局背景下的国际法法理*

经过几个月紧张而有序的主题策划、学术准备和会务筹备，"百年未有之大变局背景下的国际法法理"学术研讨会暨法理研究行动计划例会终于在大家的期盼中如期召开。首先，我代表中国法学会学术委员会，代表"法理研究行动计划"秘书处、吉林大学法学院、浙江大学光华法学院、《法制与社会发展》杂志社，向出席本次研讨会的各位领导、各位专家学者、老师和同学们表示热烈欢迎，向本次会议的东道主福州大学的各位领导、各位同志表示衷心感谢，向组织筹备会议的工作人员和志愿者表示衷心感谢！

"法理研究行动计划"自 2017 年启动以来，得到了法学界各领域专家同仁的支持和参与，赢得了全国许多高校师生的关注和点赞，至今已经成功举办了十五次例会。我们聚焦新时代中国法学理论创新，以法理打开理论新思路、凝聚学术新共识、摸索研究新范式、催生话语新增量，促进了学科间对话与交融，提升了法学界的理论自信，体现出法理在我国法学成长中的独特魅力。利用致

---

* 本文系作者 2020 年 12 月 27 日于福州大学法学院、吉林大学法学院、浙江大学光华法学院、浙江大学法理研究中心、《法制与社会发展》编辑部、新时代中国特色法学基本理论研究课题组、"法理研究行动计划"秘书处共同主办"百年未有之大变局背景下的国际法法理"暨法理研究行动计划第十六次例会上的致辞。

辞的机会，我讲三个问题。

一、关于本次研讨会主题的设置

本次研讨会主题是一个具有重大现实意义、鲜明世界意义、深厚理论意义的议题。百年未有之大变局的背景是“东升西降”的历史潮流、发展趋势、总体格局，也是挑战和机遇并存的复杂局面。大变局背景下，我们面临三大任务：国际秩序重构（谁来主导）、全球治理变革、人类命运共同体构建。推动这三大任务迫切需要法理的支撑、引导，由此设置了这次研讨会的主题：大变局背景下的国际法法理。

二、关于国际法与法理

21 世纪以来，国际社会力量对比深度调整，国际秩序发生深度变化。自近代以来，世界权力首次开始向非西方世界转移扩散。一大批新兴经济体和发展中国家群体性崛起，世界经济中心向亚太转移，出现“东升西降”的现象。基于此种国际背景，以习近平同志为核心的党中央作出了“百年未有之大变局”的重大战略判断，高瞻远瞩地揭示了这种变化的本质和发展方向。新冠疫情全球大流行对全球经济社会造成了全面、深刻的影响，加速改变着“百年未有之大变局”的程度和格局。

基于这样的战略判断，党中央提出协调国内治理和国际治理，统筹推进国内法治和涉外法治，这既是建设法治强国的必然要求，也是习近平法治思想的主要内涵之一。当下，随着国际力量对比消长变化，外部环境的不确定性和深刻复杂性交织，全球性挑战日益增多，现行全球治理体系不适应的地方越来越多，国际社会对变革全球治理体系的呼声越来越高。在此背景下，习近平法治思想为加强全球治理、推动全球治理体系向着更公正合理包容的方向进行变革提供了中国智慧和中国方案。基于世界正处于百年未有之大变局的基本论断，顺应和平与发展的时代主题，必须坚持统筹推进国内法治和涉外法治建设，加快涉外法治工作战略布局，协调推进国内治理和国际治理，坚持共商、共建、共享原则，推动国际关系民主化、法治化、合理化，构建人类命运共同体。坚持国际法治，推动全球治理体系变革，既是总结过往国际关系发展经验的启示，也是国际社会对未来国际秩序格局的期待。

国际法治和国际法学是法理的富矿。格老秀斯、奥本海等既是“国际法之父”“现代国际法之父”，也是著名法理学家，他们阐发的法理学原理成为法理学宝库中的珍宝。习近平总书记在涉外重要讲话中多次使用法理概念。比如，2015 年 9 月 22 日，在对美国进行国事访问前夕，中国国家主席习近平接受了美国《华尔街日报》书面采访，就中美关系、两国在亚太及国际地区事务中的合作、两国人民交往、完善全球治理体系、中国经济形势、中国全面深化改革、外国企业在华投资、中国互联网政策、反腐败等回答了提问。他指出：南沙群岛自古以来就是中国的领土，我们对此有着充足的历史和法理依据。中国对南沙部分驻守岛礁进行了相关建设和设施维护，不影响也不针对任何国家，不应过度解读。中方岛礁建设主要是为了改善岛上人员工作生活条件，并提供相应国际公共产品服务，也有助于进一步维护南海航行自由和安全。习近平外交思想中更是法理泛在，他所提出的“和平、发展、公平、正义、民主、自由是全人类的共同价值，也是联合国的崇高目标”集中体现当今世界的国际法理。

三、预期形成四个成果

第一，形成一份具有学术影响力的高水平研究型综述。这份研究型综述必须具备一个主导型观点,即突出本次会议的重点主题,不是全面反映发言内容,而是体现会议主导主题的内容。我认为这份研究综述的主要内容应当围绕如何推进全球法理体系和治理体制变革,变革背景中的新的法理是什么,新秩序、新体系、新法理背后的支柱是什么等展开,并且应当结合习近平总书记关于和平发展公平正义民主自由人权的最新讲话精神,从而使这份研究型综述集中反映法学界在习近平总书记判断下的认知。2020 年 7 月,中国国家主席习近平在亚洲基础设施投资银行第五届理事会年会上强调:“和平与发展仍然是我们这个时代的主题。”2014 年,习近平主席在和平共处五项原则发表 60 周年纪念大会上的讲话指出:“在当今国际关系中,公平正义还远远没有实现。”2020 年,习近平主席在纪念中国人民志愿军抗美援朝出国作战 70 周年大会上指出:“面对各种全球性威胁和挑战,国际社会比以往任何时候都更需要团结合作,更需要维护多边主义,更需要坚持国际公正和道义。”2016 年,习近平主席致“纪念《发展权利宣言》通过 30 周年国际研讨会”的贺信指出:“中国坚持把人权的普遍性原则同本国实际相结合,坚持生存权和发展权是首要的基本人权。”2018 年,习近平主席致信纪念《世界人权宣言》发表 70 周年座谈会强调:“中国人民愿同各国人民一道,秉持和平、发展、公平、正义、民主、自由的人类共同价值,维护人的尊严和权利,推动形成更加公正、合理、包容的全球人权治理,共同构建人类命运共同体,开创世界美好未来。”这就是大变革背后的法理。众所周知,世界上引用率比较高的文章中,综述类文章肯定是排在前面。因此,对于学术会议的综述,应当具备高水平、研究型的特点,确保综述本身就是高水平、研究型的。建议我们应当以本次研讨会的讨论内容为基础,同时参考既有的研究成果,形成一份具有学术影响力的高水平、研究型的学术综述。

第二,形成一份高质量的决策咨询报告。本次会议是智库性质的会议。要为党和政府提供一份高质量可参考的咨询报告。该份高质量的决策咨询报告应当聚焦在历史潮流下国际法律秩序重构和全球治理变革的过程中,我国应当选择什么样的法理进行支撑,才能更好地指导我国深度参与并且逐步引领国际法律秩序的重构与全球治理的变革,从而切实维护我国的国家利益,造福人类社会。

第三,党的十九届四中全会明确要求“加强涉外法治工作,建立涉外工作法务制度,加强国际法研究和运用,提高涉外工作法治化水平”。建设德才兼备的高素质法治工作队伍是习近平法治思想的内涵之一。而高素质的涉外法治人才离不开法学教育“供给侧”的发力,需要整合学科资源,提高人才培养的方向性和针对性。“涉外法治”除了一般的范畴之外,还需要包括中国法律的域外适用、国别法等。因此,通过向国务院学位委员会提交关于增补涉外法学作为一级学科的论证报告,可以加强顶层设计高位推动协同推进。主要包括涉外法学基础教育、高端涉外法治人才的量身打造、涉外法治人才交流推送渠道等。

第四,一项产品受到欢迎,不仅产品本身质量要过硬,而且要推而广之。随着中国日益走向世界舞台中央,提升中国的国际法话语需要既是内在需求,也有外在推力。今天,学界同仁关于“百年未有之大变局背景下的国际法法理”的探讨为世界了解中国学者的国际法思想提供了思路。

最后,我想说,我们这次论坛仅安排一天的研讨,时间非常有限,让我们高举中国特色社会主义法治理论旗帜,以习近平法治思想为指导,遵循学术民主、研讨自由、求真务实的学风,展开我们的讨论。

关于菲律宾提起的“南海仲裁案”的法理分析 *

关于菲律宾单方面提起仲裁，以及该案仲裁庭无视基本事实，罔顾基本法理，严重违背公平正义和法治原则，强行推进仲裁案，并作出不正当裁决的问题，中国政府作出了坚决而明确的回应，中国法学会也发表了郑重声明。

当前和今后相当长时期，有效维护领土主权和海洋权益都是我们的重大使命。中央明确提出，要统筹运用各种手段维护和拓展国家海洋权益，而维护海洋权益的重要举措之一就是深化涉海问题历史和法理研究。对南海仲裁案，一方面要敢于亮剑，另一方面要善于发声。从当前的情况看，我们应当特别注意对南海仲裁案进行深入的法理分析，做到“以理服人”。真理和法理都在中国人民和中国政府一边。但真理需要揭示，法理需要阐明。

下面，我就南海仲裁案的程序和实体问题等作若干法理分析。

---

* 本文系作者 2016 年 7 月 21 日在“南海仲裁案法律专家座谈会”上的发言摘要，发表于《中国法学》2016 年第 5 期。

一、本案仲裁庭缺乏管辖权的法律和法理依据

本案仲裁庭滥用职权,肆意扩大自身管辖范围。菲律宾所提起的事项不属于《联合国海洋法公约》(以下简称《公约》)解释与适用的争端,实质是岛礁主权和海域划界问题。而海域划界、历史性海湾或所有权、军事和执法行动等方面的争端已被中国政府依据《公约》于2006年声明明确排除在仲裁庭管辖范围之外。中菲在南海的有关争议根本不适用《公约》附件七规定的仲裁程序,并且双方已经协议选择了通过谈判协商解决争议的方法,并排除了第三方程序。

正如我们已经声明过的,本案完全是以仲裁名义包装的反公正、反法治的政治图谋。《公约》旨在尊重国家主权的基础上建立海洋法律秩序,仲裁庭的所作所为却严重背离了《公约》所确立的基本原则,无视菲律宾提起仲裁程序之前未履行双边谈判义务的事实,违反《公约》以谅解和合作的方式解决海洋法争端的精神。

仲裁庭无视中菲南海争议的实质是领土争议并构成海域划界不可分割的组成部分,无视中菲双方已经选择通过双边谈判解决有关争议的共识,无视中国政府于2006年依据《公约》作出的排除性声明,完全不顾南海区域相关国家谈判解决争端的普遍愿望,完全不顾中国和相关国家为解决南海有关争端问题所作的努力和达成的共识,没有充分认识到菲律宾提起仲裁的行为违反了《南海各方行为宣言》所确定的和平解决争端的有关规定,滥用《公约》规定的仲裁程序,侵犯中方自行选择争端解决方式的权利。在这方面,中华人民共和国政府在2014年12月7日发布《关于菲律宾共和国所提南海仲裁案管辖权问题的立场文件》,已经详细阐明了有关主张,说明菲律宾单方面提起南海仲裁案是非法的。仲裁庭却对此置若罔闻,视而不见,强行推进仲裁程序,这不能不说其是包藏祸

心的。

正是因为该仲裁庭在管辖权方面缺乏法律依据和法理基础，中国政府才反复重申不接受、不参与的正义立场。这一立场得到了全国人民的普遍认同，也得到国际社会越来越多的理解和支持。

与此同时，我们必须凝聚共识，厘清解决南海问题的正确思路。过去数年间，菲律宾和仲裁庭的行为是在某些大国操纵下实施的，美国及其盟友日本试图扰乱南海局势、阻挡南海地区和平发展趋势、扩大自身影响力、保证本国的霸权地位。对此，必须予以全面揭露和严厉谴责。同时要向相关国家和整个国际社会呼吁，要明确认识本次仲裁的法律错误及政治弊端，并促请有关国家回到依据国际法原则谈判解决南海有关争端的正确轨道上来。

二、本案裁决严重违背公平正义的法治原则

公平正义是法治的真谛，更是司法和准司法活动的基本原则。任何违背公平正义的国际司法或准司法活动都是以“法治”之名行侵害他国正当权利、破坏和平稳定之实。本案仲裁庭无视中国在南海的主权和主权权利，对菲律宾和中国的立场采取双重标准，严重背离公平正义。仲裁庭曲解了《公约》的规定，武断而偏袒地作出裁断，明显地损害了中国的领土和海洋权利。特别值得关注的是两个要害问题：

一是仲裁庭用自己对《公约》的歪曲性解释否定了中国的历史性权利，认为“即使中国曾在某种程度上对南海水域的资源享有历史性权利，这些权利也已经在与《公约》关于专属经济区的规定不一致的范围内归于消灭”，从而否定了习惯国际法的存在。这是荒谬透顶的。历史性权益是基于习惯国际法，而习惯国际法是整个国际法体系的重要组成部分。《公约》并未也不可能否定基于习惯国际法而存在的历史性权益。

二是仲裁庭认为，中国对南海断续线的权益主张不符合《公约》，因此缺乏法理基础，应视为无效。仲裁庭认为所有南沙群岛在高潮时露出水面的岛礁（例如包括太平岛、中业岛、西月岛、南威岛、北子岛、南子岛）都属于《公约》第121条第3款规定的“不能维持人类居住或其本身的经济生活的岩礁”，从而裁定中方实际控制的岛屿只能享有12海里领海而不能衍生出200海里专属经济区。特别是对太平岛的认定，引起了两岸人民的一致反对，连美国有的学者都认为“太过分了”。仲裁庭也认为，美济礁、仁爱礁以及礼乐滩在高潮时没入水中，构成菲律宾专属经济区和大陆架的一部分。仲裁庭通过这些推断，得出结论认为中国侵犯了菲律宾对其专属经济区和大陆架的主权权利。以这一判断为依据，仲裁庭认为中国在该海域的所有执法行为、渔事活动以及造岛填岛行动都是对菲律宾权益的侵犯。这就说明，这个裁决已经背离了基本的法律观念，到了人们难以忍受的程度。依据《公约》和公认的国际法原则，本案仲裁庭没有任何权力对岛和礁的区分标准作出自己的“判断”。因而，基于这种“判断”而得出的后续结论自然也是无效的。

三、本案仲裁庭割裂海洋国际法秩序与整体国际法秩序的有机联系和统一性，是一种国际法治的倒退

中国对南海诸岛的长期开发经营和管辖历来为周边国家所承认，已具有习惯国际法基础；中国根据《开罗宣言》《波茨坦公告》等国际法文件确定的第二次世界大战后国际法秩序安排，恢复了对南海有关岛礁及海域行使主权及其他合法权益，维护和巩固了第二次世界大战以来南海区域的国际法秩序。割裂海洋国际法秩序与第二次世界大战后形成的国际法治秩序格局，势必使争端更加复杂化，势必破坏南海地区的和平与稳定。对于这样的仲裁裁决，

中国政府和人民有充分的理由不予承认。

四、不执行本案仲裁裁决具有无可置疑的正当性

一个完整的法律案件包括立案、审理、执行。本案从逻辑上到了“执行”环节。我们对本案一开始就采取了不参与、不接受的立场。除了基本立场外,不接受、不执行也有其法理基础。从法理上,本案仲裁庭的所谓裁决显失公正,属于“恶法”范畴,恶法乃“非法”,没有约束力,更无执行力。从国际社会的实践看,一国认为司法机构或仲裁机构作出的裁决不公正,就可以拒绝执行。在这个问题上,我们应当秉持“恶法非法”的法理学说。在涉及领土主权这种国家核心利益的问题上,任何国家都不会在不公正的裁决面前让步。当中国政府和中国人民明显感受到南海仲裁结果的荒谬邪恶时,可以理直气壮地不予执行,无论哪个国家提出何种理由、施加何种压力,都不能退让。

我们坚信,任何国家、机构和个人都无权否定中国在南海的领土主权和海洋权益。对于仲裁庭作出的侵犯中国领土和海洋权益的裁决,我们不会执行,只会进一步强化南海海域的监督和管理,更有效地保证我们的权益。

五、应进一步明确中国对南海权利的国际法依据

我们对于本案的裁决和对一般国际法的态度要区分开来,在充分揭示本裁决的不公正之处的同时,要强调中国推进、维护国际法治的坚定信念和行动。在全面建成小康社会、实现中华民族伟大复兴的历史进程中,国际法的作用不容忽视。党的十八大以来,习近平总书记在许多场合强调奋力推进国际关系法治化、全球治理法治化,在法治的轨道上推进国际关系民主化、合理化,为实现

中华民族伟大复兴中国梦创造良好的国际法治环境。

无数历史经验表明，遵行国际法不仅意味着国家的形象和软实力，而且意味着国际合作的机会。而中国在这个和平发展的重要时段，一定要在中国政府、专家层面、民众层面防范将南海仲裁案及其裁决的影响扩大化，特别是在国际社会，避免形成中国不接受、不认同国际法的负面印象。因为那样会从根本上损害我们的发展机遇，最终侵蚀我们的核心利益。

为此，我们要有破有立。从破的方面看，就是要有理有据地批驳南海仲裁案不符合国际法的原理、精神、原则、规则的方面，让各国人民明确而充分地认识到，南海仲裁裁决中的诸多弊端和荒谬。从立的方面看，要说明《公约》对于历史性权利的规定并非穷尽和排他的，我们在这方面既要充分澄清，也要进行充分的研究，提出理据充分、具有说服力的证明。要通过大量实例证据说明中国对南海诸岛的长期开发经营和主权管辖历来为周边国家所承认，已具有习惯国际法基础；中国根据《开罗宣言》《波茨坦公告》等国际法文件确定的第二次世界大战后国际法秩序安排，拥有对南海有关岛礁及海域的主权及其他合法权益。同时，中国法学界特别是从事国际法、海洋法研究的专家学者要进一步加强对南海、东海和整个海洋研究，为捍卫我国领土主权和海洋权利、加强海洋法治提供深厚的学理支撑和良好的智力支持。

除了南海问题，中国更要坚守中国是国际法治的维护者和建设者的立场，在联合国大会、安理会、人权理事会等国际平台的讨论中，在维和、反恐、环境等一系列主张中，增加国际法的分量，在"一带一路"建设、亚投行的建设中，树立坚持国内法治、建设国际法治良好形象。

总而言之，越来越多的人明确地认识到，本案仲裁庭不仅管辖权存在随意扩权越权的法律问题和法理谬误，而且在认定事实、适用法律等方面存在严重问题。仲裁庭的有关行为完全背离了《公约》的原则和宗旨，损害了《公约》的完整性和权威性，背离了国际司法正义，有违和平解决国际争端的国际法治精神与目标，没有任何公正性。同时，世界各国特别是南海有关国家的人民和政府应该认识到，中国不接受、不参与菲律宾单方面提起的仲裁案，不承认、不执行该仲裁庭的裁决，是在国际法的框架内捍卫国家主权和海洋权益、维护公平正义的国际法治、维护《公约》权威性和完整性的正当之举，在全球治理的发展之路上，中国将一直是国际法治的建设者、倡导者和维护者。

法治与科技关系的法理命题*

很高兴参加如此高端的科技界和法学界的对话会。这是我第一次参加“香山科学会议”,我对此充满着新鲜感和美好期待。下面,围绕本次会议的主题“科学技术与现代法治建设”,从法理学或法哲学的认识论和方法论出发,谈谈我对这个问题的一些观点。

20 世纪 80 年代以来,科技和法治的关系就成为法学研究的对象。那个时候基本聚焦在科技对法治的作用、法治对科技的反作用这样一种相互作用上。那么,当今天科技进步逐渐主导甚至主宰我们的生活、我们的世界的时候,讨论科技与法治的关系,就不能局限于二者的相互作用,而是需要建构一种或者若干种理论模型,或者说需要形成一些新的研究范式。这种理论模型和理论范式必将产生一系列崭新的理论命题。今天,我尝试着提出十个“法理命题”。

所谓“法理命题”是指:第一,法理层面的命题,也就是说具有抽象性、思辨性、反思性、想象力的命题。第二,具有法理意义的命题,具有原理性、规律性、解释力、证明力、合理性和价值意义的

* 本文系作者 2017 年 11 月 14 日在香山科学会议第 612 次学术讨论会“科学技术与现代法治建设”上的发言。此后,作者在北京理工大学举办的“智能科技时代理工类大学法学教育发展论坛”(2018 年 6 月 30 日)上再次就“法治与科技关系的法理命题”进行论述。

命题。

在这种意义上,法理命题不仅要符合形式理性,还要合乎正义、情理、良善等道德理性或者社会理性。在人们急急忙忙地考虑如何运用新科技的时候,法理人要登高望远去把握超越技术价值的那种社会价值,预判各种各样新技术的异化可能引发的人类退化。我想,这就是作为社会科学的法学与自然科学的差别、理论学科与应用学科的差别,也是我们法理学的学科本质和优势所在。

第一个命题:法律是人类最伟大的发明。“法律是人类最伟大的发明。别的发明让人类学会驾驭自然,而法律的发明则令人类学会如何驾驭自己。”

这是美国第 36 任总统约翰逊 1965 年 9 月 16 日在华盛顿“经由法律实现世界和平”大会上的演讲中提出的理论命题。2014 年 1 月 7 日,习近平总书记在中央政法工作会议上引用过这个命题。这个命题很有深意。譬如说,我们关于化学领域的发明、物理领域的发明、生命科学领域的发明,都使我们学会怎么样遵循规律、顺应规律去开发、利用自然,而法律的发明则使我们人类学会了规范人的行为、调整社会关系、促进人类和谐相处,使人类避免在无谓的战乱中自取灭亡。在这个比较意义上说,法律这种发明创造可能比其他的发明要重要得多、伟大得多。

第二个命题:科技与法治是现代文明的“鸟之两翼、车之两轮”。

说到文明,科技和法律最具有代表性。习近平总书记提出两个判断:“科技是文明的成果”和“法治是现代文明的标志”。这两个判断都与文明相关。20 世纪 30 年代,美国著名法学家庞德曾说,“法律是和一定时间、空间的文明联系的。从过去来看,法律是文明的产物;从现在来看,法律是维护文明的手段;从将来来看,法律是促进文明的手段”。一国的法治文明是该国法治进化的过程表现,也是制度发展的高阶展示,标志着一国法治现代化的水平。

20 世纪 50 年代，我们党和国家杰出领导人董必武同志指出："说到文明，法制算一项。"

在当今世界，判断一个国家、一个社会、一个民族是不是文明国家、文明社会、文明民族，一看科技发展的水平，二看法治的水平，三看科技与法治相互支撑的水平。到目前为止的人类社会，这可以说是一个普遍规律。

第三个命题：科技兴，则法治强。

科学技术是第一生产力。在人类历史上，科学上的重大发现和发明，技术上的重大更新、创新和突破，都会引起生产力的巨大进步和发展，都会使人类利用和改造自然的能力大幅度提高，从而产生出更多的财富，提高人们的物质生活水平。科学技术的进步，其意义绝不限于生产力的发展、财富的增加、物质生活水平的提高，还在于它从根本上提高了人们的身心素质，改进了人们的生活方式、思维方式。例如，生物学和遗传学的发现使人类懂得近亲繁殖容易导致后代低能、畸形、残疾，以致人类退化。所以，才有了禁止近亲结婚和生育的法律，提高了整个人类的体能和智能。

纵观人类社会的历史，科学技术的重大突破往往引起社会的变革或变迁。种植、养殖农业技术的发明催生了家庭和私有制，使一家一户的农业生产取代了原来的集体生产方式，使人类从野蛮社会跨入文明社会。蒸汽机和织布机的发明，引发了机器大工业的生产革命，牵引自然经济迈向商品经济和市场经济，促使封建社会解体，推动资本主义社会制度出现。因此，奴役被自由代替，专制被民主代替，特权被普遍的人权代替，人治被法治代替。最近 20 年出现的以信息技术为代表的新技术潮流，正在彻底改变传统生产方式、生活方式和社会联系方式，使人类步入更加高效、开放、自由、互信的知识经济时代和民主法治时代。

第四个命题：制度优势与科技优势的融合提升中国法治的优势。

中国特色社会主义法治建立在以党的领导、人民当家作主、依法治国有机统一为本质特征的社会主义制度之上，这样一种制度在世界范围内具有鲜明特色和明显优势。当下，我国还具有在大数据、云计算、人工智能、互联网、物联网、电子商务等领域领先全球的科技优势。党中央、国务院、新兴科技企业大力推动科技与制度的深度融合。可以预见，当科技与制度深度融合之时，我国的制度优势和科技优势必将形成新的综合性优势，使中国特色社会主义法治有可能引领世界法治文明。跨部门大数据办案平台的运行、杭州互联网法院的创建、全国各地的智慧法院建设、中国裁判文书网的迅速发展，都表明中国法治正借助新科技优势而取得跨越式发展进步。

第五个命题：科学理性与法律理性的融合促进人类社会由人治到法治的革命性变革。

法治与理性、法律理性与科学理性有着内在的联系。我国宋代思想家朱熹说过，“法者，天下之理”。[1]西方法学家，从古代到当代，几乎都把法律精神归结于理性，甚至马克思也把理性作为解释法律概念和法律观的关键词。胡锦涛同志曾指出：“法治是以和平理性的方式解决社会矛盾的最佳途径。”[2]习近平总书记曾指出，厉行法治依赖于“理性精神、诚信守法的精神、尊重法律权威的精神、权利和义务对称的精神、依法维权和依法解决纠纷的习惯”的培养。[3]这些都说明了法、法治与理性的内在关联。从人治到法治的变革根源于理性世界观的形成。科学理性是一切旧制度的“掘墓人”。恩格斯在《反杜林论》中说：“在法国为行将到来的革命启发过人们头脑的那些伟大人物，本身都是非常革命的。他们不承认任何外界的权威，不管这种权威是什么样的。宗教、自然观、社会、国家制度，一切都受到了最无情的批判；一切都必须在理性的法庭面前为自己的存在作辩护或者放弃存在的权利。”[4]科学理性的生成引发了人们世界观的改变。理性作为人类构建世界的主体认知方式,是人类社会进步的动力和源泉,也是现代法治形成与发展的基础和先导。自古以来,人治依赖愚昧、无知、迷信等非理性因素的支持,法治则是由理性精神支撑的。以理性精神审视人性,必然提醒我们正视这样一些基本的事实:人性是脆弱的、有缺陷的,即使伟大的人物,因为他不是“神”,其性格、情绪、注意力以至个人好恶都可能不规则地改变或转移,他的认识和理解会出现偏差以致陷于成见,他的行为可能失却理智而被情绪所左右。一旦我们以理性精神审视人性,就会否定至善无瑕的“先知”“超人”“圣杰”的存在,人治或贤人政治的主张就没有任何理论根据。在法理学体系中,“理性”并不仅仅意味着法治要合乎认知理性、科学理性,还要合乎道德理性、价值理性;法治不仅要合乎真理,还要合乎情理;不仅要合乎私人理性,更要合乎公共理性(法律中的正义、平等、自由、人权、道德价值等)。

第六个命题:没有信息化,就没有现代化,就没有政治和法治现代化。

信息化是现代科技的综合体,比如说算法、大数据、云计算、互联网、物联网等。没有信息化、数据化,就没有现代化,包括农业现代化、工业现代化、国防现代化、科学技术现代化,也包括法治现代化和国家治理现代化等。科技现代化引领社会现代化。以信息化为代表的现代科学技术既是现代化的核心标志,又是社会现代化的强大推动力。

以政治现代化和政治文明为例。政治文明的核心是民主。从原始民主、选举民主、协商民主到网络民主,这些民主发展的历程都有科技伴随,特别是网络对公民的政治参与提供了便利,而且为公民的监督创造了前所未有的便利条件,也推动了新型民主的制度建构。

现代科技是人权保障和人权发展的助手。科技发展有利于保障人权、实现人权,也有利于人权的发展进步。2002 年,我作为吉林省人大常委会法制委员会委员主导论证和参与制定了《吉林省人口与计划生育条例》，该条例第 30 条第 2 款规定："达到法定婚龄决定不再结婚并无子女的妇女，可以采取合法的医学辅助生育技术手段生育一个子女。"这是科技发展有利于人权保障和人权发展的鲜活例子之一。这一规定在国内率先以地方性法规的形式确认了独身女子的生育权，引起了国内外各类媒体的广泛关注和热烈讨论。这只是一个小的例子，其实科技正在使很多新兴权利（如数字人权、生殖权等）的出现和实现成为可能。

第七个命题：科技发展和广泛应用突破了技术规范和法律规范二元论的法律观。

通常，法学家们认为，法律规范和技术规范是二元的，技术规范调整的主要对象是人与自然的关系，它们规定人们如何使用自然力、生产工具等，以有效地利用生产工具，开发自然资源；而法律调整的是人与社会的关系，规范人的涉他涉众行为。但是，随着科学技术的发展，大量的技术规范需要转化为法律规范，或者由法律强制力保障其实施。美国三里岛核电站泄漏事故和苏联切尔诺贝利核电站的爆炸事故严重地危害了人们的健康和生命，给人类敲响了警钟，人们认识到预防和及时化解科技运用中的风险和危害，不仅必须有严密的技术规范，而且要保证这些技术规范的实施，必须把它们上升为具有国家强制力的法律规范。在现代国家，科学技术应用方面大量的技术规范，如机械制造、生产操作、交通安全、环境保护、卫生保健、互联网运行、大数据集成、人工智能等方面的技术规范大量地法律化，既保障了科学技术在生产和生活中的运用，也有效地维护了人民群众的生命安全和全社会的利益。

同时，人们也注意到，现代科技在公共生活和法律事务中的广泛运用，加快了法律的技术化和信息化。调整经济社会关系，特别是调整金融、证券、期货、电子商务、知识产权的法律将越来越呈现"高技术"特征，有关知识产权、补贴与反补贴、反倾销、税收、产品环境标准、动植物检疫标准、金融等方面的技术性规则,尤为复杂。基于大数据、互联网、现代物流技术的国际电子商务蓬勃发展,电子合同的要件与效力、电子签名、电子商务认证、电子物权登记、网上交易与支付、网上知识产权、电子商务管辖权、电子数据证据、在线诉讼,现代科技广泛运用于社会治理和政府管理等,极大地提升了法律的技术性和智能化,使法律日益呈现高技术密集和信息化集成的特征。

更为深刻的是,现代科学技术的发展使国家法与自然法、实然法和自然法的关系更为模糊。人工智能、脑科技、基因科技正在改变着传统哲学有关主体和客体、社会和自然,人与人的对象化产品的关系。人类制造的机器人、形形色色的人工智能产品、“人造人”(生物人)和我们自身一模一样的话,主体和客体的界限变得模糊不清。因而,社会法则和自然法则的二元论正在消失或者在许多领域已经“融为一体”。

第八个命题:现代科学技术发展必然导致传统法律规则体系的重构或解构。

现代科学技术发展必然导致法律规则体系的结构性变化,或者说“解构”。这种变化表现为:权利确认和保护规则的改变,义务内容与履行义务方式的改变,责任认定归结和执行方式的改变。无人机、无人汽车、无人船舶等无人交通工具的责任承担与传统的法律责任的认定和规则不同。由于现代高科技的风险具有复合性,所以法律责任的承担也必然具有复合性,包括交通工具制造商和操作平台、交通工具的所有人和使用者、交通管理部门等都将是一个案件的共同责任主体。再如,个人信息权和隐私权受到侵害情况下的责任承担者可能就有信息的收集者、数据的分析者、数据的发布者等。

第九个命题:科技应用迈出一小步,司法文明前进一大步。

将大数据、人工智能等科学技术运用到司法领域可以极大地推动司法文明的进步。具体而言,第一,科学技术的运用使证据的发现、证据的精准化等成为可能。这就大大地减少了冤错案件的发生。第二,提高了司法效率,使当事人的权利得到及时救济,被破坏了的法律关系和社会关系得到及时有效的修复。第三,提高了司法的公开性和透明度,使司法权在阳光下运行,接受当事人和社会的监督。第四,可以更好地做到同案同判,更好地实现法律面前人人平等,从而确保司法公正和提高司法公信力。

第十个命题:科技是一把"双刃剑",在法治的轨道上发展和运用造福国家和人民,脱离法治的轨道必然祸害国家和人民。

英国著名科学家贝尔纳在其著作《科学的社会功能》中指出,科学技术的发展本身既为我们揭开了改善人类生活的前景,也为我们开辟了毁灭人类的可能性。如黑客发明的蠕虫和计算机病毒能够自我复制,只要有两台机器就可以互相感染,永不停止;基因编辑、基因治疗、基因改造生物、人工生命体等基因工程技术运用,特别是在物种间水平转移技术的滥用等问题,都给现行制度带来极大的挑战。纳米技术被设计用来消除油脂、进行循环或清理人类的动脉,但是纳米生物也带来无限威胁,会无限繁殖,一旦纳米虫变成野生动物将难以消灭。针对这些可能出现的问题,法律制度无法提供现成的措施。科学技术的发展改变了人与自然的关系,人类中心主义更由于科学技术的进步而达到极端,自然界作为人类的母亲受到了无情的伤害。

由于生物遗传工程和生物技术的开发应用以及现代医学技术的发展,人体之间器官、血液、骨髓的移植越来越普遍,动物与人之间的器官移植也开始出现,这在伦理上和法律上必然引起许多问题。随着基因移植、基因合成等实验的进展以及新的生育技术的运用,试管婴儿、代孕等越来越多,因而出现了人类传统生育过程中从未遇到过的新生儿血亲关系的确认问题以及与此相连的扶养、赡养、继承等法律问题。克隆技术在动物身上的试验成功,助长一些科学家克隆人的动机，如果他们克隆人获得成功并大面积推广克隆人的技术，人类将面临着人与其他动物之间界限的模糊。这必将引起不可设想的伦理危机、生命安全危机。更可怕的，譬如说原子能技术的运用、核武器的发明和使用、生物化学武器的发明和使用一旦脱离法律的规制，整个人类将面临灭顶之灾。

在科学技术引发的各种现实挑战和风险面前，科学家和法学家要互相学习、冷静思考、积极应对，引导科技朝着普惠向善的方向发展。正如英国原最高法院院长戴维·埃德蒙德·纽伯格在一次演讲中所说："法治是文明社会的基石，由于科学在诸多领域内不断发展，深远探索，科学家们应当了解相关法律规则，指导自己工作的适当法律界限。此外，同样重要的是，法律人要熟悉科学的发展情况，法律需要跟上技术发展的步伐。"[5]习近平总书记更是多次强调要加强对人工智能、基因科技的伦理和法律研究，未雨绸缪，既应对已然，又防患于未然。

注　释

1 (宋)朱熹:《学校贡举私议》,《晦庵集》卷六九。

2 《胡锦涛会见出席第 22 届世界法律大会代表》,载《人民日报》2005 年 9 月 6 日，第 1 版。

3 哲欣:《弘扬法治精神　形成法治风尚》(2006 年 5 月 17 日)，载《浙江日报》2006 年 5 月 17 日，第 1 版。

4 《马克思恩格斯选集》(第 3 卷)，人民出版社 2012 年版，第 775 页。

5 [英]纽伯格勋爵:《法官如何借助科学技术判案》，葛峰译，载《新华文摘》2016 年第 22 期。

走进法理新时代[*]

按　语

随着“法理”成为法理学的中心主题和中国法学的共同关注，成为法治中国的精神内涵和信念之网，中国法学必将迎来法理时代，“法治中国”必将呈现“法理中国”的鲜明品质。张文显教授在《法理:法理学的中心主题和法学的共同关注》一文中的前瞻性论断，渐渐显现为中国法学的现实，我们站在了法学成长新的历史方位之上，进入了一个法理新时代。

法理新时代的到来，意味着法理学终于找到了它的真正对象，找到了它的安身立命之所和砥砺前行之基；意味着中国法学迎来了从法律之学、法治之学上升至法理之学的契机，迎来了从法的规则之学、秩序之学升华为法的理性之学的飞跃；意味着全面依法治国有了新的理论据点，法治中国建设有了新的学理支撑，中国特色社会主义法治道路有了新的话语力量。

法理新时代的旋律，抒发为一个生命力饱满的学术体系，表意为一个创造力无限的理论旨趣。思想在历史中的演绎将我们带入

---

* 本文系作者 2019 年 4 月 25 日在北京接受《中国法律评论》专访的实录，发表于《中国法律评论》2019 年第 3 期。

了这个时代，从法理出发正是以历史为因；理性在实践中的绽放让我们聚焦于这个时代，循法理前行必将以实践为本；深情在逻辑中的挥洒令我们感怀于这个时代，品法理之道定要以逻辑为心。

万木沉酣新雨后，百昌苏醒晓风前。2019 年 4 月 25 日，《中国法律评论》“对话”栏目特邀“法理研究行动计划”的发起者张文显教授，畅谈法理新时代，纵论法学新思维，寄寓法治新期望。现将对话全景实录如下，以飨读者。

1. **中法评**：您在一篇文章中写道，法理是法治中国的精神内核，是法学体系的核心概念，因之，法理应当成为法理学的中心主题和法学共同关注。随之，中国法治和中国法学必将迎来法理新时代。请您就这个主张和论断，进一步作出说明。

张文显：这个论断和主张是我在《法理：法理学的中心主题和法学的共同关注》一文中提出来的。这篇文章发表在《清华法学》2017 年第 4 期。

首先，我要对“法理新时代”作点解释。这里的“法理”并不是“法理学”，不是说中国法学进入了“法理学的新时代”。这里的“法理”指的是“法律之理”“法治之理”，亦即“法之理”，是法律的内在精神、法治的时代品质，是法律秩序的本原和本质所在。

随着全面依法治国、建设法治中国实践的深化和拓展，特别是随着形式法治和实质法治深度融合为“良法善治”的时代品格之形成，“法理”的概念、命题和话语，在法律体系、法治体系、法治实践、法律方法、法学理论以至公共生活和政治生活中经常出现，法理功能日益凸显，渐成“法理泛在”的局面。在这个意义上，我们说中国法治和中国法学正在进入法理新时代。

我个人认为，用“法理新时代”表征中国法治和中国法学新的历史方位，也许是最恰当的概念。同时，法学界很多人看得出，“迎来法理新时代”不只是一个预判和论断，而且意在通过法理研究进一步推进中国法律、中国法治和中国法学的科学化和现代化。这也是我倡导和推进法理研究的根本性理论追求和学术目标。

2. **中法评**:“法理”与我们经常听到的法学理论、法理学、法哲学这些概念有什么不同?

张文显:“法理”是法理学、法哲学中的核心概念之一,而法理学、法哲学是学科的名称。在整个法学体系里面包含着法理学(法哲学)、宪法学、民法学、刑法学、诉讼法学、国际法学等学科,它们是整个法学体系的具体组成部分的特定称谓。关于法学理论,有两种说法:一是指整体意义上的关于法律、法治和法理的理论;二是指在我国法学硕士、博士学位体系当中,有一个专业叫法学理论专业,是相对于宪法学、民法学、刑法学、诉讼法学等专业而言的。法学理论用英文来讲就是“legal theory”,法哲学是“philosophy of law”,法理学是“jurisprudence”,“法理”是它们共同的研究对象。

但是,有时候,我们也在不那么规范的意义上用“法理”来指代法理学。比如,问一个法学理论研究生“你是学什么专业的?”答:“我学法理的。”问一个教师:“你教什么?”答:“我教法理。”实际上这都是不规范的说法。所以,《北京大学法学百科全书:法理学、立法学、法律社会学》那一卷说,“法理”一词也是“法理学的一种并非规范的简称”。当然,说“不规范”,有点重了,这也可以说是一种日常的说法、习惯的说法。法理学也好,宪法学也好,其他法学学科也好,都是一种学术学科的称谓。有的时候,我们看到一些论文标榜为“法理研究”,但实际上它是关于特定问题的法理学研究、法理学分析,而并不是关于法理的研究。

我们法学体系里面实际上有三个核心概念:法律、法治、法理。法学理论体系实际上就是由法律理论、法治理论和法理理论组成的。整个法学理论体系,以及法学的知识体系和话语体系,可以说就是以这三个概念作为基石的。

我这里稍微展开说一下:古今中外,特别是近代以来的法学,有三个最核心的问题。

第一个是法律问题。关于法律是什么、法律来自哪里、法律向何处去,以及关于法律的作用、功能,法律的体系、法律的效力、法律的渊源的研究,都是法律理论。

第二个是法治问题。当我们讲厉行法治、依法治国、依法治军以及全面依法治国的时候,指向的是法治。当我们要回答什么是法治、如何实行法治的时候,有关法治的理论问题便显现出来了。习近平总书记对什么是中国特色社会主义法治,如何走中国特色社会主义法治道路,如何把依法治国和以德治国相结合,把依法治国和依规治党相结合等的阐述,都属于法治理论。法治理论回答的不是规则的理论,而是依据规则进行治理的理论。习近平总书记用一段论语生动地说明了二者的界限:“法律是什么?最形象的说法就是准绳。用法律的准绳去衡量、规范、引导社会生活,这就是法治。”[1]

第三个是法理问题。无论是法律还是法治,无论什么样的法律和法治,都要建立在某种理念或信念的基础上,都要建立在某种价值共识或基本共识的基础上,都会有某种目的性的导向,对这些理念、信念、导向、共识的追问,就是关于法理的理论。

3. **中法评**:“法理”到底是价值还是事实?它与法学家们经常说的法的理性、法的原则有什么异同?

张文显:对这个问题要有一个全面的、辩证的看法。首先,说法理是一种价值,是可以的。因为我们的法治为了什么,我们为什么要建立一个法治的生活秩序,我们为什么要有一套规则来规范我们的行为、来调整我们的关系、来实现我们更加美好的生活需要,这就是要在价值意义上回答法理问题,这里所体现出来的法理就是价值。其次,说法理是事实,也是可以的,因为当我们把法理作为研究对象时,法理就是客观存在的,就是价值“事实”。当然,如果不加解释,听起来就有些牵强。

从研究的角度,法理是从三个意义上来讲的:

第一，法理是一个本体论范畴。法理必然要回答法律是什么、法治是什么的问题，也就是必然要回答法律和法治的本原性和本体性的问题。黑格尔讲法的本质在于自由，马克思主义讲法的本质在于法是由社会物质生活条件所决定的统治阶级意志的体现，这些都是最基本的法理。

第二，法理是一个目的论范畴。目的论范畴意义上的法理，必然要回答法律为什么是这样、法律如何是这样、法律应当是什么样的问题。比如什么样的法律是良法？法治和人治的区别在哪里？法治和德治之间的联系和区别在哪里？这实际上都包含某种目的论、价值论。例如，我们之所以主张法治、依法治国、依法执政，是因为只有按照既定的规则和一整套已经设定好的法律机构来执行规则，才能避免发生“人存政举、人亡政息”的情况，才能够保证国家和社会的长治久安。这便是法治的目的。所以，“法治”这个概念提出来的时候就是有目的性的，对法治之法理的研究也必然是具有目的性的。

第三，法理还是一种方法论范畴。如同任何基本概念一样，法理这个概念标识着一种新的法学理念、新的法学思维，甚至是一种新的研究范式。在研究法理问题、法治问题、法律生活时，有没有法理思维，其进路和所产生的效果很不一样。

我们就是在这三种意义上理解法理概念的。我们经常说的法的理性就是法理，因为法律就是让人们理性地生活，让人们理性地对待自己的权利和他人的权利。法律生活本身就是一种理性的生活，或者说应当是一种理性的生活，而不是一种野性、任性的生活，也不是一种跟着感觉走的生活。在这个意义上，法理就是一种法的理性，特别是法律生活方式当中的那种独特的理性，我们也常常说司法就是一种实践理性活动。自古以来的思想家，从古罗马思想家西塞罗一直到康德、黑格尔、罗尔斯，他们都用理性来定义法律，实际上就是用法理来定义法律。

对法理与法律原则的关系，我是这样理解的。法律原则是法理的一种存在形式。我国法律有一个显著特点，就是每部法律都要规定基本原则，像《民法总则》第一章就规定了民法的基本原则。《刑事诉讼法》《民事诉讼法》《行政诉讼法》都有关于本法的原则的规定，这些法律原则就是法理的一种载体或存在形式，是我们发现法理的一种途径。我们到哪里寻找法理？成文法中的原则、裁判文书中的说理部分、法学家所提炼出来的格言、提炼出来的命题，都是法理的存在形式或者载体。所以法律原则是法理的一种存在形式，是现代法理的重要载体。

4. **中法评**："法理研究行动计划"自 2017 年年底启动，在不到两年的时间里，引起了法理学界和部门法学界的广泛关注。请您重点介绍一下"法理研究行动计划"。

张文显：首先，发起并推动"法理研究行动计划"，是当代中国法学、中国法治发展的必然要求。即使不是由我发起和推动"法理研究行动计划"，也会有其他人来提倡"法理研究"。原因在于，当代中国要实现"良法善治"，就必须提倡"法理研究"。习近平总书记讲要用良法保证善治。全面依法治国的新理念新思想新战略，其中的新理念之一就是良法善治。为了实现良法善治，很多法律的观念、法律的理论、法治的观念、法治的理论都要发生相应变革，以适应"以良法保证善治"的法治理念，适应全面依法治国的新战略、新举措；而"法理"就是对"良法善治"的最好概括。

其次，推动"法理研究"是我对法理学教学和研究进行深刻反思的必然结果。从 20 世纪 80 年代开始，我先后参与了《国家与法的理论》《法学基础理论》《法的一般理论》的编写，到 1992 年参与编写《法理学》，沈宗灵先生任主编，他要找一个年轻人协助他，选了我做副主编。这是第一本以"法理学"命名的教材，自那之后"法理学"才名正言顺地成为法学的一个学科，成为法学本科专业的一门核心课程，《法理学》教材也成为核心教材。

虽然法学理论教材的名称变化了，但是，法理学研究对象的问题并没有彻底解决。我们知道，宪法学的研究对象是宪法，民法学的对象是民法，刑法学的对象是刑法，法理学的研究对象不应该是法理吗？

可是，我们的法理学，仍将其研究对象定位于“法律”而不是“法理”；尽管我们讲法的一般理论，讲的是一般法，但仍然讲的是法律，研究的是规则的制定和实施，并没有真正地去研究法理。虽然法学理论教材名称改变了，法理学学科地位独立了，但法理学的研究对象、法理学的中心主题并没有发生实质性变化。

问题就出现在这里。虽然叫法理学，可是研究的不是法理，不是“法理之学”。很多法科学生都注意到法理学教材里面没有关注甚至没有出现“法理”这个概念，什么是法律、什么是法制、什么是立法、什么是司法都有，唯独没有法理概念，没有关于什么是法理的论述，这就说明法理学并不是名副其实的“法理之学”。国内不少学者，包括朱景文、付子堂、马长山、舒国滢、葛洪义等教授都不同程度提出过这个问题。但这个问题没有得到认真对待，没有得到细致研究。我本人作为好几本《法理学》教材的主编，也在关注和反思这个问题。在这样的背景下，我提出法理学的转型升级，认为法理学需要“脱胎换骨”，就要从法律之学、法治之学升华为法理之学，要以“法理”为中心主题，以“法理”为核心研究对象。2016年11月，我在对外经贸大学举办的“沈一冯法学名家讲坛”上作了一个演讲，题目是“法理与法理学”。出乎意料的是，来听报告的人爆满，最后提问环节也将近一小时，反响挺好。于是，我就想在这个基础上把讲稿变成一篇文章。

后来，《清华法学》2017年第4期刊发了我的文章《法理：法理学的中心主题和法学的共同关注》。文章提出，我们对法理的研究，不仅应当是法理学的中心主题，也应当是整个中国法学的共同关注。文章发表之后，反响非常强烈。我们开始思考，要不要借助这篇文章掀起一个法理研究的高潮？以法理学青年教师和法学理论博士生、博士后为主体，我们在长春开了两次预热会，研讨如何深入推进法理研究。后来大家说叫“法理研究行动计划”。为什么叫行动计划？就是想强调法理研究需要行动起来，有一个长期的、持之以恒的行动规划。法理研究是一个复杂的系统工程，不是一两次学术会议，也不是开几次学术论坛、发表一系列文章就能解决问题，而是要持续地推进，我们准备先进行三年行动计划。

2017 年 12 月 4 日，在苏州大学召开了“法理研究行动计划”第一次论坛，这是在党的十九大之后举行的，参会人数五十多人，讨论很热烈。此后，2018 年 3 月，第二次会议在长沙中南大学举行。2018 年 8 月，第三次会议在天津南开大学举行。这三次会议的主要议题是进一步论证法理，讨论怎么样凝练法理、怎么样发现法理、怎么样研究法理。

通过这三次会议，达成了很多共识，也对法理研究起了很大推动作用。我们进一步认识到，法理研究不能停留在面上、宏观层面上，而是要深入具体法理论题之中，必须分专题研究，所以我们提出了法理研究的 19 个专题。首先是经典文献中的法理，像马克思主义经典、西方法学经典、中国古代的经典，马克思主义经典包括当代中国的马克思主义经典文献。其次是公法、私法、经济法、社会法、知识产权法等各个部门法和部门法学当中的法理。再次是法律运行的各个环节的法理，如立法、执法、司法、守法当中的法理，案例中的法理，制度中的法理。最后是我们要研究一些过去大家不太关注的法律文明中的法理，像伊斯兰文明中的法理、东亚国家的法理。

针对这 19 个专题，我们先从前期成果相对比较成熟的领域做起，第四次研讨会的主题是“公法中的法理”；第五次是“私法中的法理”；第六次是“法理思维与法律方法”；第七次是“经济法中的法理”；第八次是我们最近发布公告的“知识产权及相关权利中的法理”;第九次是“法理研究的方法论”,讨论如何深化、拓展、创新法理研究;第十次是我们正在筹备的一次学术盛会,主题是“法理的概念”。什么是法理？各种各样的说法都有,但是远没有达成共识,没有形成一种简明的、精准的理论概括,也就是说没有形成一种定义式的概括,现在还都是论说式的概括。

20 世纪 30 年代,对于“什么是法律”这个问题,苏联法学研究所所长维辛斯基动员了全苏一千多名法学家,在集体研究的基础上开了三天会,最后形成一个到现在为止仍然堪称是马克思主义法学经典的法的定义,即法是统治阶级意志的体现,是由社会物质生活条件所决定的国家意志,是国家制定或认可的规范人们行为、调整人们关系的法律规则的总称。这个定义尽管有其时代的局限性,但其内在逻辑具有它的合理性,所以到现在为止中国法理学教材关于法的概念的定义,都是根据或参照苏联的定义来写的。我总在想,我们能不能在广泛深入研究的基础上,汇聚法学界的智识,形成一个法理的概念？所以第十次例会至关重要。当然,我们试图形成的这个“法理”的概念不能简单地归结为一个“法理”的定义,因为定义的作用是有限的。

这就是“法理研究行动计划”的梗概。法理研究行动计划仍然在路上,实践无止境,理论研究亦无止境。

5. **中法评**:您现在倡导的“法理研究行动计划”鼓励学者从整体性面向研究转向分领域专题研究。目前已经举办了公法中的法理、私法中的法理、经济法中的法理、知识产权中的法理等为主题的会议,那么,接下来的问题就是,各种法理之间会不会存在层级的问题？

张文显:你说的这个问题挺重要的。如果我们把法理作为一个体系来看的话,它一定是有层次之分的。我认为总体上可以分成核心法理、基本法理、具体法理三个层次。

核心法理就是通贯我们的法律生活、法律体系、法治体系的那些法理。比如,当代中国以人民为中心、为主体,法律体现人民意志、反映人们利益、维护人民权利,法治为了人民、依靠人民、保护人民、造福人民,尊重和保护人权;以公平正义为生命线,以和平发展、公平正义、民主自由为人类法治的共同价值,要体现规则公平、权利公平、机会公平,这些都属于核心法理。

对核心法理这个问题要具体问题具体分析。整个法治体系有它的核心法理。某一个法律部门,它作为一个局部性的法律领域来讲,也有自己核心的、基本的和具体的法理。比如,现代民法所确立的生命无价、人身自由、人格尊严、性别平等、财产神圣、契约自由、诚实信用、公平正义、公序良俗、环境正义、权利救济、定分止争,等等,都是中国民法中的核心法理。然后是民法各分则的基本法理。人格权法、婚姻家庭法、物权法、合同法、知识产权法、侵权法等,都有自己的核心原则、核心理念,构成这个领域的基本法理。比如婚姻法中的婚姻自由、侵权法的权利救济、物权法的平等保护产权以及物畅其流、物尽其用等。更进一步,就是具体法理。例如,围绕离婚的理由形成了两大理论,即“感情论”和“关系论”。“感情论”者坚持以感情破裂作为离婚的正当理由,他们以马克思、恩格斯关于婚姻的论述为依据,主张“感情确已破裂”作为离婚理由,符合立法的科学性、客观性和可操作性的要求,强调“感情破裂”仍应作为当今婚姻法的原则。“关系论”者则认为婚姻关系破裂是离婚的法定理由。这两种理论的争论折射出对有关离婚的法理基础的不同主张,直接影响了我国婚姻立法原则的走向,也深刻影响婚姻家庭司法。

6. **中法评**:谢谢张老师的解读。接下来我们谈一下如何发现法理。刚才您谈到在具体的部门法里、判例中,还有格言、命题,都会发现法理,我们寻找其中可能成为法理内容的时候,我们怎么来判断哪些是、哪些不是法理?谁来判断?有没有一个标准?

张文显:“法理研究行动计划”的成员中,丰霏专门写了一篇文章《如何发现法理》，邱本写了《如何凝练法理》，王奇才写了《法理与法谚》，这些文章都涉及如何发现法理、解读法理的问题。比如，很多人把法谚都当成法理，但有的法谚并不是法理，这就需要我们去发现和凝练法理。

第一，如何发现法理，换言之，就是法理在哪里。最直接地来讲，法理就在法学家所凝练出来的各种各样的命题中。有很多命题不是法典或者判例当中现成的，而是在漫长的历史当中由思想家、政治家、法学家或者法官、律师们概括出来的。我给你们举一些法理命题的例子。比如，“法律是植根于自然的、指挥应然行为并禁止相反行为的最高理性”“法官除了法律没有别的上司”“法典就是人民自由的圣经”“公正是一种完善的理性”“法律是最保险的头盔”。还有大家比较熟悉的“法无授权不得为、法无禁止即自由”“正义不仅要实现而且要以人们看得见的方式实现”“无救济则无权利”“无诉权就没有法律”“法律的生命在于实施”“法律是人类最伟大的发明”“正义是社会制度的首要价值，正像真理是思想体系的首要价值一样”。像这样一些命题都是思想家、政治家、法学家、法律人概括出来的，我们收集了几千条。还有法学家概括出来的一些概念。有的概念被运用到法律条文当中，但更多的是存在于法学著作当中。像我们熟悉的信赖保护、意思自治、环境正义、遵循先例、正当程序等法律原则都属于法理。

这里要强调一点，“法理”这个概念是土生土长的中国概念。早在华夏法治文明的初期阶段就萌发了法理观念和理念，至周、春秋战国时期思想家和政治家们提出了一系列承载法理意蕴的概念，诸如“道”“礼”“礼制”“义”“仁”“德政”“仁政”“正名”“保民”“经权”“定分止争”“明德慎刑”“以法治国”“奉法强国”，等等。汉代开始，“法”与“理”合成为“法理”，形成了“法理”概念，从此以后，“法理”概念和命题大量出现在论著、典籍、判词、官文之中。我们要注重从中华文献中发现法理、悟透法理，并使之发扬光大。

第二,很多社会科学家也有很多关于法理的论述,韦伯甚至概括出“法理型社会”。又如,塞尔兹尼克将法律发展概括为三大阶段,分别是“压制型法”“自治型法”“回应型法”。塞尔兹尼克提出,在缺少既定法律规则的情况下,用规则和政策内涵的价值、目的、原则来回应社会实践的需求;在我看来,就是用法理来回应社会需要。塞尔兹尼克、诺内特的理论都具有这样的特点。

第三,从各种各样的文学作品当中发现法理。西方有一个理论流派叫“法律与文学”,一般认为它属于后现代法学的一个支派。大量的电影、小说、诗歌、戏剧等文学作品里也有很多法理,如莎士比亚、普希金的作品。我们通过悉心阅读和观看就可以发现,作家们所概括出来的法理有的时候是我们法学家难以想象的,我们往往没有那么丰富的、独特的想象力。例如,普希金在《自由颂》中写道:“当权者啊! 是法理,不是上天,给了你们冠冕和皇位,你们虽然高居于人民之上,但该受永恒的法理支配。啊,不幸,那是民族的不幸,若是让法理不慎地瞌睡;若是无论人民或帝王能把法理玩弄于股掌内!”有一部电影,是根据一篇小说改编的,叫《杀死一只知更鸟》,里面有一句台词说:“在这个国家里,有一种方式能够让一切人生来平等——有一种社会机构可以让乞丐平等于洛克菲勒,让蠢人平等于爱因斯坦,让无知的人平等于任何大学的校长。这种机构,先生们,就是法庭。”这样一句话,极其精辟地道出了深刻的司法法理。法院就是让大家在这里实现一种公平的地方,无论原告和被告之间有什么样的差别,在法庭面前一律平等。这些话非常有感染力、感召力。此外,像《纽伦堡审判》《艾希曼在耶路撒冷》等电影,里面也有大量关于法律和道德、主权和人权的法理论述。

第四,法典和判例也都是法理的宝库。首先体现在法典的立法理念上,其次体现在具体法律规则的规定上,最重要的体现则是其中的法律原则。比如,法国《人权宣言》、美国《独立宣言》、俄罗斯《宪法》都规定私有财产神圣不可侵犯的原则。它们作为法律原则、作为崇高法理写进宪法文本，经历了几百年的斗争，多不容易！

我国制定民法典的人格权编，其中几个基本的法理包括：人格独立、人格尊严、人格平等、人格感受。其一，人格独立，打破人身依附关系。无论夫妻之间、父母与子女之间、老板和雇员之间，人格是独立的。其二，人格尊严，因为人格是独立的，所以才有人格权的问题出现。人格尊严是整个人格权法最核心的理念。这是我们新中国成立70年来的宝贵经验教训，也是当代中国法理研究的宝贵财富。其三，人格平等。每个人都有平等的人格权，这就涉及我们国家的民生工作和社会保障法律体系等，要让每个人都能体面地、有尊严地生活。其四，人格感受。习近平总书记要求让人民群众在每一项法律制度、每一个执法决定、每一宗司法判决中都感受到公平正义。这和过去不一样，过去讲在每一个司法案件当中，现在还讲在每一项立法决定中、每一个执法决定中、每一宗司法案件中都感受到公平正义。能够感受到公平正义，就是最好的人格感受。我国《民法总则》制定的时候，李建国副委员长提出，制定民法典不仅要坚持问题导向，还要讲体系、讲法理。立法不讲法理是不行的，执法不讲法理、司法不讲法理也都是不行的。

还有就是判例。西方叫判例，中国叫案例。判例及指导性案例，都凝结着这样或那样的法理。例如，“所有的法律和契约的作用及其效果都受普通法的一般的、基本的准则的控制。即不应容许人们利用本人的欺诈行为而得利，不容许人们利用本人的错误行为，或者根据自己的不义行为主张任何权利”，这个著名的法理话语，就是1889年纽约上诉法院在里格斯诉帕尔默案中概括出来的。在纽伦堡审判中，面对战犯及其辩护律师的申辩，法官们指出：在大多数国家的刑法都确定为犯罪的行为面前，真正的考验不是命令的存在，而是道德选择事实上是否可能。基于这种推理，形成一条国际社会通行的法理，即“政府或上级命令不得作为免除被告责任的理由”。这些判例中形成的法理既是对过去经验的观照，也是对未来个案审判的指引,具有重要的实践意义。

第五,法理存在于生活当中。大千世界里面的法律生活,处处存在法理问题,处处可以发现法理。比如,专业打假者是不是消费者?这在法理上得说清楚,只看法律条文规定没法说清楚。只有法理上说清楚了,法律上才能执行。

我们看到,法理广泛存在于各个领域、各个方面,我将其称为“法理泛在”。

7. **中法评**:是的,您在多个文章和论坛发言当中提出“法理泛在”“法理中国”等概念,能否对这些概念进行简要的阐述?

张文显:在法律生活、国家治理、社会治理、公共领域中,到处都存在法理问题,到处都有法理话语。可以说,法理范畴内含于法律思想体系、法律制度体系、法治运行体系之中,几乎是无处不在、无时不有、无所不能。用一个形象的说法,法理像一个个精灵在法律的灵魂深处跳跃,它们穿越在法律的时空中,播扬在法律和社会的广阔领域,是它们激活了法律的生命之源,是它们点燃了法治的理性之光,也是它们成就了法学的逻辑之美。“法理”范畴渗透于法律制度、法律生活、法治实践、法学理论各个方面、各个层面,可谓“法理泛在”。

“法理中国”这一概念是我在《清华法学》那篇文章中首次提出的,即“以良法善治为本质特征的法治中国在理论上最精确的概括性的表达也许就是法理中国。法治中国与法理中国是并行的,一个是制度创新,一个是理论创新和建构。推进法治中国建设与推进法理中国建设是相辅相成、相得益彰的”。之后,我又进一步深化了这一认识。

提出法理中国,就是让法理普及于中国大地,使亿万人民懂法理、讲法理、用法理,让法理从法学家的书斋中走出来,把精英的法治理论与大众的法治理念相结合,就是要以法理支撑法治的现代化。一个民族要想站在法治的最高峰,站到法治话语的制高点,就不能没有法理思维。法理中国从趋势上也必然是法理世界。在全球化时代，中国法理必定要走向世界，与世界上的先进法理融通，正因为法理具有融通性，中国法理才既具有中国精神，同时又传递世界精神。习近平总书记讲的人类社会的共同价值，本质上就是人类社会的共同法理。它们与我国法治的核心价值交相辉映，表明世界法理与中国法理互联互通，也预示着法治中国与全球法治必将携手共进。

8. **中法评**：您认为涉法思维即法学思维，包括法律思维、法治思维和法理思维，它们的区别何在？法理思维的方法论意义何在？

张文显：我们过去讲得比较多的是法律思维。党的十八大以后我们讲得比较多的是法治思维。党的十八大报告提出运用法治思维和法治方式来深化改革、推动发展、化解矛盾、维护稳定，提高领导干部运用法治思维和法治方式的能力。现在我们进一步提出，仅仅有法律思维和法治思维是不够的，还必须养成法理思维。

法律是规则，是关于权利和义务的规定。所以，法律思维实质上就是规则思维，即规范性思维范式。作为规则思维的法律思维，概括而言就是权利义务思维，即能够做什么、可以做什么、不能做什么、禁止做什么的思考和推理。这是法律人最基本的职业思维。法治思维的实质是依法治理、依法办事的思维，即合法性思维，是把对法律的敬畏、对规范的理解转化成思维方式和行为方式，其关键是想问题、作决策、办事情要守规则、重程序，做到法定职责必须为、法无授权不可为，尊重和保护人民权益，自觉接受监督；牢固树立宪法法律至上、法律面前人人平等、权由法定、权依法使等基本法治观念，彻底摒弃人治思想和长官意志，不搞以言代法、以权压法、以言废法；努力营造办事依法、遇事找法、解决问题用法、化解矛盾靠法的法治环境。法治思维是法治职业共同体和各级领导干部必须养成的思维方式。法理思维的实质是基于对法律、法治本质意义和美德的追求、对法律精神和法治精神的深刻理解，以及基于良法善治的实践理性而形成的思维方式，即正当性思维。法理思维比法律思维和法治思维有着更多的想象力和更大的思维空间，它把民主、人权、公正、秩序、良善、和谐、自由等价值精神融入法律和法治，因而更具包容性、综合性、协调性和公共理性。法理思维，作为新的思维范式，比法律思维和法治思维提出问题和解决问题的能力要强很多，任何能够在法律思维和法治思维范式中得到解决的问题，也可以在法理思维范式中得到解决，但反过来却办不到。法理思维是对“良法善治”的回应和支撑。党的十八大以来，习近平总书记多次论述良法善治。在中央全面依法治国委员会第二次会议上特别讲到要科学立法、民主立法、依法立法，使我们的社会主义法治成为良法善治。当这个问题提出来的时候，就需要有一种新的思维方式来适应良法善治，这就是“法理思维”。法理思维是在法律思维、法治思维基础上形成的一种更高维度的思维方式。

前不久，“法理研究行动计划”在上海举行了“法理思维与法律方法”学术研讨会。在会上达成了一种共识：法理思维的提出必将使我们的法学方法论产生根本性的变革，从一个形式的思维方式进入形式和实质相结合的思维方式。就像我们过去讲法律推理，不能是形式推理，不能是简单的辩证推理，现在我们强调既有形式又有辩证的推理。

法理思维反映了法学思维和法学方法论（法律方法论）研究与实践的最新成果，也标志着我国法理学研究的深化和拓展。法理思维作为一种既包容又超越法律思维和法治思维的新的法学思维范式，必将引发法学思维发生质的飞跃，推动法学方法论的深刻变革。

那么，法理思维有哪些基本特征呢？在我看来，法理思维具有反思性、规范性、实践性、整合性等鲜明特征。

第一，反思性。法理思维是典型的反思性思维。用哲学家的专业语言来说,“反思”就是“思想以自身为对象反过来而思之”。以思想作为研究对象,就是要对已经形成的法学原理以及法律公理、法律原则等进行再认识,使之既经受语言的、逻辑的、修辞学的检验和校正,又要受到文化传统、社会价值和时代精神的洗礼和考验。以反思的思维方法对待法律及其运行中的问题,不仅关注法律当中的具体规则、条文等,而且更加关注这些规则存在的根据及其正当性、合理性、合法性问题,即深藏于这些规则背后的社会价值问题、经济和社会发展目标问题、公共政策问题、正义或道德公理等;关注使这些规则构成法律体系的那些“操作系统”,即连接、架构法律规则的那些体制和机制问题;关注这些规则得以制定和适用的推理方法,诸如利益衡量、价值衡平、法律推理、法律论证、法律批评、法律选择等。在社会转型和法制变革的历史节点,反思性思维往往会演变为批判性思维、革命性思维;而在社会和谐、法制安定的时代,反思性思维往往表现出科学的论证能力和有益的创造能力。这意味着,我们要在法律的有效性之上提升法律的合规律性、合目的性,我们要在法治的程式性之上强调法治的体系性、生动性,我们要在法理的法源性之上增强法理的说理性、论辩性。归根结底,法理的反思性特征正是新时代中国法治蓬勃生命力的一个注脚。

第二,规范性。法理思维属于规范性思维的范畴。这里所说“规范性”并不是通常用来表明法律基本特征的概念,而是用来表达法理思维属于对法律秉持“内在思想”“内在观点”“内在陈述”等的特征。换言之,我们要始终做到不把目光偏离于实在法体系,而是将我们心中的法律看成我们生存的“重力”。法理思维是由法律主体等自觉的理性主体实施的思维,其思维参照系首先是法律规范以及建立在法律规范和法律规范体系之上的法律关系、法律行为、法律责任、权利义务等基本概念和无限丰富的具体法律概念;其次是关于法律制度、法律原则、法律政策、法律原理和法律秩序的目的论、正义论、合理论等赋予法律和法律体系以规范性意义的因素(尤其是在法律论证和法律辩论过程中实施的法理思维,一点也离不开这些因素)。两种参照系的结合,不是偶然性的、外在的、机械的组合,而是必然的、内在的、有机的融合,并由后者向前者提供深度理解的理由和意义,彰显法理思维独特的主体性、目的性、范导性优势,使法律的结构既保持开放性又避免恣意。正如麦考密克、魏因伯格等人所指出的:把被认为是有效的实体法的东西限定于那些在正式的法律渊源中明确建立的规定,这对法律的分析方法是很有价值的,因为它勾画出一条相对直接的、按照逻辑上理想化的形式重构法律体系的途径。然而,法律体系的开放结构和尽可能多地包容实质问题的实际必要性,都倾向于把那些可以被说成是从该体系中产生的或者是它的制度性前提的实际有效的因素,诸如法律原则、法律的目的论等,看作那个法律体系和法律秩序的实在的组成部分。因而,法理思维是以“法理念之网”为牵引的,而绝不是天马行空,如断线的风筝一般,“任尔东西南北风”。

第三,实践性。法理思维属于实践思维、实践理性或实践推理的范畴。自从20世纪60年代实践哲学复兴以来,在法律生活中,尤其是在法律适用过程中,实践推理(practical reasoning)十分流行,进而成为法学研究的热点,国际法律哲学和社会哲学协会(IVR)数次把“法律与实践理性”“法律的实践推理”作为其世界大会的主题,很多法学家(如麦考密克、魏因伯格、拉兹、波斯纳等)热衷于把法学研究同实践哲学范畴联系起来,以“实践理性”重构法学思维,把“实践理性”作为法律推理的上位概念,或者干脆用“法律的实践推理”取代“法律推理”。

作为实践性思维,法理思维与认知性“理论思维”有着明显的不同。认知性“理论思维”是关于对象“是什么”的思维,而法理思维则是关于主体(行为者)“应当做什么”的思维,还要关注做什么、怎样做,怎样追求特定的目标,因而具有强烈的“实践性”。按照耶林的说法,理论思维的出发点在“因果性”,而诸如法学等实践思维的出发点则是“目的性”。我们常说,法学是一门实践科学,法律是定分止争的实践理性,法治是公正与善良的艺术。这些说法均表明法理思维绝不是“真理指向”的,而是“目的指向”的,即以某种前置目的为起点、由一定目的驱动、选择实现目的之方法、力图实现这一目的的思维过程。麦考密克等法学家把“实践”概念、“实践理性”(实践推理)引入法理学分析,使人们有可能把法律现实与人的实践活动联系起来,尤其是与法律人的法治实践联系起来,使法律的运行不但稳定有序,而且有着良好的价值方向。由于法理思维的实践理性,它必将引导“法律教义学”升华为“法教义学”,也必将引导“法律社会学”回归“法理社会学”(或“社会法理学”)的本原。

第四,整合性。法理思维作为一种法学思维范式,整合性是其独有的特征。法理思维的整合性体现在诸多方面。首先,法理思维包容了法律思维和法治思维。法理思维既以法律思维和法治思维为基础,又包容了法律思维和法治思维,并以实现对法律思维和法治思维的超越为目的。法学思维(或涉法思维)有法律思维、法治思维和法理思维三种主要形态,它们有所区别,又互相联系、有机统一、依次递进。我们平时说得比较多的是法律思维和法治思维,法理思维是随着法治文明的进步和法理研究的深化而形成的新的思维范式。

其次,法理思维是借助综合因素进行的整全性思维。正如德沃金所说的,就典型的法官思维模式(他称为“赫拉克勒斯理想模型”)而言,法官在面对最难解决的疑难案件时,他可以不适用规则而适用一般原则,即使在适用一般原则有困难时,还可以诉诸更广阔的超出法律范围的政治道德原则或理想。整全性思维可谓“哲学级的”思维范式,这种思维既能回应司法权的历史传统,又能回应普遍的、终极的道德价值,这种道德价值为法律哲学、道德哲学和政治哲学所共同关注。不过,这并非“万物皆法”,而是更加强调法官在裁判中的“释法说理”,关注作为现实之法的判决“深入人心”。

最后,法理思维还具有重要的社会整合功能。法治不仅仅是国家的事、政府的事、公务员的事、法律人的事,而且也事关社会中每个人的生活,法治不是居于生活世界之外,而是构成生活世界本身。而这样的“构成”,也不是人为的添附、移植、搭建,而是从文化结构中合乎逻辑的生成。全面依法治国,就是要让法理泛在于生活世界,把法律人职业的“法感”,借助法理播撒在法治的每一个环节,转变为人民的法律意识、法律感受、法治理念。通过法理思维,无论是法律经验还是法律逻辑,无论是法律原则还是法律政策,无论是法律目的还是法律技术,无论是法律专家的专业意见还是普通公众的法律感受,都将尽可能得到整合并力争获得广泛共识,进而推动法学研究和法治实践的发展进步。

总体来讲,法理思维包容了法律思维和法治思维,法理思维既以法律思维和法治思维为基础,又包容了法律思维和法治思维,并以实现对于法律思维和法治思维的超越为目的。

9. **中法评**:法理研究的意义很重要,如何开展法理研究,特别是从事部门法研究的学者应该如何进行法理学研究?

张文显:法理的真正沃土在各个法律部门,在法律运行的各个环节,也就是说部门法学研究法理,比法理学者研究法理更有资源,更有优势。比如,在我国台湾地区,对法理研究比较多的是民法学者。由于法理存在于法律生活当中,存在于人们的社会关系当中,而民法又是法律生活的百科全书,里面包含着非常丰富和深刻的法理。

我们举办“公法中的法理”学术研讨会的时候,很多人概括了宪法、行政法中的法理。宪法里面最高的法理是什么?“民尊国范”,即人民有尊严,国家有规范。我们为什么需要宪法?宪法为什么值得我们遵守、认可、崇尚,就是因为“民尊国范”的理念。

在环境法方面,像吕忠梅教授对环境法中的法理研究就很精到。比如关于环境权,她在十多年前就写了这方面的文章。我们过去保护环境都是从义务本位、义务的观念来讲,如大家不要破坏环境之类。现在我们提倡什么?我们呼吸清洁的空气,能够喝上清洁的水,这是我们的权利,是我们的健康权、生命权的组成部分。我们享有环境权利,就可以有正当的理由去对抗那些污染环境的人和企业。公民有环境权,国家就有保护环境的义务,这样一些法理都被凝练出来。另外还有环境正义、代际正义,例如,我们的后代能不能面对现在同样的甚至比我们更好的自然状况、生态环境,这些问题都提出来了。

对于部门法的学者开展法理研究,我有三点建议:一是应当有自觉的法理意识。他们每天遇到的都是很深的法理,无论是刑法教义学还是民法教义学,无论是研究法条或者法条背后的东西,实际上他们研究的很多东西就是一种法理,但是研究者还没有形成自觉的法理意识。就像我们平常看到很多法律现象,但是我们没有形成法理意识。二是要确定法理概念,要知道什么是法理。我非常注重法理概念的研究,我在《清华法学》的那篇文章从八个方面解读法理的概念,对于法理的概念进行分析。后来在《法理学》教材里面延伸为十个方面。三是要结合本部门法实际,运用法理研究的方法论,善用语义分析、比较分析、辩证逻辑、经验归纳、反思批判等方法。需要指出的是,对于不同的法领域来说,其法理的存在形式、表达方式、修辞方式,其核心法理、基本法理和具体法理,差异很大。例如,民法法理、刑法法理、诉讼法法理,无论是法理概念、命题、论语,还是法理的解释功能和评价功能,差异都比较大。所以,要注意选取最适合本领域法理研究的方法。我觉得这三条可以为部门法学者的法理研究提供参考。

10. **中法评**:您是著名的权利本位论的提倡者之一,倡导法学研究范式从阶级斗争的工具论到权利本位论的转变。时隔三十多年,您的看法有没有发生变化?

张文显:“权利本位论”是20世纪80年代提出来的。关于权利本位的首次表述出现在我主编的《法的一般理论》中,那本教材是1988年出版的。我们当时说法律与道德的区别在于:法律是以权利为本位,道德是以义务为本位。后来谈法律的时候,讲法律是权利和义务规定,是关于权利与义务之间的关系的界定。在阶级斗争为纲的年代里,人们不太注重法学自身的概念体系;改革开放之后,提出权利本位的初衷是力图以权利为基石范畴发展出法学自身的概念体系。这也是与当时整个中国法学的发展状况相关的。改革开放后,当时中国法学恢复重建才有几年,学科体系、教材体系都还不够成熟。教材编写是学科体系建设的基础,而编写教材就一定要把概念和概念之间的关系说清楚。这时候我们讨论法学的基本范畴是权利和义务。那么,在权利和义务之间谁是主导的?谁决定谁?毫无疑问,在商品经济(当时还不叫市场经济)、民主政治背景下,肯定呼唤权利本位。义务源于权利、服务于权利、服从于权利,这就是权利本位最经典的表达。学理上来讲,权利是第一性的,义务是第二性的。义务是从权利派生出来的。当时我们用最简单的例子论证权利本位。比如说,要我保守国家机密,前提是我得有知情权;说公民有纳税义务,前提是公民有劳动和收获的权利,没有就业、没有收入,纳税这个义务从何而来?这都是最简单的权利本位的例子。

1988年在长春召开“法学基本范畴研讨会”之后,我们逐步提出权利本位论,把它作为一个理论命题和研究范式提出来。大家说,权利本位论确立了一种新的研究范式,这就是“权利本位范式”,它推动中国法学从阶级斗争范式中解放出来。

我为什么讲这个?这是一种信念。我创立吉林大学理论法学研究中心的时候,建立了中国理论法学研究信息网。建站的时候我们设计题头图片,每天滚动着两句话:“权利神圣是我们的坚定信念,为权利而呐喊是我们永恒的责任”。权利本位是我们的一种信念,它不单是一个学术观点。“权利本位”提出来以后,推动了人权研究,因为人权是权利的一般形式,是权利最抽象的一种概括。权利本位论者是最早的一批人权研究专家。到现在,我们始终坚守权利本位、人权神圣的信念和法理。与以前相比,如果说有变化,那就是,第一,权利本位的信念更加坚定;第二,权利本位的理论支撑和制度支撑更加厚实。

为什么这么说?1982 年宪法修改,将公民的基本权利和义务提到了非常靠前的位置。我们知道,1954 年宪法、1975 年宪法、1978 年宪法中,都是先规定国家机构然后规定公民的基本权利和义务。1982 年宪法则是先规定公民的基本权利和义务,然后才规定国家机构。也就是说,国家机构的权力源于公民的权利,这就在宪法上确立了权利本位的宪制导向。其后,根据宪法制定的一系列法律法规基本上都秉持权利本位的信念和法理。2017 年通过的《民法总则》以及目前的各个分则草案,就其性质而言都是权利法律,权利是民法典和民事法律体系的逻辑起点、神经中枢和制度本体。《民法总则》用专门一章来规定民事权利,而且规定了几十种权利,这就是权利本位法理在立法当中的体现。在执法和司法当中也是如此,首先确立的是权利救济,全面加强了公民人身权、财产权、人格权及其他各种权利的保护。

党的十八届三中全会审议通过的《中共中央关于全面深化改革若干重大问题的决定》、四中全会审议通过的《中共中央关于全面推进依法治国若干重大问题的决定》、五中全会通过的《中共中央关于制定国民经济和社会发展第十三个五年规划的建议》,都充分体现了权利保护。例如,党的十八大报告提出全面建成小康社会时法治领域的四个目标(法治小康的目标)是:依法治国基本方略全面落实,法治政府基本建成,司法公信力不断提升,人权得到切实保障。到了党的十八届五中全会,增加了一条“产权得到有效保护”。党中央的一系列重大决定对人民日益增长的权利需要的积极回应，对公民权利的全方位有效保护，更加坚定了我们的权利本位信念。

如果说当年我们还是一种逻辑上的推演和研究，是从哲学上来看权利和义务的关系中谁决定谁、谁是主导方面等问题，那么，现在的权利本位研究则确立了以法理作为它的深厚基础和理论支撑。权利本位论越来越获得广泛共识，一个很重要的原因就在于它获得了具有强大解释力和感召力的法理的支撑。

11. **中法评**：新时代中国特色法治都有哪些特点？跟西方相比，这些特点在什么意义上是中国特色？

张文显：根据习近平总书记关于全面依法治国的理论和重大战略决策，我认为，法治的中国特色主要体现在以下几点：第一，中国特色社会主义法治道路，它确立了三条原则，一是坚持党的领导。这是中国特色社会主义法治最本质的特征，也是最明显的优势。二是坚持中国特色社会主义制度，包括社会主义经济制度、政治制度等，但最重要的是社会主义民主政治制度。中国特色社会主义民主政治制度当中，核心政治制度是中国共产党的领导，根本政治制度是人民代表大会制度，基本政治制度包括中国共产党领导的多党合作和政治协商制度，民族区域自治制度以及基层群众自治制度。我们坚持党的领导这个“核心政治制度”，坚决做到“两个维护”；我们坚持人民代表大会这个根本政治制度，不搞“两院制”、不搞“三权鼎立”，我们坚持中国共产党领导的多党合作和政治协商基本政治制度，不搞“多党制”“轮流执政”。三是贯彻中国特色社会主义法治理论，特别是习近平总书记全面依法治国新理念新思想新战略。

第二，确立了法治的中国模式。这个说法是与西方的、中国古代的法治模式对应的，因为西方的法治总体上是工具主义的法治、形式主义的法治，绝大多数当代西方法学家论述法治的时候，无论是金斯伯格的三条、罗尔斯的四条，还是拉兹的八条，实际上讲的都是一种形式正义的法治、形式合法性的法治，或者说工具理性的法治。中国古代也讲法治，但是中国古代的法治总体上也是一种工具主义的法治，首要是为了巩固皇权，是作为皇权的工具，甚至在相当长的时期是严刑峻法。我们现在的法治是什么？学术界有争议，有的主张形式法治，有的主张实质法治，但是更多的人还是主张形式法治与实质法治相结合。我国的法治模式可以概括为形式法治和实质法治高度融合的良法善治。这就超越了中国古代的工具主义法治模式，也超越了西方的形式主义、工具主义的法治模式。

第三，传承了源远流长的中华法治文明。中华文明源远流长，五千年未曾间断。在历史长河里，中华文明虽然损失过一些东西，但是总体上是延续的，在中华民族大融合的过程中很多外来民族的文化，都融合到中华文明中来了。中华文明的传承，也包括法治文明的传承，是与西方不同的。大陆法系继受古罗马的法律传统，中间有断裂而后重新发掘；印度法系，在印度成为英属殖民地后已经中断近一百年；而中华文明自始至终没有中断过。从周公制礼到现在，中华文明的画卷上一直都有“法”的印迹：两千五百年前的《礼记》中就有“有旨无简，不听”的司法法理；古时候我们用“礼”“刑”等称谓“法”，用经史子集来表达法理。在制度建设和法学发展方面与西方有差异，但古老的法治文明和法理智慧，一直是并将永久是世界法治文明殿堂中的一块瑰宝。

第四，海纳百川的学习精神。法治中国坚持并真正做到了兼容并包、海纳百川。从清末开始，中国开启法治现代化的道路，虽然这个道路非常艰难，但是一直在艰难前行。清末编撰刑法典、民法典、钦定宪法大纲，就是在学习西方的法律体系。中华民国的时候搞了“六法全书”，这个和日本比较契合。新中国成立以后，特别是改革开放以来，我们不断探索中国特色法律体系，探索中国特色法治道路，在这个过程中，我们没有关起门来自己做，而是认真研究、借鉴国外的法治文明成果，这些成果中有些属于全人类。凡是先进的、对我们有益的，都吸收过来，体现了习近平总书记讲的“不忘本来、学习外来、面向未来”，也体现了邓小平同志讲的“面向现代化、面向世界、面向未来”。

第五，始终坚持创新发展。中国法治建设比较强调创新发展、不断探索。例如，科学立法、民主立法、依法立法，世界上还没有哪个国家提炼出这些原则，特别是对其内涵的法理作出明确的阐释，只有我们提炼出来了。再如，我们虽然借鉴德国的经济法，但是德国经济法就是反垄断法、反不正当竞争法。我们中国的经济法原则是充分发挥市场经济的决定性作用，更好地发挥政府宏观调控和适当规制的作用，这就是我们自己的创新。又如行政诉讼法，很多国家没有单独的行政诉讼法，我们发布了一部独立的《行政诉讼法》，这也是创新。还如在刑法、刑事诉讼法里面，实行宽严相济的刑事政策，探索认罪认罚从宽处理，这都表明我们这个民族在法治建设方面是勇于探索、不断发展的。

第六，制度优势和科技优势相结合。在世界范围内我们把制度优势与科技优势结合得最好。我们的制度优势不用说了，是非常明显的。我们的科技优势，尤其像互联网、大数据、人工智能等科技优势，也是非常明显的。习近平总书记及其他中央领导同志高度重视把互联网、大数据、云计算、人工智能等运用到社会治理和国家治理当中来，强调国家和社会治理“智能化”。在我们的法律当中，科技优势体现得可能还没那么明显，因为法律的制定需要一个过程。但是，在法治实践当中，制度优势和科技优势的结合得到了充分体现，互联网、大数据、人工智能、生物科技等已广泛运用于执法和司法当中，走在了世界前列。现在外国人上中国的裁判文书网、观看中国法院的网络直播，都深受震撼。这些都是我们中国的特色，是我们中国的优势，也是我们中国的智慧。两种优势的结合推进着中国法治现代化,创造着更高水平的法治文明。

12. **中法评:**最后一个问题,您是改革开放后最早研究西方法哲学的学者之一,在新形势下,我们应该怎么对待西方的法学研究?

张文显:我有一篇文章《迈向科学化和现代化的中国法学》,专门讨论了这个问题。这里我说一个总的思路,就是坚持法学的对外开放。改革开放的四十年,也是中国法学不断改革开放的四十年。1982 年我研究生毕业,1983 年至 1985 年在美国哥伦比亚大学法学院访学,后又在华盛顿大学做高级访问学者,算是比较早的一批访问学者。能够出国访学、留学,了解外国法律和法治,学习研究西方法学理论,观察国外发展,并将它们介绍到中国,促进中国法学和法治的建设没有改革开放政策是不可想象的。如果没有党推动的法学的对外开放,如果我们完全靠自己探索,就像邓小平同志讲的,可能还需要摸索更多年。改革开放使我国法学搭上了西方法治文明的"便车"、搭上西方法学研究的"便车",才加速缩短我们和他们的差距。

法学对外开放,要注重研究西方法理学(法哲学)的新范畴、新概念。20 世纪 50 年代至 80 年代是西方法理学(法哲学)的"鼎盛时期""黄金时期",涌现出了一大批世界著名的法学大师,如富勒、哈特、德沃金、拉兹、麦考密克、考夫曼等。他们提出的法学范畴和话语体系,如"法律的道德性""法律的内在道德""程序自然法""最低限度的自然法""第一性规则""第二性规则""承认规则""法的模式""法律帝国""法律权威性""法律的规范作用和社会作用""制度性事实"等,在中国法学界可谓"家喻户晓、人人皆知"。但是,对 21 世纪之后西方法理学(法哲学)的新概念、新话语,我们了解得还不够。

总体而言,当下的西方法理学(法哲学)严重缺乏领军人物,缺乏国际社会公认的法学理论创新,但是也还是有不少新的概念和话语,值得我们认真研究和借鉴。据朱振、王凌皞等学者梳理,在西方法哲学体系中,在法律实证主义传统内,有包容性实证主义、排他性实证主义;规范的实证主义;行动理由、实践推理;一阶理由、二阶理由、排他性理由;法律是一张严密的网(the law is a seamless web);言语行为(speech acts);事实权威、正当权威;理论权威、实践权威。在自然法学传统内,有共同善(common good)、基本善(basic good);明智的人(the reasonable person);实践合理性(practical reasonableness)。在方法论研究领域,有重叠共识(overlapping consensus);反思平衡;次优(second best);公共理性;公共理由;平衡检验(balancing tests);缺省规则和完备性(default rules and completeness);可废止性。在法律、道德与政治的交叉学科中,有代际正义、资格正义、转型正义、普惠正义;公共物品、私人物品;美德法理学、美德伦理学;道义论(deontology);实在性、规范性(normativity);正当性(legitimacy)、合法性(legality);解构(deconstruction);知识考古;话语权;等等。在法治研究领域,有作为法律原则的法治、作为治理原则的法治;程序法治;善治。在人权与权利研究领域,有政治性人权;少数人权利;发展权;选择论、利益论、能力论;作为王牌的权利;可行能力;权利话语。在司法领域,有司法能动主义(judicial activism)、严格解释(strict construction);形式主义、工具主义、类型思维;等等。这些都是需要跟踪研究并在批评基础上进行吸纳,使我国法学与世界法学同步,从"跟着走"到"并排走",最终在某些方面"领着走"。

在西方法哲学研究中要更加关注或聚焦于西方法学和法治文明中的法理。自古希腊、古罗马至今,西方法学家提炼出了许多经典性法理,提出了影响广泛而深远的法理概念、法理格言(法谚)、法理命题,作出了十分深刻的法理论述,这些仍待我们开发、整理、转化,择善而用,提高我国法学在世界范围内设置议题和引导研究的能力、提炼新概念。尤其是创造融通性概念的能力,大幅度提高我国法学的话语权。

总之,今后中国法学要进一步发展繁荣,特别是建构中国特色法学体系,提升我国法学在国际上的影响力和话语权的话,就应该继续开放、扩大开放、深化开放,加强国际交流与合作。“文明互鉴”是法理研究的题中之义。我们始终相信,法理是中国的,也是世界的,法理的精义对世界各国国家治理和社会治理具有普遍意义。我们打开法理新时代的大门,不是建造自己的后花园,而是与世界一起拥抱法理的朝阳。

注 释

1 习近平:《在中共十八届四中全会第二次全体会议上的讲话》(2014 年 10 月 23 日),载中共中央文献研究室编:《习近平关于全面依法治国论述摘编》,中央文献出版社 2015 年版,第 8 – 9 页。